普通高等教育“十一五”国家级规划教材

社会学基础

（第二版）

主　编　白以娟　刘嘉瑜
副主编　孙建华
主　审　于　雷

中国轻工业出版社

图书在版编目（CIP）数据

社会学基础/白以娟，刘嘉瑜主编．—2版．—北京：中国轻工业出版社，2024.6

普通高等教育“十一五”国家级规划教材

ISBN 978-7-5019-7735-2

Ⅰ.①社…　Ⅱ.①白…②刘…　Ⅲ.①社会学-高等学校：技术学校-教材　Ⅳ.①C91

中国版本图书馆CIP数据核字（2010）第134308号

责任编辑：刘云辉　张文佳

策划编辑：刘云辉　　责任终审：劳国强　　封面设计：锋尚设计

版式设计：王超男　　责任校对：晋　洁　　责任监印：张　可

出版发行：中国轻工业出版社（北京鲁谷东街5号，邮编：100040）

印　　刷：三河市万龙印装有限公司

经　　销：各地新华书店

版　　次：2024年6月第2版第13次印刷

开　　本：720×1000　1/16　印张：16.25

字　　数：327千字

书　　号：ISBN 978-7-5019-7735-2　定价：33.00元

邮购电话：010-85119873

发行电话：010-85119832　010-85119912

网　　址：http://www.chlip.com.cn

Email：club@chlip.com.cn

240858J1C213ZBW

高等职业教育
社区工作与管理专业系列教材编委会名单

序

推进城市社区建设是党中央、国务院为加强城市管理工作而作出的一项重大战略决策。随着基层社会管理由单位体制向社会体制的转变，传统的城市管理体制和管理办法已难以适应现代化城市建设和管理的要求，需要探索新的思路和方法。

根据经济发展与社会进步提出的新要求，加强城市社区建设，构建新的社区管理体制，把社区居民最大限度地组织起来，建设社区，服务社区，让居民自己管理自己的事情，是党领导广大城市人民群众建设有中国特色的社会主义政治文明的又一伟大创举，是我们党在新时期加强城市管理和服务的新途径。全面推进城市社区建设，合理利用社区资源，完善社区服务功能，实行社区居民自治，有利于提高广大城市居民生活水平和生活质量，满足广大群众日益增长的物质文化需求；有利于密切党和政府同人民群众的关系，夯实党在城市的组织基础和群众基础，巩固城市基层政权，巩固党的执政地位：有利于维护城市的政治稳定，促进城市现代化建设和精神文明建设：同时也是全面贯彻党的十六大精神的重要举措。

为了加快推进城市社区建设，培养从事社区管理与社会工作的专门人才，国内一些职业技术院校陆续开设了社区管理、社会工作、社区服务等专业。由于城市社区建设是一项崭新的事业，是一项综合性的社会系统工程，因此，在专业人才培养方面还有许多问题亟须探索与实践，特别是有关社区建设与管理方面的专业教材还比较匮乏。为了适应高等职业技术教育蓬勃发展的需要，针对高等职业教育人才培养的特点与规律，中国高等职业技术教育研究会社区管理类专业建设委员会，组织全国十几所开设社区类专业的院校，编写了这套适用于社区工作与管理专业的系列教材。全套教材包括：《社区建设理论与实务》、《社区行政与管理》、《社区建设政策与法规》、《社会调查方法》、《社会工作方法》、《社会学基础》、《管理学基础》、《社会工作心理学》、《社区调查方法实训》、《社区服务》、《老年社会工作》、《社会保障概论》。

社区工作与管理专业系列教材以邓小平理论和江泽民“三个代表”重要思想为指导，全面贯彻十六大精神，坚持理论联系实际的原则，紧紧围绕高职技术教育的人才培养目标，从社区管理与社会工作的实际需要出发，按照前瞻性、科学性、实用性的要求构筑教材体系，安排教材内容，并具有以下特点：

第一，基础理论知识适度，应用性和针对性强。本套教材以培养合格的社区建设与管理工作者为根本任务，以适应城市社区建设的需要为目标，以提高学生社区工作应用能力为主线，按照实际、实用、实践的原则，设计学生的知识、能力和素质结构，整体体现了高职人才培养模式的基本特征。

第二，注重学生实际工作能力的培养，突出对实践教学体系的探索。全套教材除注意吸收了社区管理与建设的新的实践案例外，还专门设计了《社区工作与管理实训》一书，主要包括了社会工作方法实训、社会调查方法实训、社区建设实训、社区管理实训等培养学生实践能力的内容，为学生毕业后从事社区建设与管理工作奠定基础。可以说，这套教材在构建专业实践教育体系方面取得了可喜的成果。

第三，力求在内容、结构、形式上的求新。从内容上看，教材吸收了本领域当前最新研究成果，增强了内容的前瞻性；在教材的结构与形式上也作了尝试性改革，采用了如“练习思考题、实践教学指导或案例评析”等板块式结构，从而将教、学、做有机结合起来，融传授知识、培养能力和提高素质为一体。

这套教材由于雷任主编，邓恩远、张堃、刘静林、聂鹏任副主编，参加编写的作者大多数是长期工作在教学第一线的教师，他们在专业教学改革中积极探索，勇于实践，不仅具有一定的理论功底，而且具有丰富的教学经验。可以说这套教材是广大教师教学改革的经验总结和教研成果的展示。它的问世，无论是对培养社区工作者，推进城市社区建设，还是对高等职业技术教育的发展，加强专业建设，都将产生积极的影响。

这套教材是供高等院校社区管理专业、社区工作专业以及其他相关专业学生使用的试用教材，也可作为从事社区管理的工作人员、广大社区干部和基层社区工作者的培训教材和必备参考用书。

党的十六大明确提出我国今后二十年全面建设小康社会的奋斗目标，提出了新时期社区建设的新要求，为开创社区建设的新局面指明了方向。因此，社区建设具有广阔的发展前景，是一项充满生机与活力的事业。我希望，广大职业教育工作者和社区建设工作者携起手来，为推进城市社区建设和发展高等职业教育而共谋大业。

中国高等职业技术教育研究会会长

李宗尧

修订版前言

根据中国高等职业技术教育研究会社区管理类专业建设委员会的教材建设计划编写的《社会学基础》，是一本专业基础理论课程教材。自2004年8月正式出版以来，已经有将近6年的时间了，在这近6年的时间里，《社会学基础》得到各个层面读者的厚爱，受到高职高专学生和社区工作者的欢迎，被多所不同类型的高校选用为社会学教材或参考书，产生了广泛的影响。2007年，本书被教育部评定为“十一五”规划教材，这是对本书参编人员工作的一个肯定。在这里，本书的参编人员要向关爱本书的广大读者、对本书提出有益建议的相关人士和给予本书厚爱的有关专家，表示衷心的感谢！

为了再接再厉，更上一层楼，我们吸收了各方面人士对《社会学基础》改进的建议，对本书进行了修订。在修订过程中，我们仍然遵循第一版的编写原则，精心提炼基本理论，并且尽力做到理论与实践相结合。为了达到学以致用的目的，我们还是强调了以下几点：一是专业适用性。本教材围绕社区管理专业这个中心，针对社会运行中各层次系统管理的需要，组织教材内容编写，努力培养学生具有不断提高专业理论水平的能力。二是高职适应性。我们从高职学生知识水平的现状出发，根据高职教学目标的要求来确定这本理论教材编写的深度和广度，突出社会学的基础理论和基础知识，开阔高职学生的知识视野。三是教材内容结构的创新。将实训内容引入理论教材，促进了社会学理论与社会实践的结合，有利于学生实践能力的培养。四是教与学相结合。与以“教”为中心的理论教材相比，更加突出了“学”的方面。本书从内容安排、编写体例等方面着手，努力方便学生自学，培养学生自学能力。为了方便学生预习、复习特别是为了体现高职教育的特色、培养学生的实践能力，本教材在每章后面不仅列出了思考题，而且还编写了参考性的实训提示。重新修订给编者带来的是一种压力，但是，我们力争多一份投入，多一步提高。

本次修订版的主要变动之处有：

1. 对原有部分章节进行了重新调整。重新编写了“第四章　人的社会化”和“第五章　社会角色”的具体内容。

2. 增加了新的编写内容。增加了“第十三章　社会政策”，这是根据社区管理工作的需要而进行的。

3. 对原有内容和框架重新进行了校对，文字表述更恰当。

本书各章执笔者如下：第一章、第三章、第四章、第五章、第十三章，白以娟；第二章，李兰英；第六章、第九章、第十二章，张晓华；第七章，曾伟国、周运清；第八章，孙建华；第十章、第十一章，田守业。最后由主编统改、定稿。

最后，要感谢中国轻工业出版社对本书编写和修订的积极支持。

编者

2010 年 5 月

前　　言

《社会学基础》是根据中国高等职业技术教育研究会社区管理类专业建设委员会的教材建设计划，集体编写的一本专业基础课教材。社区是社会的缩影和组成部分。从事社区管理，需要以认知社会为前提。社会学是对社会进行实证研究的一门学问，是从事社区管理工作必须掌握的专业知识。尽管学界对社会学的定义见仁见智，主张的体系互有区别，但对社会学应该包括的主要内容，却是基本认同的。本教材取名为《社会学基础》，旨在以学界认同的基本知识，培养学生以社会学的视角观察、分析社会问题的能力。

在编写过程中，我们遵循学习社会学理论要精、要管用的原则，努力追求以下几点：一是专业适用性。本教材围绕社区管理专业这个中心，针对社会运行中各层次系统管理的需要，组织教材内容编写，努力培养学生具有不断提高专业理论水平的能力。二是高职适应性。我们从高职学生知识水平的现状出发，根据高职教学目标的要求来确定这本理论教材编写的深度和广度，突出社会学的基础理论和基础知识，开阔高职学生的知识视野。三是教材内容结构的创新。将实训内容引入理论教材，促进了社会学理论与社会实践的结合，有利于学生实践能力的培养。四是教与学相结合。与以“教”为中心的理论教材相比，更加突出了“学”的方面。本书从内容安排，编写体例等方面着手，努力方便学生自学，培养学生自学能力。为了方便学生预习、复习特别是为了体现高职教育的特色、培养学生的实践能力，本教材在每章后面不仅列出了思考题，而且编写了参考性的实训提示。

本教材由白以娟、刘嘉瑜主编，于雷主审。各章分工如下：第一章、第三章，白以娟；第二章，李兰英；第四章、第五章，张军；第六章、第九章、第十二章，张晓华；第七章，曾伟国、周运清；第八章，孙建华；第十章、第十一章，田守业。最后由两位主编统改、定稿。

该教材编写过程中，始终得到了于雷会长和中国轻工业出版社刘云辉编辑的热情关心和大力支持。辽东学院的张天吉、俞彤、包大明等老师对书稿的编辑与校对给予了大力协助。在此，对他们表示衷心的感谢。

为高职教育社区管理类专业编写社会学教材，对于我们来说是一次尝试，由于水平有限，不足之处，在所难免，希望专家、同仁和读者提出宝贵意见。

编者

2004 年 4 月

目　录

第一章　社会学概述

社会学是一门相对独立的社会科学，具有独特的学科内涵，在学习和研究社会学的具体知识之前，有必要对社会学进行一番概括的考察。

第一节　社会学的概念

一、社会学的性质与特征

（一）社会学的定义

关于社会学的定义，众说纷纭，国内、国外众多的社会学家都提出了自己的看法。社会学的创始人、法国社会学家孔德认为，社会学是对社会现象所固有的全部基本规律的实证研究。英国的《不列颠百科全书》中写到：社会学是关于人类行为科学的一个分支学科，旨在探索人们之间的社会关系及人们之间和群体之间相互交往和相互影响的原因及其结果。美国当代社会学家戴维·波普诺认为："社会学是对社会和社会行为系统的和客观的研究。"① 国内社会学界对社会学的定义也有种种观点，1985 年出版的，由费孝通主持编写的《社会学概论》（试讲本）中指出："社会学是从变动着的社会系统的整体出发，通过人们的社会关系和社会行为来研究社会的结构、功能、发生、发展规律的一门综合性的社会科学。"

中国人民大学的郑杭生教授认为："社会学是关于社会良性运行和协调发展的条件和机制的综合性具体科学。"② 复旦大学的刘豪兴教授认为："社会学是从社会整体出发，综合研究社会关系及其变化发展规律的一门社会科学。具体地说，社会学是把社会关系作为一个整体，综合研究社会关系各个组成部分及其相互关系，探讨社会关系发生、发展及其规律的一门社会科学。"③

总之，社会学是把社会作为一个整体，通过分析人们的社会关系和社会行为，研究社会的结构和功能，探讨社会良性的条件及规律的一门综合性社会科学。也就是说，社会学要研究社会整体的社会关系、社会行为、社会结构等，研究它们在社会运行中的作用。

---

① ［美］戴维·波普诺，《社会学》，辽宁人民出版社，1988 年版，上册第 3 页。

② 郑杭生：《社会学概论新修》，中国人民大学出版社，2001 年第 2 版，第 1 页。

③ 刘豪兴：《社会学概论》，高等教育出版社，1992 年 3 月第 1 版，第 10 页。

（二）社会学的性质

社会学是一门实证性的社会科学。它在研究社会整体时，不是凭借主观臆测或经验感觉，而是借助于一整套科学研究的方法，包括自然科学的方法和社会科学的方法。具体地说，社会学从社会现象出发，运用社会调查方法，借助于数理统计和分析，找出其内在规律性并形成理论，再回到社会实践中进行检验。因此，它完全避免了由概念到概念的简单推理所带来的弊端，是实证的社会科学。

（三）社会学的特征

社会学与其他学科相比，独特之处很多，最突出的有以下几点。

1. 整体性

即社会学在研究社会现象时，把社会现象置于社会整体中，从社会整体角度出发进行考察。例，社会学在研究家庭结构时，绝不仅仅研究家庭结构本身如何，而且还要把不同的家庭结构类型置于社会整体之中，研究每一种家庭结构类型同社会整体的关系以及在社会运行中的地位和作用。因此，社会学研究的整体性至少有两层含义：一是社会学不研究单个人的现象，而是研究一群人的社会现象；二是社会学研究不是从个别现象的角度出发而是从社会整体角度出发进行研究的。这样看来，社会学对社会整体的研究绝不能等同于对整个社会的研究，整个社会需要各门社会科学分工研究，没有哪一门学科可以包揽下来。社会学研究的整体性就是要将社会作为一个整体系统，在研究社会或社会系统的某一部分时，要研究这一部分在整个社会及其变动中所处的地位和所起的作用，研究社会的这一部分与其他部分之间相互影响、相互制约的关系，从而达到认识社会整体及其变化的目的。从社会学的产生和各国社会学的理论目标来看，整体性特点在社会学研究中是备受关注的基本观点。

2. 综合性

即社会学的研究是综合研究。一方面社会学在研究任何一种社会现象时，都要联系诸多与之相关的社会因素和自然环境因素进行全面考察；另一方面，社会学总是结合各门社会科学和自然科学来研究社会生活。例如，在研究社会运行状况时，一方面，不仅要联系生产力发展水平、社会制度状况、文化状况、人口状况等这些社会因素，还要联系地理位置、地貌类型、气候等这些自然因素；另一方面，还要结合经济学、政治学、文化学、人口学、统计学等社会科学和自然科学来对社会运行状况进行综合分析，只有这样，得出的研究结论才能是全面的、可靠的和科学的。

3. 科学性

即社会学的研究方法的科学性。社会学的研究不满足于由概念到概念的判断、推理或定性分析，而是更加注重运用自然科学的方法，特别是将精确的数理方法引入社会学的研究中，进行定量分析，从而保证了研究结论的科学性。

4. 应用性

主要体现在两个方面：一是从社会学的研究过程来看，它首先要从具体的社会运行中发现社会问题，运用相应手段进行分析、研究，得出解决社会问题的方法或结论，然后将结论应用到社会运行实践中去解决社会问题。二是社会学还直接以某些社会工作为自己研究活动的重要组成部分，如社会福利、社会保障、社区管理、社区服务等。各国社会学工作者也都广泛地参与这样的社会工作。在英、美等发达国家，许多社会学者往往是以职业社会学工作者的身份出现的，他们主要的研究活动，就是探讨帮助政府或某些专门的社会团体（如慈善机构）采取各种适当的措施，援助那些因贫困、疾病、免职、冲突、家庭解体等原因而在经济上或社会环境中陷入困难的人，同时，还参加社会福利政策与社会预防方案的制定等，所有这些，都足以证明社会学的应用性。

二、社会学研究的对象

关于社会学的研究对象，国内外许多社会学者持有不同观点。我们认为，应把社会学研究的对象确定为两个层次比较恰当。

（一）个人与社会的关系

列宁在1895年出版的《民粹主义的经济内容》一书中指出："唯物主义社会学者把人与人之间一定的社会关系当作自己研究的对象。"① 马克思和恩格斯在研究社会运行、社会变迁时，也是从生产关系这一基本的社会关系开始的。国内外众多的社会学者研究社会学的实践表明，无论从何种角度观察社会、研究社会，终将达到人与社会之间的关系这一领域。社会的和睦、协调状态，本质上取决于人与人之间、人与社会之间关系的和睦和协调；社会的失调、冲突，本质上是人与人之间、人与社会之间矛盾的结果，只不过这种矛盾有时是以阶级冲突、有时是以其他社会冲突的形式出现罢了。因此，社会学必须把个人与社会的关系当作自己的研究对象。

社会关系是在人们相互交往（互动）的过程中形成和发展起来的，存在众多种类。(1) 根据人们社会交往（互动）的性质和作用不同，可以把社会关系分为物质的关系和思想的关系，社会的物质关系是指社会生产关系，社会的思想关系是指在生产关系的基础上产生的其他一切社会关系，如政治关系、法律关系、文化关系、教育关系、宗教关系等。社会的物质关系决定着社会思想关系的性质，社会的思想关系对社会的物质关系具有反作用。(2) 根据社会交往（互动）的主体不同，可分为个人与个人的交往、群体与群体的交往、世代与世代的交往等。与此同时社会关系就分为人际关系、群体关系、代际关系以及其他的多种关系。这些社会关系类型是社会学研究的重点内容，也是本书阐述的

① 《列宁全集》中文第二版，第一卷，第368页。

重点。

社会关系在运行和发展中具有重要的作用。社会关系中，生产关系的性质决定社会的根本性质；政治关系、文化关系等社会关系的状况，影响社会的面貌；人际关系、群际关系、代际关系等社会关系，是社会赖以整合的纽带。因此，社会关系的进步与落后，将促进或阻碍社会的正常运行或发展。

（二）社会良性运行的条件与规律

首先，研究社会良性运行是社会学理论家们的共识。世界上存在两种性质的社会学，即西方社会学（资产阶级社会学）和马克思主义社会学（社会主义社会学），二者虽然性质不同，但都重视研究社会良性运行的条件和规律。法国社会学家孔德认为，资本主义社会有各种弊病，但只要用融贯于其全部社会学理论的“以爱为原则，以秩序为基础，以进步为目的”的万能药方予以治理，即可使资本主义社会的各个方面协调起来、和谐一致，实现资本主义社会的良性运行。其后的西方社会学者们，如英国的斯宾塞、法国的迪尔凯姆、德国的韦伯和美国的芝加哥学派，都在自觉与不自觉地研究资本主义社会良性运行的条件和规律。马克思作为一个伟大的社会历史学家，为了考察无产阶级和全人类解放的历史必然性，从经济学研究入手，分析了人们的社会物质生活、政治生活和精神生活的关系，揭示了社会的基本矛盾及其发展的普遍规律。社会历史发展的普遍规律，也是社会良性运行的根本条件和根本规律。

其次，研究社会良性运行的条件及规律是社会实践发展赋予社会学研究的任务。资本主义制度确立后，社会发展的事实告诉人们，资本主义社会并不是完美的、理想的王国，相反，越来越多的社会弊端暴露出来：经济危机周期性发作，导致社会经济的巨大破坏，无产阶级同资产阶级的对立斗争，导致社会政治的极大不稳定；资本主义开辟了巨大市场，形成了巨大城市，使大批农民摆脱了乡土生活，迅速拥挤到城市里，使城市人口急骤增加，于是，失业、交通和住宅拥挤、偷盗、乞丐、卖淫等问题不断涌现，导致资本主义文明标志的巨大城市不能如愿发展，等等。这些社会问题时刻困扰着资产阶级的当政者和社会学者，如何研究和解决这些问题，消除社会良性运行的障碍，成为社会发展的实践向社会学者提出的研究课题。事实上，中国社会主义实践也向我们提出了同样的课题，“文化大革命”时期，中国社会基本上处于恶性运行状态：工厂停工、学校停课、社会不能发展、百姓生活不能幸福，因此，找出社会弊端产生的原因，根除社会毒瘤，探寻社会良性运行的轨迹，成为全体人民对社会主义社会学者的热切企盼。

最后，探讨社会良性运行的条件及规律是时代赋予中国特色社会主义社会学的研究任务。刚刚过去的 20 世纪，给社会主义社会留下了太多遗憾，面对东欧剧变和社会主义阵营的解体，任何一个社会主义社会学者都必须思考且不能回避这样几个问题：社会主义社会原有的运行机制怎么了？是原有运行机制的哪些弊端阻碍了社会主义社会的正常运行？21世纪，中国社会主义社会的良性运行需要哪些条件和机制？研究这些问题是时代赋予社会主义社会学的任务。邓小平曾说过：发展是硬道理。的确如此，中国只有发展了，世界和平才能靠得住，才能说服那些不相信社会主义制度的人相信社会主义制度，才能证明社会主义制度强大的生命力。至此，社会主义社会学的研究必须牢牢抓住"社会良性运行的条件和机制"这一中心问题，对社会发展的各个层面进行全方位、多角度的考察，为中国的改革开放和社会主义建设提供理论支持，为世界社会主义事业做出贡献。

三、社会学的研究领域

社会学的研究领域相当广泛，一般来说，社会现象有多少，社会学的研究领域就有多宽。由于社会现象纷繁复杂、层出不穷，给我们认识社会学的研究领域带来了困难，为了便于理解，我们不妨从以下几个角度来划分一下社会学的研究领域：

从社会学所探究的社会现象的状态来看，社会学的研究范围可以划分为社会结构与社会过程两个方面。社会结构的研究是指对社会系统结构的研究。一般认为，社会总系统的结构包括三个子系统：要素子系统、组织子系统和活动子系统。要素子系统包括人口、环境、制度等要素；组织子系统包括国家、民族、阶级、社区、家庭等要素；活动子系统包括政治活动、经济活动、文化活动等要素。这些要素又被称为运行的条件。社会学对社会结构的研究，就是要研究社会总系统与各个子系统之间的关系，研究各个子系统之间的相互关系，研究子系统与其组成部分之间的关系，从而揭示社会结构变化、发展的规律。因此，社会结构的研究项目包括：人口研究、家庭研究、社区城市研究、农村研究、阶级和阶层研究、制度研究、社会群体研究等。

社会过程方面，主要研究结构运动、变化、发展的条件和规律。例如人口变动、社会互动、家庭发展、社会变迁，城市化等。

从社会学所探究的社会现象的规模来看，社会学的研究可以分为宏观社会学和微观社会学。宏观社会学研究规模较大的社会现象，如社会现代化、社会政治、社会经济、社会法律、社会整合等。微观社会学研究小群体里的具体社会关系的活动，如对家庭、邻里和朋友圈的研究等。这里的宏观与微观是相对的，不是绝对的。

从社会学的研究目的来看，社会学的研究可以分为理论社会学研究和应用社会学研究两个方面。理论社会学着重从理论上总结社会生活中带有普遍性的经验，形成对社会现象的理性认识。应用社会学的研究强调理论的应用，即把社会学的理论和方法具体应用于社会生活中的实际问题。这必然要涉及对一些社会问题的研究，例如人口问题、就业问题、教育问题、犯罪问题、婚姻问题、社区问题、生态环境问题、腐败问题等。

从上述三个方面来看，社会学的研究已经深入到社会生活的方方面面，渗透到各个学科领域，现代社会各门具体科学发展的趋势就是相互渗透、形成边缘学科，社会学在这方面最为明显，由于社会学在研究领域上与其他专门学科的相互渗透、有机结合，形成了社会学的许多分支学科。例如，经济社会学、政治社会学、教育社会学、法律社会学、人口社会学、家庭社会学等。将社会学的研究渗透到其他各个专门学科领域，是社会学的重要发展趋势之一，随着这种趋势的加强，社会学的分支学科日益增加，社会科学的许多空白被逐渐填补，社会学的研究领域也在不断扩大。

第二节　社会学发展概况

一、社会学产生的社会历史条件

资产阶级革命的胜利，使原有社会发生了全方位的、根本性的变革，人们需要认识、了解和研究新的资本主义社会，这为社会学的产生提供了客观的社会历史条件。英、法等国的资产阶级革命胜利后，资本主义制度在欧洲确立起来，人们在欢呼雀跃的同时，又发现了许多未解的问题，如，经济危机为什么会爆发？人们的道德水准为什么会下降？特别是，资本主义发展了巨大城市，使大批农民涌入城市，人们在享受城市文明的同时，又发现自己置身于社会问题的陷阱，遭受着失业、饥饿、贫困、住房和交通拥挤、治安秩序差、犯罪、卖淫等问题的威胁和困扰，如何铲除这些威胁，成为百姓安定生活、社会良性运行必须解决的问题，从老百姓到资本主义社会的当政者，都在苦苦追寻解决这些问题的办法，迫切需要有相应的理论来指导他们的社会实践，于是，社会学回应着时代、历史和社会的需要产生了。

启蒙运动以来的社会学说和历史哲学、资本主义早期的社会调查，为社会学的产生提供了思想理论前提。随着近代自然科学的迅猛发展，社会生活的急剧变动以及航海事业所发现的各种不同社会文化的鲜明对比，人们不再迷信形而上学和封建神学的学说，转向了历史哲学的研究，即研究人类社会发展规律和动力以及人类社会文化演变。主要代表人物有：孟德斯鸠、卢梭、圣西门、傅立叶和欧文等。圣西门、傅立叶和欧文被称为三大空想社会主义者，他们倾毕生的精力创立的历史学说和社会学说，被称为空想社会主义理论。欧文还倾其全部财力尝试了解决社会问题的实践途径，这些在当时产生了重大思想影响，许多学者在研究社会时借鉴、吸收了他们的理论和实践经验，促进了社会学及其理论的诞生和发展。

资本主义的社会调查最早仅限于西欧各国的人口统计，后来，出现了各种专题的调查研究，社会调查统计的理论和方法也不断有所创新，这些社会调查有政府主持的、有社团举办的、也有个人进行的，都是谋求了解社会情况、研究解决社会问题的方案，其范围涉及社会的方方面面，如人口、农业、制造业、行政、公共健康、教育、消费、财产、住房、贫困、工资、自杀、犯罪等。这些社会调查的方法和结论，自然而然地为社会学提供了重要的内容和方法，成为社会学产生和发展必不可少的条件。

二、西方社会学简史

西方社会学的发展经历了三个阶段：创立阶段（19 世纪 30 年代至 19 世纪末）、形成阶段（19 世纪末至 20 世纪 30 年代）、发展阶段（20 世纪 40 年代至今）。每一个阶段都产生了独具时代特点的社会学思想及其代表人物，通过他们，我们看到了社会学发展的历史画卷。

（一）创立阶段的主要代表人物

1. 孔德

奥古斯特·孔德（1798—1857）是法国人，是西方社会学的创始人，是实证论哲学的创始者。曾经担任圣西门的秘书并接受了他的学说，后离开圣西门讲授自己的思想体系。孔德旨在创建一种自然主义的社会科学，它既可以解释人类社会的历史，又可以预见人类社会的未来。孔德起初把自己要创立的新的社会科学称为“社会物理学”，后来因为这一术语被别人“剽窃”了，于是杜撰了一个新词——“社会学”。孔德的主要著作有：《实证哲学教程》，共六卷，历经十二年写成，在本书的第四卷中，第一次使用了“社会学”概念。《实证政治学体系》，共四卷，在本书中，孔德的社会学思想有了进一步发展。

孔德社会学思想的主要内容有以下四个方面：

（1）在社会学研究的方法上，强调实证主义。强调“事实”、“确证”即“感觉”，因而强调自然科学，他认为，社会学的研究方法就应该是“在自然科学中已经成功地运用过的同样方法，即观察、实验、比较。”①

（2）孔德创立了包罗万象的社会学体系，把社会学排在五大学科之首。在所有自然科学中最普遍、最简单的学科是天文学，最先得到发展，以后依次是物理学、化学、生物学，最后是社会学，每一学科的出现要靠前一学科的发展，所以，社会学是最高层次的学科。

（3）孔德把社会学研究的主题划分为两大部分：一是社会静力学，二是社会动力学。社会静力学主要研究社会结构和社会制度之间的相互关系，是假设社会静止状态下的横向研究。社会动力学主要研究社会发展过程和社会进步，

---

① ［美］刘易斯·A. 科塞，石人译：《社会学思想名家》，中国社会科学出版社，1990 年版，第 4 页。

是对社会运动状态的纵向研究，两者的结合，可以比较准确地揭示社会运行的规律。

（4）孔德提出了关于人类进步的三个阶段法则。即人类的理论知识、人类社会和人类心灵的发展都要经历三个主要阶段。首先，人类的理论知识的发展经历了三个阶段——神学阶段、形而上学阶段、实证阶段。其次，与人类理论知识的发展相适应，人类社会的发展也经历了三个阶段——军事时期（军人治理国家）、过渡时期（牧师和法官统治国家）、工业时期（工业管理者和科学的道德指导者统治国家）。再次，人类心灵的发展与个人心灵的发展相似，经历了三个阶段——童年时是个虔诚的信仰者、青年时是个批判式的形而上学家、成年时是自然哲学家。因此，人类和社会都是经历了三个阶段才成长和发展起来的。

总之，孔德作为西方社会学的创始人、开拓者，为社会学的产生和发展做出了巨大贡献，他的一些思想理论至今为人们推崇，但是，他毕竟是资本主义制度下的一个社会学家，逃脱不掉阶级立场的局限，孔德的社会学思想主张维护资本主义制度，以探求资本主义社会协调运行的规律为宗旨，因而，他的理论是为资本主义服务的。

2. 斯宾塞

赫伯特·斯宾塞（1820—1903）是英国社会学的奠基人，他的学说的特点是社会达尔文主义，以生物学进化论来解释社会现象，因而成为社会有机论的创始人。他的主要著作有：《社会静力学》、《社会学研究》、《社会学原理》等。他的著作被译成多种文字，在世界各地广为流传，是一个具有极大影响力的社会学家。

斯宾塞的社会学思想主要包括两个方面：

（1）社会有机论。他认为，社会的组织结构好比生物机体，都具有营养、消化和调节三大系统，因而社会结构的功能也由三个阶级完成，即担任营养功能的工人阶级、担任分配和交换职能的商人阶级、调节生产的工业资本家阶级，只有这三大阶级和平共处于社会有机体之中，社会才能因为这三大阶级的和谐而协调发展着。

（2）社会进化论。斯宾塞认为，宇宙的各个部分，不管有机的或无机的、社会的或非社会的，都受进化定律支配，这是一条公理。社会进化的过程是按照生物学自由竞争、适者生存的原则自然而然地逐步实现的，人们不能有意识地延缓或加速其发展，因此，他反对社会改革和社会革命。

斯宾塞的思想，实质上就是提倡资本主义的自由竞争和维持资产阶级统治秩序的现状，但是，他的学说有积极、合理的成分，他的思想是社会科学中富有生命力的遗产，值得人们深入研究。

（二）形成阶段的主要代表人物

1. 涂尔干

埃米尔·涂尔干（1858—1917）是法国著名社会学家，他的名字有时被翻译成为“迪尔凯姆”或“杜尔克姆”。他是西方社会学者中第一个给出这门学科具体的研究范围和特定的研究方法的人，同时，又把他的理论和方法付诸实践。他的主要著作有：《社会学方法的准则》、《论社会分工》、《论自杀》。他主持编辑的《社会学年刊》期刊，是世界上第一部社会学杂志，参加编辑的人形成了一个社会学学派——“杜尔克姆”学派。

涂尔干社会学思想的主要内容包括两个方面：

（1）社会学的研究对象是“社会事实”，用社会事实去解释社会。他认为，社会事实包括物质现象和精神现象，也就是说，社会学既要研究生产力等方面的物质现象，也要研究社会风气、社会思潮、社会制度、宗教信仰等方面的精神现象。同时，他认为，在研究这些现象时，要采取客观的态度，即从实际出发，实事求是地去研究。

（2）他运用因果分析法、功能分析法、历史分析法和比较分析法来研究社会现象，把社会学引向实践。他认为，任何社会现象的产生、发展都是有原因的，因此要用因果分析法；功能分析是指分析社会现象在整个社会发展中的作用；历史分析是指分析为什么是这个“社会现象”（而不是其他现象）能在当时的社会发展中发挥作用；比较分析法是指在分析某一社会现象时，要与其他相应的社会现象进行比较分析，避免单纯地归纳，避免以偏赅全。通过这些方法的运用，涂尔干使经验社会研究和社会学理论成功地结合了起来，为后来的社会学家做出了榜样。

总之，在涂尔干看来，资本主义社会是协调一致的、团结的、和谐的。资本主义社会的弊病是不需要改变社会基本制度就能消除的，这体现了他社会学研究的资产阶级立场。

2. 韦伯

马克斯·韦伯（1864—1920），德国著名的社会学家，理解社会学的创始人，西方现代社会学的奠基人之一。主要著作有：《新教伦理与资本主义精神》、《经济与社会》等，他一生著作颇多，研究领域很广，成绩卓著，影响广泛。

韦伯社会学思想的主要内容：

（1）社会学是理解人的行动的科学。他认为，社会学应该对人们的行动做出解释，并获得对这一行动原因、过程和结果的认识，从而达到研究社会的目的。韦伯的社会学研究集中研究了人们的社会行为及其相互关系，对现代西方社会学影响重大。

（2）提出了著名的科层组织理论，强调社会分层。所谓科层组织制度，就是分级、分部门、分职责的组织管理制度。这是世界上广泛实行的组织管理制度，例如在我们的学校，工厂、机关等机构，无一例外地奉行这样的管理制度。在韦伯看来，科层制是奉行合理化原则组织起来的，具有这样一些特点：各部门有一定的职责、职务权限、职务等级、薪金报酬、合同等。因此，科层制有利于加强管理秩序，提高工作效率。

总之，韦伯受马克思主义的影响较大，但他只是吸收了马克思著作中的某些观点，并对马克思的某些观点或赞同、或批评、或修正，因此，他的学说、观点值得我们去仔细分析、认真推敲。

3. 美国的芝加哥学派

1893 年，美国芝加哥大学建立了社会学系，并于两年后创办了《美国社会学杂志》，形成了芝加哥学派，在美国学术界产生了重大影响。代表人物有：托马斯和派克。芝加哥学派的主要学术贡献有：①突出了社会调查在社会学研究中的重要作用，开创了美国社会学特别重视调查研究社会现实问题的风气，影响了西欧学术界。②芝加哥学派主要研究城市生活，对于建立和发展西方都市社会学起了很大作用。

（三）发展阶段的主要代表

第二次世界大战以后，社会学研究中心由欧洲移到美国，美国社会学研究在世界社会学研究中居于首位，影响着世界各国。美国社会学的结构功能主义，行为交换理论、象征互动主义等理论成为影响深远的社会学理论，其中，最为著名的是结构功能主义。

1. 结构功能主义

结构功能主义的代表人物是美国社会学家帕森斯和默顿，两者是师生关系。帕森斯的主要观点：①关于社会结构，帕森斯认为社会是一个系统，是由行动者之间相对稳定的社会关系子系统构成，并且，个人之间的相互作用是按一定规范进行的。②关于社会功能，帕森斯认为，任何一个社会系统都有四种功能：适应功能，即系统必须适应环境和利用环境，才能得到生存和发展；目标实现功能，即确定系统达到目标的手段；整合功能，即协调系统内部各部分之间的关系，以维持一定的和谐；维持功能，即维护原系统的存在。在社会系统中，这四项功能分别由经济组织、政治制度、法律制度和家庭与教育制度来执行。③对于社会来说，维持其内部各个子系统之间的平衡是至关重要的。若能维持它们之间的平衡，社会运行就处于良性运行状态；若失去了平衡，社会就会发生冲突，社会运行就会处于失调状态。

总之，结构功能主义十分注重研究社会运行的协调机制，但这种研究只考虑如何改良现存体制而没考虑从根本上改造和变革社会体制。在帕森斯之后，默顿大大拓宽了功能分析的领域，并将结构功能主义推向一个新阶段。

2. 行为交换理论

行为交换理论的创始人是美国社会学家霍曼斯。主要观点有：①使得人类社会运转的基本动机就是获取个人利益。社会中人与人的互动实质上是为了获得报酬而进行的行为交换，所有社会行为（包括经济行为）都是这种交换的结果。这里，用来交换的报酬可以是货币和商品，也可以是赞赏、尊重、爱戴和友谊等，前者是外在报酬，后者是内在报酬。例如，一个人可以凭工作行为交换到金钱、友谊和自尊，从而获得继续参与社会活动必需的生活资料和勇气。②人们行动的原则是尽量缩小代价，尽量提高收益。③霍曼斯建立起这样一条公理："当人感到他的活动的报酬越具有价值，他就越有可能去参加这项活动。"① 总之，行为交换理论通过研究社会行为动机，来揭示社会系统变化、发展的动力，这对于研究社会运行更具有现实意义。

3. 象征互动主义

象征互动主义的代表人物是美国的社会学家米德。主要观点有：人们不仅要了解他人，也要了解自己的能力，因此，人们不仅与其他人进行互动，同时，也同自己发生象征性互动。象征互动是通过使用语言的姿势进行的，而语言则是一种最重要的符号。例如，演员与观众的互动中，演员会从观众热烈的掌声和高声的喝彩等语言姿势中感觉到观众对其表演非常满意，于是，演员将以再一次的谢幕或加演来满足双方互动的需要，进而自由地改变互动。象征互动理论研究的心理学角度明显，此种理论在后来有了很深的发展。

三、社会主义社会学简史

（一）马克思、恩格斯在社会学中的地位和作用

马克思和恩格斯是马克思主义社会学（社会主义社会学）的创立人，他们为社会主义社会学的创立和发展做出了巨大贡献。

（1）马克思自觉地站在无产阶级立场上，将唯物主义和辩证法应用于社会历史领域，创立了历史唯物主义，使社会学第一次建立在科学的基础上。

（2）马克思主义社会学在不同程度上影响了现代西方许多社会学家，在社会学发展中产生了深远、持久的影响。如德国的社会学家马克思·韦伯就深受马克思主义理论的影响。

（3）马克思主义的许多理论已经成为社会学事业中永久的组成部分。如存在决定意识原理，社会基本矛盾原理，阶级斗争理论等，这些理论从不同角度揭示了社会变迁、社会运行的规律。

（4）马克思、恩格斯一生都重视社会调查，把对社会的理论研究和实践研究结合起来，为社会主义社会学的研究指明了道路。

总之，马克思和恩格斯是伟大的社会学家，这是不容置疑的。无论是西方的社会学家，还是社会主义社会学者，都承认马克思和恩格斯在社会学史上的显著地位，都认为他们的《德意志意识形态》、《资本论》等著作是社会学的经典，都认为马克思主义社会学是实实在在存在的社会学。

---

① ［美］刘易斯·A. 科塞，石人译：《社会学思想名家》，中国社会科学出版社，1990年版，第648页。

（二）苏联社会学

1. 列宁时代，苏联的社会学不断发展

列宁不但在理论上而且在实践上不断捍卫和发展了马克思主义社会学，为马克思主义社会学的发展做出了伟大贡献。

首先，列宁充分肯定了马克思在社会学史上的地位，并把“社会学”一词引入马克思主义。特别是对马克思主义社会学的研究对象作了深入探讨，这表明列宁对马克思主义社会学的研究已经深入到了本源问题的探讨。同时，列宁肯定了马克思主义社会学对社会学研究的贡献，使得社会学家们从此能够从错综复杂的社会现象中，分清主要现象和次要现象，抓住社会学研究的主要矛盾。

其次，列宁十分重视社会调查。他在1918年5月25日人民委员会决议草案中写到：“当前的首要任务之一，是进行一系列的社会调查研究。”在革命胜利后的艰苦岁月里，他带头深入工厂、农村进行调查研究，制定了许多行之有效的新政策，促进了社会的发展。

2. 20世纪20年代，苏联中断了社会学的研究

这一时期，社会学在苏联被视为异端邪说、反动的和腐朽的帝国主义意识形态，遭到禁止，苏联的社会学家也因此遭到批判，特别是布哈林，被指责混淆了马克思主义社会学与资产阶级社会学的界限，并被处以死刑。这样，刚刚起步的苏联社会学中断了发展。

3. 20世纪50年代后期，苏联恢复了社会学的研究

1958年，建立了社会学学会，1968年，成立了具体社会学研究所，1974年创办《社会学研究》杂志，1989年在莫斯科大学建立了社会学系，70年代，苏联社会学被纳入制度化轨道上来。随着苏联的解体，苏联社会主义社会学研究告一段落。

（三）中国社会学

1. 新中国成立前，中国社会学研究呈现繁荣景象

新中国成立前，随着西方社会学思想和马克思主义传入中国，社会学研究在中国出现了两条主线：一条是以大学教授为代表的运用西方社会理论研究中国社会发展进程的社会学派别；另一条是以共产党人为代表的，运用马克思主义理论研究中国社会发展进程的社会学派别。

这一时期，著名的社会学家有：康有为、严复、孙本文、李达和费孝通等。康有为于1891年在广州开讲社会学课，是中国社会学研究开始的标志；严复将斯宾塞的《社会学研究》译成中文，以《群学肆言》的译名出版，将西方社会学思想传入中国；20世纪二三十年代，孙本文进行了广泛的社会学理论研究；新中国成立前夕，以费孝通为代表的社会调查和人类学研究比较著名，特别是费孝通的江村调查以及后来出版的《江村经济》，在国内外影响广泛。

这一时期，马克思主义社会学研究如火如荼，李大钊、毛泽东、瞿秋白等共产党人运用马克思主义社会学原理和社会调查方法，认真研究中国社会和中国革命进程，取得了一个又一个胜利。共产党人十分重视用社会调查的方法研究中国社会，毛泽东说过："没有调查就没有发言权。"正是通过社会调查，共产党人掌握了中国社会的实际情况，把马克思主义普遍原理同中国社会的具体实践结合起来，走符合中国社会实践的革命道路，使革命不断胜利，加速了中国革命的历史进程，加快了中国社会变迁的速度。马克思主义理论所带来的社会学效果已经显示出来。

2. 新中国成立后（1952—1978 年），中国中断了社会学研究

从 1951 年到 1953 年，中国高校的社会学系全部被取消，社会学教授改行，社会学研究中断。主要原因：一是学习苏联办学模式，苏联取消社会学，中国当然照搬；二是极左路线影响，认为社会主义制度是无比优越的，它不可能存在问题，谁认为社会主义有问题，谁就是"右派"，就是站在资产阶级立场上的人。由此，社会学无人问津，社会学事业陷入停顿状态。

3. 改革开放以后（1979 年至今），中国社会主义社会学得到重建和发展

1979 年 3 月 30 日，邓小平在《坚持四项基本原则》的重要讲话中指出："……政治学、法学、社会学以及世界政治的研究，我们过去多年忽视了，现在需要赶快补课"① 之后，我国著名社会学家费孝通受命重建中国的社会学，这样，社会学在中国得到恢复。经过 40 多年的努力，中国社会主义社会学蓬勃发展起来，我们在全国设立了社会学学会，会员数以万计；在全国社会科学院设立了社会学研究所或社会学研究室；在全国的许多高校设立了社会学系或相关专业，从专科、本科到硕士、博士，培养社会需要的各个层次的人才。这 40 多年来，社会学本着研究社会，服务"四化"的宗旨，积极参与建设有中国特色社会主义建设事业的各项工作，积极参与"国民经济和社会发展规划"即"五年规划"的制定工作，为社会主义事业做出了应有的贡献。

（四）当前中国社会主义社会学研究面临的主要课题

1. 社会学中国化问题

中国社会学是由国外传入的，不是在中国土生土长的，因此，不可避免地存在"食洋不化"的问题，因此，必须解决社会学中国化问题。首先，社会学研究要坚持理论联系实际，立足中国现实。理论脱离了现实，就是空洞的理论。中国社会学只有植根于中国社会主义建设的沃土，才会有生命力，才能成为符合中国实际的、当之无愧的社会主义社会学。其次，社会学中国化的当务之急是学科化问题，即建立中国社会主义社会学的学科体系，使中国社会主义社会学在世界社会学中占有一席之地。

---

① 《邓小平文选》，人民出版社，1983 年版，第 167 页。

2. 社会学与中国社区发展问题

1960 年联合国出版的《社区发展和经济发展》一书，提出了关于社区发展的定义：“‘社区发展’这个词已经变成为一个国际习惯用语，用以指依靠人民自己的努力和政府当局的努力，改善社区的经济、社会和文化状况，并把这些社区整合进国家生活，使其全力以赴地对全国进步做出贡献的过程。”因此，社区发展实质上就是社会发展的一个缩影、一个部分，对社会发展有着极其重要的意义，是社会学必须涉猎的课题。当前，中国的社区发展进入了一个新阶段，社区发展工程由城市社区推向农村社区，社区发展问题需要系统化、理论化、实践化，社会学肩负着研究这些问题，推进中国社区发展，把中国社区发展整合到中国社会运行中去，推进中国社会变迁和社会现代化的任务。

第三节　研究社会学的意义和方法

一、研究社会学的意义

1. 社会学能帮助我们正确认识社会和自我

社会学能为我们提供社会基本知识，帮助我们正确认识社会、认识自我，指导我们积极参与社会各项活动，有助于形成个人与社会的和谐关系，有助于个人的自我完善和社会的良性发展。

社会学的内容极其广泛，涉及人口、经济、政治、文化、生态、法律、道德等众多内容，学好社会学，能使我们从各方面了解社会，同时，社会学是用系统的观点来研究社会的，它通过把纷繁复杂的社会存在分成若干系统，使我们更准确、科学地认识社会、认识社会中的自我，自觉协调我们同社会的关系，促进社会良性运行。例如，通过社会角色问题的学习，我们会知晓这样一些内容——社会中的每一个人都在社会这个大舞台上扮演一定的角色，承担一定的义务和责任，并且必须为出色扮演这些角色不断努力着，如果你是一个女人，你要明确在不同场所你所扮演的不同角色——在家庭，你可能扮演母亲、儿媳、妻子、女儿等角色；在单位，你可能扮演着领导、职员、同事等的角色；在公共场所，你可能扮演着顾客、旅客、游客等的角色；每一个角色都有相应的权利、义务和行为规范，当你完全遵守了这些权利、义务和行为规范，你与家庭、单位、公共场所就处于和谐状态，对自我发展和社会运行有利；当你违反了这些权利、义务和行为规范，你与家庭、单位和公共场所就会发生矛盾冲突，就会对自我发展和社会运行不利。因此，努力扮演好自己的每一个角色是每一个社会成员的企盼，而社会学恰恰会告诉我们如何去行为才能达到理想效果。这样看来，社会学研究的自身具有三项功能：一是能使我们正确认识社会、正确认识自己的认识功能；二是能教导我们对自我进行正确的改造，以适应社会运行的指导功能；三是能普及社会基础知识的教育功能。

2. 研究学习社会学对于我国社会主义现代化建设具有重要意义

首先，社会学能提供社会工作和社会管理的科学知识，为社会工作和社会管理培养专业人才。当前，随着我国社区服务和社区建设的发展，中国社区发展事业已蓬勃展开，作为中国特色的社区发展事业，目前面临两个亟待解决的问题：一是亟需科学理论的指导；二是亟需大量的专业人才。社会学无论从理论研究，还是从人才培养上，都能满足这两个需要。从社会学的知识体系看，它涉及人口、环境、文化、社会群体、社会变迁等社会（社区）发展必要内容的研究，社会学学者对同一学术问题敢于发表不同的见解，形成了社会学理论研究的良好氛围；从社会学的人才培养看，我国在很多重点大学设立社会学系，培养社会学社会管理的高级人才，在众多普通高校中，设立了社会工作、社会（社区）管理专业，为中国社区发展培养大量职业技术人才。因此，中国的社区发展、社会发展离不开中国社会主义社会学事业。

其次，社会学能为党和国家制定正确的路线、方针和政策提供科学依据。改革开放以后，我国经济和社会以惊人的速度发展，这取决于党的正确的方针、政策，中国社会主义社会学为此做出了巨大贡献。我国经济与社会之所以能有条不紊、健康地发展，是因为我们制定了正确的“五年规划”，“五年规划”又叫“国民经济与社会发展的五年规划”，每隔五年制定一个规划，现已制定了十四个“五年规划”。改革开放后，社会学界一直参与国民经济和社会发展的五年计划的制定，通过对社会现象进行社会调查，取得第一手资料，经过综合分析后，成为党和国家制定“五年规划”和其他政策的科学依据，保证了党和国家路线、方针、政策的正确性。

再次，社会学通过研究社会问题，为中国社会主义现代化建设服务。社会是一个庞杂的系统，它在运行过程中不可避免地会出现各种各样的问题，威胁社会正常运转，社会学则是研究社会问题、解决社会问题的有力武器。当前，中国面临的社会问题有：人口问题、就业问题、环境问题、交通问题、治安问题、社区服务问题、社区建设问题、社区发展问题等，这些问题只有及时得到解决，社会主义现代化建设事业才能顺利进行，社会学恰恰可以运用社会调查手段，准确、及时、快速地对社会问题发生的原因、状况和结果进行分析，并提出解决问题的建议，这一手段是其他社会科学所不具备的，因此，社会学研究在解决社会问题方面拥有得天独厚的优势，社会学应充分利用这一优势为中国社会主义建设事业多做贡献。

3. 研究社会学对于建立具有中国特色的社会主义社会学的理论体系具有极其重要的现实意义

中国社会学最早由西方传入，使得社会学面临国情不同的问题；马克思主义社会学的某些理论在中国面临时代挑战，使得社会学面临发展问题。中国社会主义社会学向何处去，是效仿西方走不适合国情之路？还是抱住马克思主义固有理论不放、不敢去发展？答案当然都是否定的。中国社会学只有抓住时代和国情两个方面，才能适应中国社会发展的需要，因此，建立具有中国特色的社会主义社会学理论体系是时代赋予我们的要求，每一个社会学者和社会工作者都有义务研究社会学，关心中国社会学的发展，为构建具有中国特色的社会主义社会学理论体系做出贡献。

二、研究社会学的方法

1. 坚持以马克思主义为指导

马克思主义是科学的理论体系，它包括三大组成部分：马克思主义哲学、政治经济学和科学社会主义。这三大部分研究的中心就是社会运行、社会发展问题，包括社会发展形态更替的原因、状态和结果，其中涉及了丰富的社会学思想，因此，要想学好社会主义社会学，需学好、用好马克思主义。

首先，要学好马克思主义哲学，马克思主义哲学是科学的世界观和方法论，学习和研究社会学必须以马克思主义哲学为指导。不同的社会学有不同的方法论。实证主义和人文主义作为西方社会学两种主要的方法论，在社会现象是否存在客观规律以及对社会现象认识的角度和原因解释上的对立，是社会学研究必须正视的现象。只有用马克思主义哲学作为思想武器，才能对西方社会学方法论上的是非得失做出科学的分析。社会主义社会学方法论中一切从实际出发的观点，联系和发展的观点，对立统一的观点，质量互变的观点，社会基本矛盾和阶级分析的观点等，则是马克思主义哲学的基本原理在社会学研究中的具体运用。显然，要学好社会学，必须学好马克思主义哲学。

其次，要学好中国的马克思主义，即毛泽东思想和邓小平理论。马克思主义是科学，但这并不能说明它能超越时间和空间的局限，相反，它需要不断发展和完善。马克思主义在中国的发展经历了两个阶段，即社会主义革命时期和社会主义建设时期，将马克思主义同中国的这两个时期的具体实践相结合，就形成了毛泽东思想和邓小平理论，它们是符合中国国情的马克思主义，特别是邓小平理论是符合当今时代中国国情的马克思主义，是中国特色社会主义社会学研究的指导，因此，学好毛泽东思想和邓小平理论对于搞好中国的社会学研究十分必要。

再次，要学会马克思主义者们研究社会所使用的根本方法——社会调查方法。马克思和恩格斯都十分关心社会问题的研究，在研究社会问题上他们运用了社会调查手段，走访调查对象，通过访谈法、观察法和文献法，获得第一手资料，使自己的研究建立在科学基础之上，恩格斯的《英国工人阶级状况》一书的成功，为社会学者研究的成功提供了范例。同时，毛泽东、邓小平关于社会发展的理论研究，也都是建立在社会调查这种科学的方法之上的。因此，研究社会学必须掌握社会调查这种科学的研究社会的方法。

2. 必须理论联系实际，特别是联系当今中国的实际

理论只有在实际运用中才能得到检验，才能得到发展。社会主义社会学只有植根于社会主义社会的实际，才有生命力，才有意义。目前，能够代表世界社会主义发展方向的是中国，因此，社会主义社会学的研究同中国当今实际结合起来是当务之急。当今时代的中国，社会主义建设实践的内容具有复杂性和多变性。改革开放引发了中国社会主义社会的两次转型，在社会经济、政治和文化等方方面面，产生了许多新情况、新问题，如：经济体制改革与社会运行状况问题、社会主义市场经济与中国社会发展问题、社区服务问题、社区建设问题、社区发展问题、社会分层问题等。这些问题既是社会实践亟待解决的问题，也是社会主义社会学必不可少的组成部分，是社会主义社会学同社会主义社会实践的结合点，抓住这些结合点，以它们为突破口，社会主义社会学就会很快成长发展起来。

3. 科学地借鉴国外社会学家的研究成果

社会学的发展存在两条道路：一条是以西方社会学家为代表的资产阶级社会学；另一条是以马克思为代表的社会主义社会学。两种社会学的研究由于阶级立场不同而产生了重大区别，但是，作为学科建设，二者存在着许多可以互相借鉴的共同之处，特别是西方社会学理论，它经历了一个半世纪的发展，凝结了众多西方社会学家的研究成果，有许多值得社会主义社会学借鉴的地方，包括：关于社会局部和具体问题的某些理论（如：社会分层理论、人的社会化理论等）西方社会学家所使用的某些手段（如：社会调查方法等）。我们在汲取西方社会学理论的营养时，必须遵循一个原则："吸取其精华，剔除其糟粕。"我们要吸收的只是西方社会学研究成果中的合理因素，以达到取人之长，补己之短的目的，不能不加区分地一概吸收，否则，将危害社会主义社会学的健康发展。

【复习思考题】

1. 什么是社会学？它的研究对象是什么？
2. 简述社会学发展史上主要代表人物的社会学理论？
3. 为什么要学习社会学？怎样才能学好社会学？

实 训 参 考

【讨论】 社会学的研究对象是什么？

【录像】 观看录像《实践是检验真理的标准》，思考应该怎样进行社会学的理论研究。

【实践活动】

实践题目：社会学与社区管理的关系

实践目的：通过了解社会学与社区管理之间的关系，弄清社会学在社区管理专业中的地

位和作用，使学生在实践中感知学习社会学的重要性，从而端正学习社会学的态度

实践地点：学校计算机室（联网）、图书馆、市民政局基层政权科

实践课时：2 课时

实践内容：社会学与社区管理的关系。

实践过程：①上网或去图书馆查阅有关社会学和社区管理（社区建设、社区发展）的资料，找出两者之间的关系；②到市民政局搜集本市运用社会学理论，进行社区管理工作的实例；③班集中讨论，确认社会学在社区管理中的地位和作用。

第二章　社会

研究社会学首先必须认知社会。社会作为人们交互作用的产物，不但具有自身的结构，而且是由社会制度加以调控的人们生活的共同体。

第一节　社会的含义与特征

一、社会概念的历史考察

社会作为人的认识对象比其他的任何认识对象都要复杂，在对社会这个概念做出界定之前，把人们对社会概念的认识做一回顾是必要的。

（一）社会一词的来源

社会一词自古有之，但内涵与现代不同。在中国古代，“社会”二字曾经是分开使用的，“社”是指用来祭神的地方；“会”，“合也”，就是聚集、集会的意思。“社会”一词连用，最早出现于唐代的古籍中，《旧唐书·玄宗本纪》中记载：“十几年闰六月辛卯，礼部奏请千秋节休假三日，及村闾社会。”这里的社会的意思就是人们聚集到一个地方一起祭神。在后来的古籍中，一定程度上把社会的含义有所泛化，不再单单是为了祭神，只要是人们为了一个共同的目标聚集到一起进行某种活动都是社会。在西方，英语 Society 和法语 Societe 均源出于拉丁语 Socius 一词，意为伙伴。日本学者在明治年间最先将英文 Society 一词译为汉字“社会”。近代中国学者在翻译日本社会学著作时，袭用此词。可以说，正是中西文化的交流中，才形成了今天汉语里“社会”一词的含义。

（二）西方社会学的社会概念

西方社会学的社会概念，除了帕森斯和默顿的结构功能主义以外，还有两大派比较著名，一是社会唯实论，二是社会唯名论。社会唯实论认为，社会不仅仅是人的集合，而且它还是一个客观存在的真实实体。其代表人物有德国的齐美尔、法国的迪尔凯姆等。齐美尔把社会看成是人们心理上相互作用而形成的社会化形式，建立了这一观点的社会学称为形式社会学。迪尔凯姆则认为社会就是集体意识，是一种对人加以约束的文化，是一种建立在个人意识上的独立实体，建立在这一观点上的社会学称为文化社会学。社会唯名论认为，社会是代表具有同样特征的许多人的名称，它只是一个空名而非实体，个人才是社会里的真实存在，以美国的吉丁斯、法国的塔尔德等为代表人物。塔尔德认为所谓社会是由人与人之间心理的相互作用构成的，是具有共同心理的人们的集合，由此形成了心理社会学。我们认为，这两大派，各执一词，他们的观点中虽然存在某些合理的因素，但总体上是片面的。事实上社会的本质即不在整体，也不在个人，而是在人与人、个人与整体的关系中。

（三）马克思主义关于社会的规定

对人类社会及其历史的研究，构成了马克思、恩格斯理论生涯的基本内容，其中就包含了他们从不同的角度对社会的规定，主要有下列三个方面。

1. 从起源上对社会的规定

用历史的眼光考察社会，必须发现社会的起源，马克思主义对这个问题的研究，主要体现在下列两个方面：

（1）人类社会起源于动物群体。人是社会的主体，没有人就没有社会。研究人类社会的起源，当然要从人类的产生入手。恩格斯指出："人，一切动物中最社会化的动物，显然不可能从一种非社会化的最近的祖先发展而来。"① 后来恩格斯在《自然辩证法》中具体阐述了劳动在猿变成人的过程中所起的推动作用。肯定动物也具有一定的社会化的特性，并不是否定人类社会的特点，而是说明了人类社会的产生在自然界中可以找到自己的物质基础。

（2）社会是人们交互作用的产物。有了人就有了社会，这是一种共时性的必然性。人与社会的内在联系是什么？这正是马克思揭开的另一个人类社会起源之谜。马克思说："社会——不管其形式如何——究竟是什么呢？是人们交互作用的产物。"②

"人们交互作用"的含义是指，在社会中任何个人都不是孤立存在的，而是相互联系、相互作用的。交往是把个人联系起来的中介，是社会生活的真正开端。个人之间交往的根本动因是劳动的需要。劳动是人与自然之间的物质变换过程，在这个过程中个人的能力是微不足道的。为了有效地改造自然，个人必须通过交往与他人结合起来，于是就产生了联合的劳动和把个人结合起来的生产关系。有了生产关系，才有了人与自然的关系。劳动不仅给人类提供了物质生活资料，而且创造了人化自然。联合的劳动又为个人之间的生产经验交流和知识的传播创造了条件。在生产过程中人与自然的交往以及人与人的交往实践，会以一定的形式，反映到意识中来，人们的生产关系构成了社会思想关系的内容，政治、法律、艺术、道德、宗教和哲学等观念形态，不过是理论化了的思想关系。

人们交互作用的空间存在便是组织。组织既是人们交互作用的产物，又是个人得以直接联系的形式。从家庭到氏族、部落、民族，从社会生产分工产生的各种经济实体组织到由社会阶级划分而出现的政治集团等组织形式，都是由人们的交互作用而发生的联系。而规范及其形式化的制度则是人们交互作用实

---

① 《马克思恩格斯全集》第42卷，第121页。

② 《马克思恩格斯选集》第4卷，第320页。

践的产物。

总之，人们的交互作用产生了人们之间的各种联系和关系，社会就是“表示这些个人彼此发生的那些联系和关系的总合”。[①] 社会作为人们交互作用的产物，不是外在于人的供人活动的场所，社会与人及其活动是内在同一的。人在社会中，社会在人中。人的交互作用的活动创造了社会，同时也给自己创造了社会的历史的存在方式。

2. 从本质上对社会的规定

社会作为历史的存在，在其发展过程的不同阶段，展现了不同质的特征。显然，从观念上把握社会，思想不能停留在个人交往的社会起源上，而是要从具体的社会形态出发，去揭示社会的规定。正是在这个意义上，马克思在解剖资本主义生产关系的基础上明确地指出：“生产关系总合起来就构成所谓社会关系，构成所谓社会，并且是构成为一个处于一定历史发展阶段上的社会，具有独特的特征的社会。”[②]

马克思在这里说的生产关系，是与生产力的一定发展阶段相适合的，占统治地位的生产关系，在抽象的理论研究上称为典型的生产关系。人类社会的发展过程正是通过相继出现的彼此相异的典型的生产关系而划分为不同的历史阶段。一定社会占统治地位的生产关系，必然产生与之相适应的思想关系，从而便构成了该社会的独特的特征。可见，把握了一定社会占统治地位的生产关系，也就从本质上把握了具体社会的构成。

马克思关于社会是生产关系总合的规定，是对具体社会形态构成本质的抽象，既对各个社会形态具有客观的普适性，又揭示了各个具体社会形态的独特的特征，因此它是一般与个别的统一。

3. 从整体上对社会的规定

马克思主义在揭示了社会关系和社会本质构成的基础上，进一步指出社会是一个“一切关系在其中同时存在而又相互依存的社会机体”。[③] 按照马克思主义的观点，社会是在实践的基础上产生，由人们的交往而形成的有序结构。对这一思想马克思在《〈政治经济学批判〉序言》中做了经典的阐述：“人们在自己生活的社会生产中发生一定的、必然的、不以他们的意志为转移的关系，即同他们的物质生产力的一定发展阶段相适合的生产关系。这些生产关系的总合构成社会的经济结构，即有法律的和政治的上层建筑竖立其上并有一定的社会意识形式与之相适应的现实基础。物质生活的生产方式制约着整个社会生活、政治生活和精神生活的过程。”[④] 社会又是一个随着生产力的发展而变化的活生

---

① 《马克思恩格斯全集》第46卷上，第220页。

② 《马克思恩格斯选集》第1卷，第363页。

③ 《马克思恩格斯全集》第46卷上，第220页。

④ 《马克思恩格斯选集》第2卷，第82页。

生的有机体。人类社会的发展变化，是通过社会意识形态实行自我调控的过程。人类社会的物质生产，人口生产和精神生产是内在联系的，人类三种生产过程，同时就是社会关系再生产的过程。

二、社会学对社会概念的界定

（一）社会的定义与特征

根据马克思主义关于社会规定的丰富思想，我们认为，社会就是以特定的物质资料的生产活动为基础，以一定数量和质量的人口为主体相互交往而建立的自我运动、发展的社会关系体系。

上述社会的定义是在分析并概括社会的一系列特征的基础上形成的，因此，为了具体的把握社会概念的内涵，有必要进一步的了解社会的下列特征。

（1）社会是由个人组成的人类生活共同体。人是社会最基本的要素，没有人就没有社会可言。虽然个人是构成社会的要素，但个人却构不成社会。社会是由人群组成的，社会是人的集合，是人类的生活共同体。

（2）社会以人与人的交往为纽带。现实生活中人与人之间存在着多方面的联系，而这些联系是人们通过与他人的交往形成的。没有个人之间的交往就没有社会。正是这些个人通过交往而产生的联系和关系，构成了整个关系系统。社会系统中人与人之间的联系，可以分为横向和纵向两个方面。所谓横向联系是指同一时代人们之间的联系。社会分工越发达，社会生活越丰富，这种联系就越复杂和广泛。所谓纵向联系就是历史联系，它主要表现为人类文明在代际之间的传承与发展。

（3）社会是有文化、有组织的系统具有人们心理上、精神上的联系。人类社会通过劳动创造了自然界原本没有的文化和文化体系，从而产生了人类文明。生活于其中的人根据文化的要求，按照一定的模式组织起来，于是便形成了社会整合所必需的秩序，从而使社会井然有序地运行。除此之外，人类作为最高级的动物，经过高级神经活动创造出语言、文字等多种方便交流和沟通的符号系统和手段，从而加强了人们之间精神上和心理上的沟通和联系。

（4）社会是以人们的物质生产活动为基础的，人们在这一活动中结成的生产关系是社会系统的基础和本质。

（5）社会系统是一个具有主动性，创造性和改造能力的活的机体。由于社会以人为自己的主体构成因素，而人能够主动地发现社会自身以及社会与自然之间的不平衡，并能主动地进行调整而使它实现平衡。不仅如此，人类还通过社会生产不断创造维持自身生存和发展的物质条件。在这种创造性的活动中社会也得到了发展。

（二）人类社会与“动物社会”的区别

确立马克思主义的社会观，还必须说明人类社会与“动物社会”的区别。

某些动物的群居性和类似于人的合作现象，被某些自然科学家称为“动物社会”。其实人类社会和“动物社会”在本质上是不同的。

动物个体的结合是物种的规定和生物的本能，是在长期的适应自然界的过程中自发的形成的。人类个体是在改造自然劳动的基础上有意识有目的地结合起来的。人类个体结合形式的多样性，显然不能用物种的规定和生物的本能来解释。人类社会与“动物社会”的根本区别在于，人类社会是由生产劳动所产生并由个人的交往而形成的存在方式。

人类社会和“动物社会”都是通过与环境进行物质和能量的交换来生存的，但它们的活动方式及其结果存在着质的区别。人是通过改造自然的劳动且创造物质生活资料的，在人与自然的关系中，人不是以个体的生命直接面对自然而是以工具这种物化了的人的力量作为中介系统。工具一方面作为人体器官的延长，放大了个人的力量，另一方面工具又是人的体外器官，不以个体生命的结束而消失并能被人复制出来，作为一种凝聚了的人的力量，把前人和后代，他人与自我联系起来。动物是靠自身的器官直接作用于环境，这是动物长期适应环境的结果。在动物所适应的一定环境的范围内，它的天然器官足以支持其生命的活动，它不需要任何其他的东西作为自己与环境的中介，也不需要把联合其他的生命个体作为其生命活动的必要环节。动物在适应环境的过程中也有习得的经验和能力，但它们与动物个体的生命是直接同一的，不能以体外存在的形式在动物个体之间传递。因此“动物社会”只不过是其物种的规定。

人类在使用工具改造自然的过程中，不仅创造了自己的历史，而且创造了人类的文化，从而使人类社会的存在采取了历史的和文化的形式。“动物社会”是其物种规定的消极适应自然的纯粹自然存在物，它们没有历史和文化可言。

人类通过自己的活动创造了社会及其历史，它服从由人类自己的活动形成的客观规律的支配。而支配“动物社会”的则是生物规律。

第二节 社会结构

一、什么是社会结构

社会结构是指社会整体的构成要素以及它们之间相对稳定的关系。

构成社会整体的要素与基本要素。对于物质世界时空上的无限性而言，要素与其构成的系统都具有相对性。要素与系统作为人们认识的客体的确定性，要以人们实践的需要为标志。这里，我们把整个社会作为认识的客体系统，它的构成要素应是与社会整体的宏观结构形式直接联系的社会内容，包括社会实体、社会意识、社会规范制度等。社会的基本要素主要体现在以下五个方面，即自然环境、人口因素、经济因素、政治因素以及思想文化因素等。上述五大要素之所以说是基本的，不仅仅是因为社会有机体的存在和发展离不开其中的任何一个要素；而且还因为这些要素都渗透在社会各类整体性层次和社会单位中。社会的整体性层次和社会单位在客观上都是这些要素综合作用的产物。正因为如此，社会结构的这些要素又被看成是社会运行所必需的条件。

社会结构作为社会的构成要素和各要素结合方式的统一体，可以从三个维度来考察。

（一）从要素的构成形式看，社会结构具有实体性

实体性社会结构，有两层含义：一是社会要素作为单元实体组成了社会。例如，群体、社会组织、阶级阶层、社区等都是实体性要素，社会就是这些要素按照一定的顺序和布局统合起来的整体；二是社会要素作为实体其本身也具有相应的内部结构，如社会的人口结构、群体结构、阶级阶层结构、组织结构、社区结构等。实体性社会结构是从社会结构的现象层面来理解社会结构，人们在日常生活中和社会研究中最经常接触到的就是这里所说的实体性社会结构。

（二）从社会的功能角度看，社会结构具有规范性

作为社会实体而存在的群体、社会组织、阶级阶层、社区等本身是有规范和制度的，人们的社会行为不可避免地要受到他们所在的群体、社会组织、社区和社会制度体系的制约。正是因为这些社会实体同时又有规范人们社会行为的功能，社会才成为了一个有秩序的体系。

（三）从社会整体的角度看，社会结构具有关系性

法国的社会学家迪尔凯姆曾经把社会结构分成两种不同的类型：一是以低度分工为基础，以强烈的集体意识为纽带而结成的社会关系整合形式，被称为“机械团结”类型；二是以高度分工和广泛的互相依赖为基础而构成的社会关系整合形式，被称为“有机团结”类型。在这里迪尔凯姆实质是把社会结构看作社会关系的组合形式，显然在逻辑上是有问题的。

从本质上对社会结构进行剖析的是马克思，他说：“人们在自己生活的社会生产中发生一定的、必然的、不以他们的意志为转移的关系，即同他们的物质生产力的一定发展阶段相适应的生产关系。这些生产关系的总和构成社会的经济结构，即有法律的和政治的上层建筑竖立其上并有一定的社会意识形态与之相适应的现实基础。物质生活的生产方式制约着整个社会生活、政治生活和精神生活的过程。”马克思把社会结构分成两个层次：一是经济基础层次，即与生产力的一定发展阶段相联系的占统治地位的生产关系，它是社会物质存在的决定层次；二是受经济基础制约的上层建筑层次，主要指政治、法律制度以及与之相适应的思想、道德、哲学、宗教、艺术等社会意识形式。可见，马克思把社会结构看做是矛盾关系体，社会结构变化的动力来源于社会内部的矛盾，生产力是社会结构变化的根本动力。

以上所阐述的实体性社会结构、规范性社会结构和关系性社会结构并不是社会结构的三种不同类型，而是同一社会结构三个不同的观察维度，即现象的、功能的、整体的维度。

二、社会结构与社会运行

社会系统是动态的非平衡系统，平衡只是暂时的、相对的，社会结构的稳定性和变动性是社会运行过程的两个方面，如何在社会结构发生变动的情况下争取社会系统向着整合的方向发展呢?

（一）遵循社会运行的基本规律：功能规律

功能是相对于结构而言的，结构作为系统各要素之间的联系方式，体现了系统的组织性和秩序性。社会系统要维持结构的稳定就必须不断地从外部环境中输入物质、能量和信息，同时能动地作用于外部环境，功能就是系统能动地作用于外部环境的能力和方式。从系统内部来说，之所以需要某一结构成分，不外乎是要求其发挥相应的功能。从一般意义上说，结构和功能总是统一的。

相对于功能来说，结构是静态的。社会结构的运转依赖于其功能的发挥，社会结构运转的过程也就是发挥功能的过程。功能规律制约着社会结构的运转状态。但功能规律对社会结构的运转所起的作用也不是单一的。一方面，功能规律在系统确定的质的范围内保持结构的运转，它不断地再生产和再现着同一社会结构，保证社会结构的稳定性和连续性。另一方面，功能规律作用的结果则在量上累积着要求功能进一步完善和新功能的产生，从而为社会结构的变化创造条件和可能，从而蕴含着使社会系统向更加完善、更加高级质态转变和发展的必然性。

（二）促使社会结构从无序到有序运转

社会结构在运转的过程中有两种不同的状态，其中适度整合是一种有序状态，而过度的分化和过度的整合则是一种无序状态。因此，要力争促使社会结构实现适度整合即优化社会结构。社会系统的开放性是保持社会结构稳定性，实现有序运转的重要条件。只有开放的社会系统才能不断地从外界吸取物质、能量和信息，维持和达到系统的有序状态。开放性对于社会结构的稳定来说具有更大的重要性。无论是中国的历史经验，还是现代科学的实践都证明了：真正结构稳定的系统只能是内部适度整合，而且能够容纳外部异己因素的系统，同时在发展的过程中不断地自我更新和完善。

第三节 社会制度

一、社会制度的内涵

社会是人类生活共同体，人的复杂性决定了社会也是多变的。为了让生活于其中的人们能正常地生活，同时也为了社会能有序地运行，必须有一套社会制度来约束人们的行为。

从字面上讲，制是制约和控制，度是限度。由于对社会制度含义理解的层面和宽窄不同，形成了关于社会制度的三种看法：一种是从社会形态的意义上加以界定，如“社会主义制度”、“资本主义制度”等。这是对社会制度的宏观考察，常常用在区别社会的不同性质。第二种是从社会生活的不同领域加以界定，如与政治、经济、教育、法律等方面对应的制度，即政治制度、经济制度、教育制度、法律制度等。这是对社会制度的中等尺度的观察。第三种是把社会制度具体到认为是某社会组织中的规章制度，如工厂里的考勤制度，学校的作息制度，医院的门诊制度等。这是对社会制度的狭义上的理解，可以说是微观的社会制度。

尽管人们对社会制度的理解各有不同，但大致形成了一种研究倾向，就是取社会制度的中层含义，把它作为一种管理和控制社会的方式和规范体系。美国的社会学家默顿提出过“中层理论”，强调把研究的重点放在社会制度的中层含义上。社会制度作为管理和控制社会的方式和规范体系，一方面，它是社会关系的体现，另一方面，它又对人们的社会关系和社会行为起制约作用。因此，所谓社会制度，就是在一定的历史条件下形成的关于人们的社会关系和社会行为的规范体系。正确把握社会制度的含义要注意以下两个方面：一是社会制度是整套的规范体系，是成系统的、成套的社会规范，而不是单独的、个别的规范。二是社会制度是在一定的历史条件下形成的。什么样的条件决定有什么样的社会制度，条件的变化导致社会制度的变化。没有不结合实际的社会制度，也没有一成不变的社会制度。

社会制度作为一定条件下形成的规范体系，具有以下一些基本特征。

1. 普遍性

社会制度既然是关于人们的社会关系和社会行为的规范体系，那么只要有社会就有社会制度，只要有人的时候和地方就有社会制度的存在。不论是社会发展的不同历史阶段还是同一历史阶段的不同社会，都体现出社会制度在空间上的无所不在和时间上的无时不有。

2. 强制性

社会制度作为约束人们社会关系和社会行为的规范体系，是社会成员必须遵守的，不遵守或者违反社会制度的规定，必然受到相应的惩罚。这体现出社会制度的强制性。社会制度如果不具有一定的强制性，就会丧失其应有的权威性，从而名存实亡。

社会制度的强制性必须以社会制度得到社会的公认为前提，它应该反映出绝大多数人的意志，使大家愿意共同遵守它。

3. 变异性

社会制度是一定历史条件下的产物，同时它又是制约人们社会关系和社会行为的规范体系。当社会的生产力水平发生变化时，受制于生产力的生产关系必然发生相应的变化，从而引起以生产关系为主的社会关系的转变，所以社会制度必须随着条件的变化而变化。如果社会制度不具有变异性，没有根据具体的实际情况而做出应有的调整，则会呈现出不适合社会的需要的情况，并丧失自己的约束功能。社会制度的变异性体现出制度改革的重要性和必然性。

4. 相对稳定性

社会制度的变异性表明，社会制度要随着条件的变化而变化，否则就会丧失其原有的功能。但必须看到，社会在某个相对的时段里是稳定有序的，在这种情况下，就要保持社会制度的稳定不变。社会制度作为一定条件下的产物，一旦形成便具有一定的生命周期。社会制度的约束功能也使得社会制度不能因其朝令夕改而丧失其应有的权威。社会制度一般是不会轻易变动的，即使某项制度已经因为丧失功能而失去其存在的价值，但它在接下来的一段时间里会继续存在。社会制度的稳定性，一方面让社会秩序得到了有力的保障，社会生活不再无所适从；但另一方面，社会制度的稳定性又会形成一定的惰性，从而阻碍社会的发展。正是因为如此，社会制度的稳定性不是绝对的，而是和变异性联系起来，形成一种相对稳定性。

5. 系统性

无论某个具体社会制度还是整个社会制度，都是一个具有某种内在联系的系统。在这个系统中，各种具体制度相互制约，相互影响，形成牵一发而动全身的整体。

6. 阶级性

国家制度、社会制度是统治阶级制定出来的，用以表达统治阶级的意志，维护统治阶级的统治，因此，它不可避免地具有阶级性。

二、社会制度的形成和类型

（一）社会制度的形成

关于社会制度的起源问题，不同的社会学者有不同的看法，主要有以下三种观点。

第一种观点认为：社会制度起源于风俗习惯。美国的社会学家萨姆纳就提出，社会制度起源于民俗，这种民俗是人们在一定的环境中生活而逐渐形成的行为模式。后来通过对民俗的反省，在其中增添了社会的、伦理的强制力，民俗就发展为民德。当民德脱离了原有的感情色彩的时候，民德就成为有一定道德倾向的规范。经过不断地结构化和系统化就发展成为社会制度。这种观点影响较大，同时也具有一定的合理性。

相比之下，第二种观点就体现出很大的局限性了。这种观点认为，社会制度起源于人的共同意志，是人的生理或心理需要的结果，就像宗教制度的产生一样，是为了消除人们的恐惧心理。这种观点是从心理上寻找社会制度产生的原因，没能看到社会制度的本质。

真正从本质上揭示出社会制度的起源的是马克思主义。马克思主义认为，社会制度是在一定的社会物质资料的生产方式基础上产生的，是一定的社会历史发展的产物。马克思曾经指出，“在人们的生产力发展的一定状况下，就会有一定的交换和消费形式。在生产、交换和消费发展的一定阶段上，就会有一定的社会制度。”

（二）社会制度的类型

社会制度有一个从无到有的产生过程。从不同的社会制度产生的先后来看，按照经济基础与上层建筑的关系，我们可以把社会制度划分为两大类型：本原的社会制度和派生的社会制度。

1. 本原的社会制度

本原的社会制度是指在人类社会中出现得最早并且是其他社会制度的母体的社会制度，包括以下两种类型。

（1）经济制度。经济制度是指一定历史阶段生产关系的总和，包括财产所有形式、分配形式、资源的利用、经济管理机制等。经济制度是人类最主要的制度，它对社会的发展具有决定性的影响，同时它又是最复杂的制度。

经济制度之所以是本原的社会制度，是因为它用以约束和调节的经济关系和经济行为是最早出现的。人类在一开始的时候就要为了自身的生存而从事生产活动，此时人与人之间的关系主要表现在生产关系中。

（2）家庭制度。家庭制度是关于家庭关系、家庭的性质、家庭的结构和家庭成员权利义务的规定。家庭作为人最早生活于其中的群体，和家庭成员间的关系及成员的行为有关系的家庭制度当然也是人类最早出现的一种社会制度。

2. 派生的社会制度

派生的社会制度是指从本原的社会制度中生长、演变和发展起来的社会制度。派生的社会制度是社会发展和进步的产物，社会越发达，派生的社会制度就越多，因此，不同发展程度的社会，其派生的社会制度不同。但总体上都包括以下几个方面。

（1）政治制度。政治制度是对国家的管理和社会秩序的维护做出的各种规定，它决定着一个国家的性质。政治产生于一定的经济基础之上，同时它又是统治阶级意志的体现，为统治阶级服务。

（2）教育制度。教育制度是为传授文化、知识与观念而设立的各种制度的总和。它包括教育活动的组织准则、活动程序规定和各种教育管理章程等。教育制度的存在使一个社会的文化完成代际传递并且在继承的基础上得到发展，保证社会成员的思想观念行动等符合社会的要求。

（3）宗教制度。人类对自然现象认识贫乏，往往将这些现象的产生、发展归结于一种超自然力量，是超自然的力量支配的结果，由此，人们对超自然的力量产生崇拜和敬畏，于是宗教就产生了。宗教制度是基于对这种超自然力量的敬畏和崇拜而形成的价值准则、仪式、组织和章程。现时代宗教的影响还相当广泛，宗教制度对社会发展起着一定的控制和整合作用，也起着一定的消极作用。

三、社会制度的构成与功能

（一）社会制度的构成

社会制度是一个规范体系，由以下四大系统构成，即概念系统、组织系统、规则系统和设备系统。

1. 概念系统

社会制度作为一个规范体系，必须由一定的理论基础来说明其存在的根据和价值，这一套作为基础的理论就是社会制度的概念系统。概念系统是理解和解释社会制度的核心部分，是制度的“灵魂”。

社会制度的概念系统中包括了一些社会学说和社会思想，它们支持和维护着社会制度的存在和发展。社会制度的概念系统是在人类长期的实践活动中形成的。在不同的历史条件下有不同的制度理论，不同的统治阶级也会产生不同的思想来指导制度的制定，不同的社会制度的概念系统也是不同的。

2. 规则系统

社会制度的规则系统是指一切社会制度中都包含着一整套行为规则，用来规定社会成员一定范围的行为模式及其相互关系。如教育制度中规定了教育方针、学制、考试、毕业等，家庭制度中规定了夫妻双方的权利义务，建立和解除夫妻关系的条件等。社会制度的规则系统既有以风俗、习惯、伦理、道德等不成文的形式表现出来，也有以准则、条例、章程、法律等成文的形式表现出来。

3. 组织系统

如果说概念系统是制度的指导思想，规则系统是制度的主要内容，组织系统就是制度运行并发挥作用的保证。社会制度要顺利运行，除了必须有一套被人接受的概念系统和一套有效的规则系统之外，很大程度上还要依靠一套具有较高工作效率的组织系统。社会组织把一定数量的社会成员集中于其中，并且通过对成员的行为进行规范来体现社会制度的具体要求。社会制度是抽象的，组织系统就是它的有形代表。社会制度的组织系统包括组织的首脑、职能部门和具体的办事人员等。

4. 设备系统

社会制度的实施不仅要有形代表（人力），同时还依赖于一定的工具和物质设备，即社会制度的设备系统。它是社会制度运行的物质手段和物质条件。和组织系统一样，社会制度缺少必要的物质设备也发挥不了作用。制度的设备系统包括实用的设备和象征性的标识两种。实用设备指经济制度里的厂房、机器、货币、银行、商店等，政治制度中的政府、军队、法庭和监狱等，教育制度的学校、教具等，宗教制度的教堂、神物、经书等。象征性的标识如国家的国旗、国徽、军队的军旗、商品的标识、学校的校牌等。制度的实用设备是非常重要的，没有它们，制度就不能运转，但这并不等于象征性的标识可有可无，相反，由于象征性的标识代表着一个社会组织或一种制度的权威和力量，能起到树立形象、团结成员的作用，所以象征性的标识也同样发挥着重要的作用，而且有的时候这种象征意义所产生的巨大力量甚至是实用设备所不能及的。

通过以上对社会制度的四个构成要素的分析可以发现，社会制度的四大系统是相互联系，相互影响，缺一不可的，社会制度的概念、规则、组织和设备等系统相互作用，共同构成社会制度整体。

（二）社会制度的功能

社会制度作为一个规范体系，对社会起着不可忽视的作用，发挥着极其重要的功能。

首先，社会制度是社会成员行为的准则和导向。

人的社会性不仅仅体现在人必须在社会里生活，而且体现在每个人都必须在人的集合体中生活，不可避免地过着群体的生活。但是每个人都是相对独立的行为主体，有自己的意愿、利益、价值观和性格特征，从而导致行为间的相互冲突。在这种情况下，社会就需要一些客观的共同遵守的行为准则来约束和调节社会成员的行为。社会的要求是人们的行为从千差万别到协调一致，并保持一定的秩序，而社会制度就是这样一套规范体系，它通过给人们规定一定行为的模式来树立社会所需要的行为模式，或提倡或禁止，让社会中成员知道应该做什么，不应该做什么，使人们的行为在有章可循的情况下符合社会的要求。

对于社会的进步和发展来说，社会秩序的安定和人们行为的规范是必不可少的。因此，社会制度在对成员的行为形成起导向作用的同时，也推动着社会的进步。

其次，社会制度对社会起整合作用。

社会制度作为关于人们行为和关系的规范体系，道德行为的导向和关系的明确规定让人们的行为和关系有章可循，从而预防了越轨行为的产生，避免了矛盾和冲突。但是实际情况是，不可能每个人都按照制度行事，总会出现不尽如人意的地方，即便如此，社会制度也会对越轨的行为加以干预，根据行为本身的偏离程度，来给予行为人以相应的批评教育、惩罚和制裁等，从而起到控制和整合社会的作用。

最后，社会制度完成着社会文化的传递。

对于社会来说，社会的世代交替不仅有赖于人口的世代交替，而且必须使社会本身的文化知识代代相传，人类本身的种种能力给文化的传递提供了方便，如人有发达的大脑，人有语言和学习的能力，另外，人类还创造了学习文化知识的最有用的工具——语言和文字，用来完成文化的代际传递，但文化传递还必须有一定的载体，这个载体就是社会制度。社会制度一方面把人类的文化历史保存下来，另一方面又不断创造出新的文化，社会制度不仅是传递文化的重要工具，而且也是促进文化发展的重要手段。

四、制度建设

社会制度作为约束人们行为和调节人们关系的规范体系，在社会生活中发挥着极其重要的作用。但社会制度也可能对社会系统的运行产生不良影响和消极作用，社会制度的负功能是和正功能并存的。社会制度即使是对维持社会的良性运行和协调发挥着积极的作用，它也不可能一劳永逸。社会制度的变异性要求社会制度随着实践的变化而变化，因此，社会制度必须不断改革，必须加强社会制度的建设。

（一）推动社会的制度化

所谓制度化，就是人们的社会行为普遍被社会制度制约并且逐渐模式化的过程。现代社会要求各种各样的社会制度渗透到社会生活的一切领域，使社会成为一个高度制度化的社会。因此，要推动社会制度的制度化。首先，制度化能促使人们对某种行为合理性的正确认定。一般来说，符合制度的行为就是合理的行为，而超出制度的规定就是违反社会制度的、不合理的行为。通过制度化，让人们对社会制度形成理解并遵守。在对合理行为进行正确的认定的同时，社会形成了良好的秩序，制度得到良好维持，社会生活得以正常进行。其次，社会制度的制度化让人们的行为形成相应的行为模式，这使得人们可以自觉按照这种行为模式来做出自己的行为，从而使人们的社会行为具有可期待性，人们不仅可以用行为模式来指导自己的行为，也可以用行为模式对他人的行为产生相应的期望，要求其符合社会的要求。

制度化是人的行为普遍被制度制约并且逐渐模式化的过程，包括两个方面：第一，它是人的行为的定型化和模式化。制度化是用制度规定来克服行为的主观随意性，从而使行为严格受制度的制约。第二，制度化不只是几种行为的定型化和模式化，而是每一种行为都受社会制度的严格制约，具有一种普遍性，这样才能称为制度化。

制度化的推行是社会发展的要求，推动制度化的进程的同时，要看到制度化的作用，并加以预防和克制。制度化是让人的行为定型化和模式化，这固然有利于行为的循规蹈矩和和社会秩序的井然有序，但模式化的行为会导致人们墨守成规，产生依赖的惰性，对过时的社会制度视而不见，任其存在，这无疑会阻碍社会的发展。正是因为如此，在制度化的过程中一方面要让人们的行为符合制度规定的模式，另一方面，对制度化的消极作用要加以克服和预防，让制度化朝着有利于社会发展的方向推进。

（二）进行必要的制度改革

在制度建设的过程中，一方面要形成对人们行为的模式化要求，另一方面也要看到社会制度自身的不足之处，对社会制度加以改革。

1. 使制度建设的目标符合社会发展的大目标，各制度之间配套、协调发展

各种社会制度涉及的是社会生活的方方面面，如政治、经济、教育等，无论是哪一方面的制度建设，都必须围绕社会的整体发展进行，即制度建设的目标要符合社会发展的整体目标，并且要努力实现社会发展目标。我国当前的发展目标是把我国建设成为富强、民主、文明的社会主义现代化国家，围绕这一战略目标，制度建设必须以之为改革的导向，并为实现这一目标而付出应有的努力。

一项社会制度的建设和改革不但要考虑社会大的发展目标，而且要注意各制度间的配套和协调，这是因为各制度之间存在着密不可分的联系，社会的发展包括方方面面的发展，任何一个方面的制度建设都必须考虑到其他方面的制度，不能给其他制度带来不良影响，不能以牺牲其他方面的发展为代价。既然社会的各方面构成了社会这一大系统，各制度间的协调和建设都必须做到以社会大目标为导向，只有各方面制度协调发展，才能促使社会大目标的实现。

2. 促使社会制度的内部配套和协调

社会制度的协调、发展不仅表现在不同的社会制度之间要相互兼顾，共同服从社会整体利益，同时，由于每一个社会制度都是由相应的四大要素构成的规范系统，而且各要素之间相互影响，相互联系，所以社会制度的协调还体现在要保持构成社会制度的四要素的一致性和协调性，这是制度内部的协调配套。任何一个健全的社会制度者必须有科学的理论指导、明确的规则、完善的组织和必要的物质设备，四个方面缺一不可。如果只注意制度中的规则的制定，而忽视了组织条件和物质基础，制定出来的制度则可能成为毫无实际作用的形式。同时，社会制度的四要素之间可能不是平衡的发展的，任何一个要素的僵化和落后都会影响到整个制度的功能的发挥。所以，社会制度内部各要素的协调配套就成为制度建设和改革要考虑的一个重要方面。

【复习思考题】

1. 马克思主义关于社会的规定是什么？
2. 社会学对社会的定义是什么？
3. 怎样理解社会结构？
4. 什么是社会制度？社会制度有哪些特征？组成社会制度大系统的要素有哪些？
5. 社会制度有哪些功能？如何推进制度建设？

实训参考

【讨论】 最低生活保障制度在社区管理中的地位和作用。

【录像】 观看录像《香港政权交接的台前幕后》，思考中国在国家制度方面的创新。

【实践活动】

实践题目：体制改革对本市社会发展的影响

实践目的：进一步掌握社会制度在社会发展和社区发展中的作用

实践地点：本市政策研究室、市委调研室、体制改革委员会

实践课时：2 学时

实践内容及过程：①请有关部门的同志作报告，介绍本市政治、经济体制改革的成果的新动向；②参观市容市貌，通过比较改革前后市容市貌的变化，了解体制改革对本市社会发展的影响，进一步掌握社会制度的功能。

第三章　社会运行的条件

社会学研究的目的和任务是探讨社会良性运行的条件和规律，本章将从社会运行的条件入手，展开对社会良性运行规律的研究，为社会管理及社区管理提供理论支持。

第一节　社会运行的概念

一、社会运行的内涵

社会运行是指社会有机体自身的运动、变化和发展。它大体包括纵向运行和横向运行两个方面①：

第一，纵向的社会运行是指社会的变迁与发展，即任何社会、社会现象都不是从来就有的，都有一个产生、发展、变化乃至灭亡的演化过程。例如，人类社会自身是不断变化发展的，存在一个从原始社会经由奴隶社会、封建社会和资本主义社会，进入社会主义社会这样一个纵向的社会运行过程。又如，社会生产力是社会现象之一，它存在着发展、变化的纵向运行过程，原始社会生产力水平极低，经过古今中外、历朝历代劳动人民的辛勤努力，生产力水平终于提高到现代化的较高水平上来，随着社会的发展，社会生产力水平还将向更高层次发展。仔细考究社会存在的每一种现象，包括政治的、经济的和文化的，都包含这样一个纵向运行的过程。

第二，横向的社会运行是指社会现象之间存在着相互联系、相互作用、相互影响的变化、发展过程。社会现象是社会中的现象，它不是孤立的，是与其他现象相互联系的，这种联系无时不在、无处不有。例如，一个社会内部，政治和经济之间存在着相互联系、相互作用，经济基础决定上层建筑，上层建筑对经济基础具有反作用。又如，经济发展水平制约着文化发展水平，经济越落后，文化就越不发展；经济越发达，文化就越繁荣，等等。社会现象之间的这种相互联系、相互作用、相互影响的变化、发展过程，贯穿于一切社会之中。

总之，无论是纵向的社会运行还是横向的社会运行，在社会学研究中都占有同等重要的地位，都应给予同等的重视。

---

① 郑杭生：《社会学概论新修》，中国人民大学出版社，2001 年第 2 版，第 71 页。

二、社会运行的“状态”

社会运行状态如何，取决于社会运行诸条件之间的协调性。社会运行诸条件之间的协调程度不同，将导致社会运行出现三种状态：良性运行、中性运行和恶性运行。

社会的良性运行是指社会的经济、政治、文化等条件协调工作、互相促进，社会的障碍和失调被控制在最小的限度之内，表现为生产关系促进生产力的发展，经济基础与上层建筑相互制约，整个社会不断协调发展，这是最理想的社会运行模式。例如，我国20世纪50年代前期，生产力迅速恢复和发展，政治清明稳定，社会主义文化健康、繁荣，社会运行的各种条件能有机地协调起来，社会发展的障碍被控制在最小的范围内，因此，这一时期的中国社会基本上处于良性运行的状态之中。

社会的中性运行是指社会运行的诸条件之间存在较多不协调因素，社会运行的障碍较多，但仍属于正常的社会运行状态。这是社会运行的中间状态，状态非常不稳定，它既可能发展成为社会进化，也可能发展成为社会倒退，发展结果如何，关键在于社会能否及时改革，不断消除社会政治、经济、文化等运行条件之间的不协调因素，如果能做到这些，社会将不断前进，否则，社会将出现倒退，陷入恶性运行状态。

社会的恶性运行是指社会运行诸条件之间的工作失控，社会发展的障碍严重，是一种反常的社会运行模式。例如，我国“文化大革命”时期，工厂停工，学校停课等，社会的政治、经济、文化的发展严重失调，社会发展出现倒退，影响了社会主义建设的进程。

总之，社会运行的状态直接影响着社会发展速度，为了我们的社会不断发展、不断进步，我们必须努力研究社会运行的各种条件在社会运行中的状态，不断促进它们之间的在发生作用时的协调一致。

三、社会运行的条件

社会运行的复杂性明示出社会运行必然具有一个庞大的条件体系，这个条件体系包含了政治、经济、环境、人口、文化等众多因素。

政治作为社会运行的条件，直接影响社会运行的好坏。一个政治稳定、政策正确、民主开放的国家必然带来社会良好的运行状态，例如，改革开放后的中国，政策对了头，百姓有劲头，不但消除了十年“文革”的负面影响，而且以世界最快的经济增长速度飞速发展。如果一个国家的政治不稳、政策错误，必然会影响社会正常的运行。苏联的解体就证明了这一点。

经济是社会运行的决定条件。古今中外不同国家社会发展的历史告诉我们，只有大力发展生产力，才能国泰民安，社会才能欣欣向荣。经济基础雄厚了，上层建筑才能巩固，社会才能有序健康地运行。当今世界，社会稳步运行、全面发展的国家大多是经济发达的国家。由此，我国出台了以经济建设为中心的政策，要求全国上下抓住经济这个中心不放松，以经济为突破口，促进社会全面发展。

环境、人口、文化等是社会运行的基础性条件，也是社会学研究的侧重点，它们存在的不同状况将对社会运行产生不同的影响，每一个社会学者都必须重视这种影响。

第二节　自然环境与社会

一、什么是自然环境

自然环境又称地理环境，是指人类生存和发展所依赖的各种自然条件的总和，它包括地理位置、气候、地貌类型和各种自然资源。人类社会离不开自然环境，自然环境是人类社会存在和发展的必要条件。一方面，人类是自然界长期发展的产物。人类来源于古猿，是在几百万年以前完成了古猿到人的转化，从动物中提升出来的，没有自然界，就没有猿的生命，也就没有人类的产生，另一方面，自然界为人类社会提供了各种赖以生存和发展的条件。所以，人类不能离开自然界，不能离开一定的自然环境而存在和发展。

自然环境按照是否被污染的标准，可以分为原生环境和次生环境。原生环境是指没有被污染的自然环境。次生环境指已经被污染或者已经被改变了的自然环境。这两种环境类型对人类社会的作用不同，与人类社会的关系也不一样。比如，未被破坏的原始森林属于原生环境因素。它的存在可以蓄养水分、调节气候，对人类社会的存在和发展有利，一旦原始森林遭到过度砍伐和毁坏，人类将品尝水土流失、气候恶劣的恶果，社会发展和运行将受到负面影响。

二、自然环境与社会

1. 自然环境与人类社会关系的历程

自然环境与人类社会的关系经历了四个发展阶段：①依赖关系阶段。大约在200万年以前，早期人类出现了，由于刚刚从自然界分化出来，他们的生存完全依赖于自然，这种完全依赖的关系一直持续了将近200万年。②顺应关系阶段。大约在1万年以前，人类社会进入农牧业时期，已经懂得某些顺应自然的道理，例如，驯养动物、种植等。但是，这一时期的人类仍然较大程度地依赖自然。③掠夺关系阶段。大约200年以前，即工业化时期之后，机器的发明和使用，社会生产力迅速提高，人类对各种自然资源进行疯狂的掠夺式的开采，一些早期的资本主义国家还把掠夺的双手伸向海外的不发达国家，造成了世界范围内对自然界、自然环境的巨大破坏。④和谐关系阶段。第二次世界大战以后，人们看到了由于对自然资源的掠夺、对自然界过度索取和不顾环境承受能力所造成的各种危机，如资源危机、能源危机和自然环境的严重破坏等，人类社会在不同程度上受到了自然的惩罚，于是，人们提出了合理开发和利用自然的想法，出现了自然观的协调理论，这一时期，环境保护概念深入人心。

2. 自然环境对人类社会的影响

自然环境是人类社会存在和发展的必要条件之一，对人类社会发挥着重大影响，我们可以从有利影响和不利影响两个方面进行考察。

首先，自然环境中存在着对人类社会发展有利的因素。①自然环境为人类提供了生存场所。没有自然环境人类无立足之地，社会也不可能存在。②自然环境为人类社会的存在和发展提供了必要的自然资源。自然资源包括：大气资源、水资源、能源、矿物资源、各种生物资源（动物资源、植物资源）等，而这些资源不可能用人工资源来代替，因此，对于人类社会来说，这些资源非常重要。

其次，自然环境中存在着对人类社会发展不利的因素。①自然资源有限，要求限制人口。工业革命以后，世界人口剧增，对自然资源的需求迅速提高，大大强化了人口对自然环境的压力，自然环境的“承载量”面临挑战，一方面，自然资源面临枯竭；另一方面，环境污染日益严重。人口与自然环境之间的生态平衡面临危险，因此，必须限制人口。②原生环境中存在一些对人类社会发展不利的自然因素，称为原生环境问题。例如，喜马拉雅山脉和雅鲁藏布江大峡谷阻断了中国西藏与南亚次大陆的交通，影响了西藏同南亚各国的经济往来，文化交流，影响了西藏地区的经济和社会发展。③人类活动引起环境的退化和污染，反过来又影响人类社会，这被称为次生环境问题。例如，工业化的发展，氟利昂的应用和泄漏，导致地球大气层中臭氧层遭到破坏，出现臭氧层空洞，使阳光中的紫外线不能被充分过滤，伤害地球上的生命。除大气污染问题以外，还有水污染、噪声污染、对森林的乱砍滥伐和对动物的过度捕杀等，自然环境的这种污染和退化已经成为社会发展和社会运行的灾难。

最后，我们可以得出一个结论：不同的自然环境将影响不同的国家、社会或地区，或延缓或加速其发展。例如，非洲的许多国家贫困的原因之一就是自然环境条件不利，许多国家沙漠面积大、气候干燥，对农作物生长不利，农业生产不容易发展起来，因而饥饿问题时而发生。而处于平原、大河流域、气候条件好的国家，则会由于交通便利、生产发展而容易获得进步。尽管自然环境对人类社会影响重大，但不是决定因素。马克思主义认为，人类赖以生存和发展的决定性条件是社会的生产方式。社会制度的性质及其更替，是由社会生产方式而不是由自然环境所决定的。自然环境只有通过社会生产过程才能对人类历史发挥作用，而且，它对社会发展的作用是受生产力发展水平所制约的。不同社会发展阶段会因为生产力水平不同，而导致自然环境在社会发展中的作用不同。因此，不能把自然环境看成是社会发展的决定力量，必须批判西方社会思想家的“地理环境决定论”。

3. 社会对自然环境的影响

自然环境为人类生存提供了场所，但是，它为人类社会发展提供了必要性和可能性，要把这种可能性转化为现实性，必须经过人类的作用、影响。

人类社会对自然环境的影响表现在七个方面，即开发、利用、改造、破坏、污染、治理和保护。开发是指对没有被运用的自然资源进行垦殖和开采。例如，开荒、采矿等。利用是指对已被开发的自然资源进行加工、处理，使之能被人类社会直接使用。例如，刚被开采出的石油不能直接使用，需要对它进行加工、处理，生产出汽油等可以直接使用的产品，这个过程就是利用。改造是指用加工好了的材料和产品改善自然环境，建造人工环境。例如，修建城市、建筑公路等。破坏是指不合理开发、利用自然资源，造成了不良后果。例如，对森林的过度砍伐，造成了森林资源的破坏，导致水土流失，危害人类生存和社会发展。污染是指在自然资源进行开发、改造、利用中，产生了废物，被排放到环境中。例如，水污染、大气污染、噪声污染、白色污染等。治理是指人类对已被破坏和污染了的环境进行修复和回归。例如，治理沙丘、盐碱地等。保护是指对尚未被破坏、污染的环境采取必要措施，防止被破坏和污染。环境保护问题是当今世界各国人民共同关心的问题。

人类社会对自然环境影响的七个方面不是孤立的，而是相互联系、相互影响的，它们之间的关系如图 3－1 所示。

总之，我们从自然界取得我们需要的东西，经过使用、消费和生产等过程，产生的废物又被回归到自然环境中，任意开发和排放，则会对自然环境造成危害，形成自然环境问题，这个社会问题严重危害人类社会的生存和发展。所以，人类社会应该合理地开发和利用自然环境。

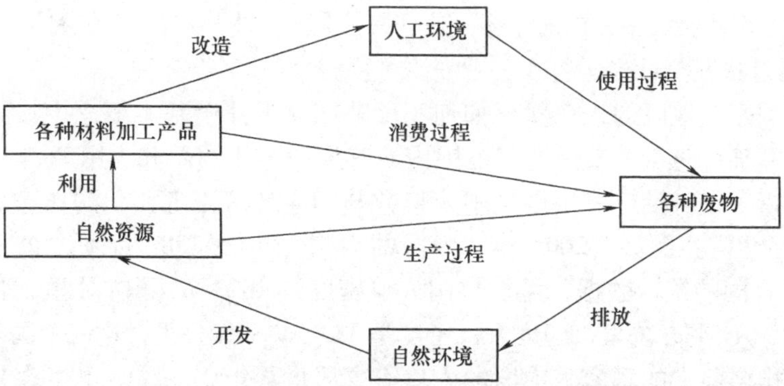

图 3－1 社会对自然环境的影响

第三节 人口与社会

一、人口的内涵

1. 人口

人口是指生活在特定地域中、特定社会制度下，具有一定数量和质量的人的总称。对于人口这个概念，人们再熟悉不过了，例如，到 1850 年，中国清朝人口已达到 4.1 亿；到今年，中华人民共和国人口已接近 14 亿，等等。其实，人口不但是一个数量的概念，也是一个质量的概念，过去西方的一些人口学者常常只从人口数量入手，研究人口问题，这是十分不足的，也是十分错误的。正确认识人口概念必须从以下四个方面入手：第一，人口是指特定地区的人口，具有地域性。例如，美国人口、中国人口、日本人口等。第二，人口是指特定社会制度下的人口，具有社会历史性。例如：中国唐朝（封建制度）人口、中国当代（社会主义制度）人口等。第三，人口必须具有一定数量。没有一定数量的人组合在一起，人口概念就不存在。第四，人口必须具有一定质量。这里的质量是指人口整体的智力、体力情况，让我们设想一下，一个文盲遍地的国家，它的人口素质一定很低，要想实现社会的现代化，显然是很困难的，因此，对于人口概念，我们必须赋予它“质量”内涵。总之，只有从上述四个方面入手，才能从本质上把握人口概念，才能对我们的学习和研究有利。

2. 人口属性

人口具有自己的属性，即自然属性和社会属性。人口的自然属性是指人口的生物性，即人口的生物特点。例如，任何一个人都有生、老、病、死这样一个生命过程，但人口总的趋势还是要一代一代地繁衍下去。人口的社会属性是指人口是由一定数量的社会人构成的，是一个包括家庭关系、民族关系、经济关系、政治关系等一切社会关系在内的总体。这一属性是人口本质的内在的属性。

3. 人口状况与社会运行

一个国家和地区的人口状况如何，反映在以下几个基本概念中。人口总数是指生活在某一时点、某一地理范围内的有生命个体的总和。用 Pt 来表示。人口密度是指一定时期、一定区域中人口数与相应地区土地面积的比率。单位是“人/平方公里”。例如，2005 年，中国的人口密度是 138 人/平方公里。根据 2006 年联合国的统计数据，孟加拉国人口密度是 1023 人/平方公里，日本人口密度是 338 人/平方公里，印度人口密度是 333 人/平方公里，这三个国家是世界人口密度排名前三的国家，中国的人口密度居世界第十一位。出生率是指给定年份中，每千人口中的活产婴儿数，单位是‰。死亡率是指给定年份中每千人口的死亡数，单位是‰。自然增长率是指给定年份中，每千人口的自然增长的比率，单位是‰。通过这些人口的基本概念，结合世界各国人口的具体情况，我们给出一份人口资料，详细分析资料，可以找出人口状况与社会发展，社会运行状况之间的关系，找出二者之间变化的规律。

表 3-1　　人口资料表

国家和地区	人口自然增长率%	人口出生率‰	人口死亡率‰	平均预期寿命	
				男	女
尼日利亚	2.4	43.0	19.0	43.6	43.9
巴西	1.4	21.0	7.0	67.3	75.1
中国	0.6	12.4	6.51	69.6	73.3
加拿大	0.3	10.0	7.0	77.8	82.7
美国	0.6	14.0	8.0	74.9	80.0
英国	0.2	12.0	10.0	76.3	80.9
德国	-1.0	9.0	10.0	76.0	81.8

转引自：《中国人口统计年鉴－2006》①

由表 3-1 我们可以看出，人口与社会之间的变化存在一定的规律，也存在一定的问题。规律之一：经济越发达的国家，人口的自然增长率越低，甚至负增长；经济越落后的国家，人口的自然增长率越高。这里关键的因素是自然增长率，人口的自然增长率越高，说明该国出生率越高，人口数量将不断增加；反之亦然。发达国家之所以自然增长率和出生率都低，因为这些国家经济、文化发展，消费水平高，因而限制了出生率，如果出生率被限制在一定水平，与社会发展相适应，无疑对社会是有利的，如果出生率低于死亡率，导致人口负增长，将引起人口发展失衡的问题，导致劳动力补充不足、社会生产不能顺利进

① 《中国人口统计年鉴－2006》，中国统计出版社，2006 年 12 月第 1 版，第 225、227、276～278 页。

行。这时，必须采取鼓励人口增长的政策。发展中国家经济文化落后，消费水平低，导致了高出生率，引起人口膨胀问题，这对社会运行极为不利，所以我国施行了人为限制人口的计划生育政策，并把它奉为国策。改革开放以来，计划生育使中国少生了3亿人。试想一下，今日的中国社会如果再多出3亿人口，就业问题、贫困问题、教育问题等社会问题将更加激化，中国将面临崩溃边缘。因此，我们得出一个结论，自然增长率必须保持适当水平，与社会发展相适应，过高或过低的自然增长率都会引起人口和社会发展的问题，影响社会进步。

规律之二，发达国家平均预期寿命普遍高于不发达国家。这是由于发达国家生活水平和社会保障水平普遍高于不发达国家的缘故，许多发展中国家由于经济不断发展，社会保障水平不断提高，平均预期寿命正在延长。平均预期寿命不断延长，加上自然增长率的因素，会导致一个问题：许多发达国家已经进入老龄社会，一些发展中国家也面临老龄社会的危险。因此，老年人的社会保障问题已经成为世界各国关注的问题，也是社会运行中必须妥善处理的问题。

二、人口构成与社会

人口构成是指一个地区或国家的人口是由一些什么样的人组成的。我们研究它是为了研究人口总体中各要素对社会发展、社会运行的作用。人口构成包括人口的自然构成和人口的社会构成。

（一）人口的自然构成

人口的自然构成是指人口的性别、年龄构成，即人口在自然、生物意义上的构成。我们研究它可以了解不同国家、不同地区的出生率、死亡率和人寿长短等状况，可以了解社会发展水平和生活状况、生活环境的优劣，可以掌握劳动力的自然状况，以有利于组织社会的经济建设。

1. 人口的性别构成

人口的性别构成是指一定时间的总人口中，男女人口数的比例和比重。它包括性比例和性比重两个内容。性比例是总人口中，男性人口和女性人口的比例，单位是%。1996年，我国人口的性比例是103%。性比重是指男性（或女性）人口数同总人口数的比值，单位是%。

性别构成对于社会发展、社会运行具有重要意义。任何社会、任何时代，出生时的人口性别状态是相对稳定的，婴儿出生时的性别比例大体上是105%，即每出生100个女婴，就会相应出生105个男婴，男性数量在出生时高于女性数量，可是，随着年龄的增长，性别构成会发生变化，到20岁左右，男女人口基本达到同数状态，即性别比例达到100%左右；进入高年龄层次后，男性人口数量会少于女性人口数量，即性别比例小于100%。从人口学、社会学角度来看，性别比例达到95%～100%就属于正常状态。世界各国都在努力维持着人口正常状态，因为，保持性别比例正常对社会发展、社会正常运行有重要意义：①性别比例正常，才能确保人类自我再生产的正常进行，才能为社会补充必要的劳动力，确保男女职业分工，推动社会经济正常发展。②性别比例正常，才能维持一夫一妻制为中心的婚姻制度，确保社会正常秩序。

由于性别构成是一个变量，找到影响性别构成变化的因素对于保持性别构成正常具有重要意义。我们认为，影响性别构成的因素来自于两个方面，即自然因素与社会因素。其中包含四个要点：①婴儿出生情况决定着人口构成中的性比例。②不同年龄组中，男女的死亡率影响着性比例。根据各国的统计资料，女性比男性平均预期寿命高出5年左右，这是导致性比例不断降低的一个因素。③社会传统文化因素影响着性比例状况。例如，中国人传统的多子多福观念，导致我国独生子女的性比例增高。④社会变动因素明显地影响着性别构成状况。例如，战争、人口迁移、工业化和城市化等，都明显地影响着性比例的正常。首先，20世纪50年代，德国的性比例低于90%，苏联的性比例为81.9%，日本于1995年测定的性比例为83%，由于第二次世界大战的影响，许多参战国家的性比例均属异常状态。其次，在人口迁移中，男性迁移人口通常多于女性迁移人口，成为影响性比例正常的重要方面。一般地，在人口迁移频繁的国家和地区，性比例均高于其他国家和地区。例如，美国是世界上人口迁入最多的国家，据资料记载，1820年前后，美国的性比例为102%～105%，1910年达到106%，后来，由于进行了移民控制，在1960年降到97%，性比例恢复正常。再次，工业化、城市化也影响着性比例正常。这一原因十分复杂，但有一点是明显的，就是在工业化、城市化中，许多危险职业是由男性从事的，导致男性人口损失率较高。总之，影响人口性别构成的因素众多，多种因素共同作用，使不同国家的性别构成发生了变化，发展中国家的性比例大，发达国家的性比例小。我们的任务是：制定各种社会制度，保证性比例维持均衡；同时，要反对霸权主义，抑制战争发生，因为，战争是导致性比例失调的最严重因素。

2. 人口的年龄构成

人口的年龄构成是指不同年龄组人口在全部人口中的分布状况。它是人类生物过程的一种现象，也是一种社会存在。人类有出生、生长、发育、衰老、死亡的成长过程，因而可以划分出不同的年龄组，形成人口的年龄构成。

人口的年龄构成对社会经济发展具有重要的意义。首先，人口的年龄构成直接决定一个国家的经济、社会、文化发展的趋势。在经济上，年龄构成决定了劳动力的多少，决定了被抚养，被赡养人数的多少，决定了生产和消费负担的状况；文化上，不同的年龄会形成不同的文化习惯；经济、文化的影响又会波及社会其他领域。其次，年龄决定了一个人的社会作用，决定了一个人是生产者还是消费者，决定了一个人对社会进步是有利还是不利。因此，如何保持一个国家、一个社会人口年龄构成的最佳状态，以利于社会生产发展，是一个值得探讨的课题。

研究人口的年龄构成，需要掌握划分年龄组的标准。联合国通用的划分标准为：儿童期为0～14岁，属于被保育、抚养、教育阶段；生产年龄期为15～64岁，属于参加社会生产和生活时期；老年期为65岁以上，属于退出生产活动，重新被抚养、照顾阶段。中国划分年龄组的标准是：学前儿童组为0～6岁；学龄儿童组为7～13岁；劳动年龄组中，男性为16～60岁，女性为16～55岁；义务兵役组为18～25岁；选民组为18岁以上；育龄妇女组为18～49岁。通过年龄组的划分，国家和社会可以掌握本国人口的状况，有效利用人口资源，及时制定人口政策，促进社会发展。

（二）人口的社会构成

人口的社会构成是指人口的民族构成、阶级构成、职业构成、行业构成、文化构成、婚姻家庭构成、宗教信仰构成、地区分布构成等，是人口在社会意义上的构成。研究人口的社会构成，可以掌握一个国家或地区的人口的社会属性，可以掌握一个国家或一个地区的人口的社会状况，对于社会政治稳定和社会经济发展具有现实意义。

1. 人口的民族构成

人口的民族构成是指一个国家或地区各民族的人口数及其在总人口中所占的比重。研究人口的民族构成，有利于一个国家或社会了解本国家的民族状况，是制定正确的民族政策、促进民族团结的依据，从长远的观点来看，有利于一个国家的政治稳定。

2. 人口的行业构成

人口的行业构成是指从事社会劳动的在业人口在各行业的分布。研究人口的行业构成对于编制国民经济发展计划、促进劳动力合理分布、推动社会经济发展具有重要意义。1982年，我国制定了国民经济行业分类标准，共15个大类、62个中类、222个小类。2002年10月1日，我国政府执行了重新修订的国民经济行业分类标准，即《国民经济行业分类》（GB/T 4754－2002），其中包括15个门类、98个大类。这里只列举15个门类：A—农、林、牧、渔业；B—采矿业；C—制造业；D—电力、燃气及水的生产和供应业；E—建筑业；F—交通运输、仓储和邮政业；G—信息传输、计算机服务和软件业；H—批发和零售业；I—住宿和餐饮业；J—金融业；K—房地产业；L—租赁和商务服务业；M—科学研究、技术服务和地质勘查业；N—水利、环境和公共设施管理业；O—居民服务和其他服务业；P—教育；Q—卫生、社会保障和社会福利业；R—文化、体育和娱乐业；S—公共管理和社会组织；T—国际组织。

3. 人口的职业构成

人口的职业构成是指从事社会劳动的在业人口在各种职业中的分布。研究人口的职业构成，有利于劳动力的使用和培训工作，有利于建立、完善和调整就业结构，有利于社会经济发展和社会正常运行。1982年，我国颁布了职业分类的标准，包括大分类、中分类、小分类。1995年，劳动和社会保障部、国家质量技术监督局、国家统计局联合组织编制了《中华人民共和国职业分类大典》，中央、国务院50多个部门以及有关研究机构、大专院校和部分企业的近千名专家学者参加了编制工作，历时4年，1999年初通过审定，1999年5月正式颁布。《中华人民共和国职业分类大典》将我国职业归为8个大类，66个中类，413个小类，1838个细类。8个大类分别是：第一大类，国家机关、党群组织、企业、事业单位负责人，其中包括5个中类，16个小类，25个细类；第二大类，专业技术人员，其中包括14个中类，115个小类，379个细类；第三大类，办事人员和有关人员，其中包括4个中类，12个小类，45个细类；第四大类，商业、服务业人员，其中包括8个中类，43个小类，147个细类；第五大类，农、林、牧、渔、水利业生产人员，其中包括6个中类，30个小类，121个细类；第六大类，生产、运输设备操作人员及有关人员，其中包括27个中类，195个小类，1119个细类；第七大类，军人，其中包括1个中类，1个小类，1个细类；第八大类，不便分类的其他从业人员，其中包括1个中类，1个小类，1个细类。

三、人口变动的理论

（一）人口变动

人口变动是指人口状态是一个社会历史过程，人口本身是一个动态集合体，始终处于变化、发展之中。它包括三种状况：①自然变动，指人口的出生、死亡等方面的变动。②机械变动，指人口迁移等方面的变动。③社会变动，指人口社会构成方面的变动，如职业、文化等。

我们研究人口变动时，要从两个方面进行研究：一是研究数量增减规律，即数量变化的研究。二是，研究人的体魄、智能、职业等方面的变化，即质量（素质）变化的研究。

千百年来，世界人口和中国人口增长的历史告诉我们这样一个事实；人口增长的速度越来越快。例如，从公元六年到1850年增长了7.5亿，平均每年增长0.004亿；从1850年的将近一百年的时间里，世界人口增长了13亿，平均每年增长0.137亿；从1945年到1981年的36年的时间里，世界人口增长了21亿，平均每年增长0.583亿；从1981年到1990年，仅仅9年时间，世界人口增长了将近9个亿，平均每年增长近1亿。世界人口增长越来越快，成为不容辩驳的事实，因此，限制人口增长速度是世界各国人民的心声。

人口变动的类型有三种：增长型、静止型和减少型。联合国制定了区分这三种类型的标准，即一个国家或地区的人口中，如果1~14岁的人口占总人口的的40%，15～49岁的人口占50%，50岁以上的人口占总人口的10%，那么，这个国家或地区的人口变动类型就是增长型，人口总数将不断增加，我国人口变动就属于这种类型；如果1～14岁的人口占总人口的26%，15～49岁的人口占总人口的50.5%，50岁以上的人口占总人口的23%，那这个国家或地区的人口变动类型就是静止型，人口总数不会发生较大变化；如果1～14岁的人口占总人口20%，15～49岁人口占总人口50%，50岁以上的人口占总人口30%，那么这个国家或地区的人口变动类型就属于减少型，人口总数将不断减少。每一个国家都应根据本国人口变动的类型，不断调整人口政策，使人口增长有利于社会的正常运行。

（二）人口变动的理论

1. 马克思主义人口理论

恩格斯在《家庭、私有制和国家起源》一书中，提出了两种生产理论，即人类社会生产包括物质资料生产和人类自身生产；物质资料生产决定人类自身生产，人类自身生产影响着物质资料生产。也就是说，马克思主义认为，物质资料的生产和人类自身生产要保持适当的比例关系，二者在社会发展中起同等重要的作用，不可偏废任何一方。

2. 马尔萨斯的人口理论

马尔萨斯是西方著名的人口学家、经济学家，他的人口学理论在西方影响广泛。马尔萨斯的人口理论又称马尔萨斯主义，它的基本观点有：①人口在无妨碍时，以几何级率（1、2、4、8、16、32、……）增加。生活资料只是以算术级率（1、2、3、4、5、6、7、……）增加。因此，人口过剩和饥饿、贫困是不可避免的。②解决人口过剩的手段是“两个抑制”，即积极抑制和道德抑制。积极抑制是通过各种不卫生的职业、剧烈的劳动、极度贫困以达到人口的自然减员。例如：战争、疾病等。道德抑制是通过各种主观努力，在道德上限制生殖的本能，即自觉地少生孩子。③土地的产量和人口的增长必须保持一个适当的限度。由于土地的生产力是有限的，超过界限，会减少产量，因此，人口增长要有一个适应限度，否则会发生危机。④无产阶级和劳动群众的贫困和苦难，不是由于资本主义制度造成的，所以，没有必要进行革命，以改变社会制度。从马尔萨斯主义的基本观点来看，虽然他的理论有很多合理内涵，但是不能掩盖他为资产阶级专政服务的立场。

3. 马寅初的新人口论

1957年7月5日，马寅初在《人民日报》上发表了《新人口论》一文，指出：中国人口增殖太快，人口问题十分严重；我国人口问题主要是“人口多资金少”这一矛盾。这一矛盾表现为：人口发展得快和多与资金积累得慢和少的矛盾；人口迅速增长与生产设备、工业原料不足的矛盾；人口增长与粮食增产的矛盾；人口增长与就业的矛盾；人口发展与教育事业落后的矛盾；人口增长与提高科学技术水平之间的矛盾；人口增长与提高人民生活水平之间的矛盾。马寅初认为，解决这些矛盾的根本途径是发展生产，提高人口的质量，控制人口的数量。为此，要实行计划生育。马寅初在20世纪50年代就预言，如果中国再不限制人口，到20世纪末，中国将背上沉重的人口负担的包袱。正是这个正确的预言，赢得了全国人民的尊敬。

四、人口发展与社会发展应注意的几个比例关系

1. 生产人口和消费人口要保持适当的比例关系

消费是人人需要的，而生产却不是人人都能参加的，只有青年人和壮年人才能参加生产，社会上其余的人只能消费，所以，生产人口和消费人口要保持适当比例，社会才能正常运行。如果消费人口大大多于生产人口，社会就会因为消费负担沉重而缓慢发展或停滞不前，甚至崩溃，不发达国家更应注意这个比例。

2. 人口数量和生产资料数量要相适应

劳动者只有与生产资料结合，才能进行生产，如果一个社会的人口增长过快，致使该社会没有足够的生产资料来装备劳动者，那么，人口中的一部分劳动力就不能成为生产者，而成为失业者、消费者，给社会发展带来负担。

3. 人口发展的质量要与生产发展、社会进步相适应

人口质量的提高取决于人口的体力与智力的提高，如果人口过多，社会消费负担过重，国家投入教育、科学、文化、体育等方面的资金就会减少，老百姓受教育的机会和锻炼的机会减少，就会影响人口整体素质，从而影响生产进步、社会进步。

第四节　文化与社会

一、文化的内涵

1. 文化的定义

文化是相对于自然而言的，文明是相对于野蛮而言的，文化不等于文明。文化有广义和狭义之分。广义的文化是指人们改造自然、改造社会的实践活动及其过程包括实践的物质、精神手段、方式、方法及其产生的一切结果的总和。广义的文化从根本性质上可以分为积极的和消极的两部分，其中积极的部分就是文明。狭义的文化是指各种意识形态。文化的本质是人化。文化是人类在社会历史实践过程中创造出来的，离开社会实践，文化现象不会出现，例如，人类在建造自己居住的房屋的社会历史实践中，形成了民居文化或建筑文化是文化现象，而鸟儿筑巢却不是文化现象，因为它没有经过社会实践。文化既是一种社会现象，又是一种历史现象，每一种社会形态都有其特有的文化，并随着

物质生产的发展而发展，例如，原始文化、奴隶社会的文化、封建的文化等。总之，文化是不断发展的，从古到今，人类文化的水平总是朝着高水平发展。

2. 文化的内容

文化包括三个内容：

（1）物质文化，即人类社会群体创造的物质产品，它有使用价值和价值。例如，茶文化是由茶叶、茶道等因素组成的，我们在享受茶文化时，既享受了它的使用价值，即饮用茶水，又享受了它的文化价值，即茶道的一些规则带给我们的精神享受。

（2）规范文化，即文化中具有规范意义的行为准则和要求。它包括习俗、禁忌、道德、法律等。习俗是指长期形成的、自发的生活行为规范。世界各国在婚、丧、嫁、娶和节日庆典等方面，都有自己独特的习俗。禁忌是指自然形成的、强迫个人和集体不得超越某些规定去行动的严格规范。例如，在中国传统文化中，婚礼庆典忌讳使用白色；然而，西方的传统却认为白色最纯洁，可见，不同民族的文化中，禁忌有所不同。

（3）认知文化，即能给社会成员提供观察和认识社会的手段和方法的一种文化。它包括理论、学说、信仰等。我们各级各类在校学生所学的就是认知文化。

3. 文化的特征

（1）系统性。文化包括物质文化和精神文化两大系统，两大系统又由众多子系统和要素构成，我们在研究文化时，要从构成文化系统的最小单位和基本现象开始。

（2）多样性。世界丰富多彩，文化也纷繁复杂，没有一个统一的模式，只要是人们在社会历史实践中创造出来的物质产品和精神产品，都属于文化范畴，它涉及人们衣、食、住、行等各个方面，不胜枚举，因此，文化具有多样性。

（3）持续性。文化可以供人继承，一代一代地传下去，这正是中国传统文化历经几千年而不衰的原因。

（4）积累性。人们通过学习，可以不断地积累文化，这体现了人和动物的根本区别。

（5）象征性。文化是建立在象征符号基础上的，例如，白色象征纯洁，红色象征喜庆等。

（6）阶级性和民族性。不同阶级、不同民族所拥有的文化不同，因此，产生了无产阶级文化与资产阶级文化的区别，也造成了中国传统文化与其他民族文化的不同。

4. 文化运行

文化运行是指文化的推移与发展变化，它包括文化传播和文化变迁。文化传播是指广泛地采用社会已发明的新生事物。如果新文化在原发明地社会中传播，称为文化传布；如果新文化在发明地之外传播，称为文化借用。文化变迁是指文化内容和结构的发展变化，它包括新文化的增加和旧文化的改变。例如，网络文化就是近年来新增加的文化；各种移风易俗现象都属于旧文化的改变。

二、文化的功能

文化在社会发展、社会运行中，发挥着重大作用。

1. 文化对社会发展，社会正常运行有积极作用

首先，文化具有认识功能，它能帮助人们认识自然、认识社会、认识自身，提供符合社会需要的社会重用模式。世界上的文化丰富多彩，认识不同的文化，就可以认识不同的社会、不同的民族、不同的人、不同的社会生活模式或社会行为模式，就可以使我们正确认识别人、正确认识自我、正确认识西方社会、正确认识东方社会、正确认识外国、正确认识中国，及时取长补短促进本国社会进步和自我发展。例如，通过学习西方先进技术，我们认识到我国科技文化水平落后，奋起直追，于是有了改革开放30多年的辉煌成就。

其次，文化具有整合功能，具有整合人们的价值观念、行为规范、促进社会内部协调一致的作用。整合是人们的认识和行为趋向一致的过程。文化的整合功能是指文化为人们的认识和行为提供标准模式，使人们的行为规范化，每个人的角色表演社会化、生活方式模式化。这样，整个社会内部各个要素、各个部分就可以步调一致，快速发展了，例如，中华民族的文化，联系着海内外中华民族子孙，使他们无论身处何地，都心系祖国、报效祖国，为祖国的发展做贡献。因此，文化的整合功能是民族团结和社会秩序的基础。

再次，文化具有改造功能，既能改造社会，也能改造人、改造自然。世界是在不断地发展、变化的，其中，文化起了重大作用，文化不断发展导致社会不断被改造，例如，信息科学事业发展，使我们感到地球变小了、社会变小了、社会的节奏加快了、办事效率提高了、社会进步加速了。此外文化还通过改造人来改造社会。人们在接受文化的过程中能形成社会人格，成为社会所需要的人，即社会人。我们的文化就是要根据社会的需要，重塑每一个人的人格，使之符合社会发展要求。因此，文化通过提供知识，培养人才来改造社会。

最后，文化具有发展功能，它能为人类生活的未来提供社会结构和社会生活蓝图，使人们形成符合本社会要求的生活理想和社会理想，并为之付诸实践。

2. 文化有时对社会发展、社会正常运行具有消极意义

首先，有些文化内容本身对社会发展具有消极意义。黑社会犯罪团伙的文化和一些危害人与社会的旧文化都属于这些范畴，例如，中国传统文化中有针对妇女的“三从四德”，这一规范文化内容是造成新中国成立前男女社会地位不平等这一社会问题主要症结所在，它剥夺了妇女的人权，限制了她们的聪明才智，对社会发展和社会运行不利。

其次，有些文化在被运用时会产生消极意义，对社会发展不利。例如，中

国传统文化中的“中庸之道”，如果被运用在社会改革年代，它就会产生消极意义，试想，在改革开放时代，人人都抱着固有的社会体制、社会模式不放，墨守成规，不敢推陈出新，害怕枪打出头鸟，我们的改革就会失败，社会不能发展。

总之，文化对社会发展、社会运行的积极作用是主要的，有了文化，人类社会便呈现出绚丽的光彩，并把这种光彩带给茫茫宇宙。

三、中国文化与中国社会

1. 中国传统文化

提起中国文化，我们必须承认一个事实，即中国文化研究的重要问题就是中国传统文化问题。特别是近现代以来，中国传统文化一直是文化的热点，不同的人、不同的派别从不同的角度对中国传统文化进行阐述，一时间，众说纷纭，其中，突出的观点有五种：一是，以儒为主，儒道互补。这种观点认为儒家和道家思想的结合，构成中国传统文化。二是，中国文化随时代的演进而变化。这种观点认为，中国文化各时代差异很大，决不能认为存在一种以儒家思想为核心的数千年一成不变的文化。三是，认为中国传统文化可分为三个层次，即物质的、制度的和心理的。四是，认为中国传统文化包含了封建文化、近代文化和“五四”以后的新文化，中国文化是一个复杂的统一体，不能把一种时代思潮作为整个民族的文化传统。五是，认为中国文化不是一源分流，而是殊途同归，是各种文化的大融合，这主要体现在历史上历次的民族大融合。到此为止，究竟什么是中国传统文化？我们已经有所领悟，根据上述五种观点的合理内含和历史唯物主义观点，我们认为：中国传统文化是指两千多年来，以个体农业经济为基础、以宗法家庭为背景、以伦理道德为核心的中国文化。

2. 中国文化的特征

（1）独创性。中国传统文化是世界上独一无二的，是中华民族的子孙发挥聪明才智独立创造的，是世界文化中的瑰宝。

（2）悠久性和含摄性。中国上下五千年的历史，就是中国文化形成的历史，在源远流长的历史长河中，历朝历代的劳动人民广泛吸收各国文化和各民族文化的长处不断将中国文化发扬光大。

（3）崇尚道德。中国人最重德，中国文化推崇道德，崇尚道德成为中国文化的闪光点，于是有了《道德经》在中国文化中的重要地位，有了《道德经》在世界范围的广泛影响。

（4）热爱和平，企盼安居乐业。中国文化一直宣扬的是不称霸和宇宙友情论，恪守人不犯我，我不犯人和我们的朋友遍天下的信条。

（5）尊祖宗，重人伦，强调家族本位。中国文化中存在以血缘家族为中心的思想，这种思想强调以血缘关系这种自然纽带来维系社会群体，把祖宗关系、家庭关系完全社会化，这与现代化大生产和现代管理制度的要求不相适应。

（6）保守性。中国经历了长期的封建社会，封建文化的保守思想有着广泛影响，这对社会发展不利。

3. 研究中国文化对中国社会的意义

首先，研究中国文化，有利于打破不合适的经济框架，建立社会主义市场经济新秩序，促进社会主义市场经济的良性运行。其次，研究中国文化有利于打破封闭、保守的思维方式，建立开放进取的新思想，促进改革开放健康发展。中国传统文化中有许多消极、保守的传统思想，它阻碍社会进步，通过研究中国文化，我们可以认清这些消极、保守的东西，自觉摒弃它们，以积极进取的精神投入到社会主义建设事业中去。再次，研究中国文化，有利于打破以伦理道德为最高标准的生活方式，建立以生产力为基础标准的生活方式，以适应现代社会运行和发展的需要。

【复习思考题】

1. 什么是社会运行？社会运行的条件有哪些？
2. 自然环境与人类社会之间存在哪些相互影响？
3. 人口状况与社会运行之间的关系如何？
4. 马寅初新人口论的主要内容有哪些？

实训参考

【讨论】 实现中国社会良性运行的条件有哪些？

【录像】 观看《光辉的历程》、《近代春秋》上、中、下（从鸦片战争说起——走向新中国），分析中国社会在纵向运行中的状态。

【实践活动】

实践题目：城市社区运行状况的调查

实践目的：通过了解政治、经济、人口、环境、文化等条件对城市社区运行的影响，掌握社区运行的理论

实践地点：学校所在城市的政策研究室或市委调研室、计划生育委员会、环境保护局、文化局

实践课时：2课时

实践内容：①本市社会运行概况；②本市社会运行条件状况；③社会运行各种条件对本市社会运行的影响（正面、负面）；④提出解决社会运行问题的办法。

实践过程：①根据实践内容拟定访谈提纲，确定访谈对象；②运用访谈法收集资料；③以组为单位分析资料并形成调查报告。

第四章　人的社会化

社会是由具体的人组成的，作为社会个体的人，完成由生物人向社会人的转变，需要经过人的社会化过程。这个过程的实现依赖于两个方面的条件，即个人内在的生物条件和社会外在的环境条件。社会化的内容包括生活技能社会化、行为规范社会化、政治社会化、社会角色社会化和人格社会化等。社会化的过程贯穿于人生发展的各个阶段，具有终身持续性。社会化的结果如何，对人类自身生存和社会持续具有重要意义，怎样培养有利于社会运行和协调发展的社会个体，是本章所要讨论的问题。

第一节　社会化的概念

一、社会化的内涵

社会化是指作为个体的生物人成长为社会人，并在与社会的互动中逐步适应社会生活的过程，经由这一过程，社会文化得以积累和延续，社会结构得以维持和发展，人的个性得以形成和完善。

人是社会的动物。从呱呱落地的那一时刻开始，人就要接受各种不同的社会因素的影响，就要在人类社会环境中接受熏陶和教养，就要在社会中生活，学习并适应在人类社会中生存下去的各种需要。这种逐渐学习，逐渐适应的过程，就是人的社会化过程。

社会化的含义是不断发展的。弗洛伊德是个人社会化研究的先驱，他把人由出生到成年分为五个时期，但对个人成年后的社会化问题却避而不谈。社会化的含义全部寓于“生物人”向“社会人”的转变过程中，这是传统解释。现代研究认为，社会化的含义不仅包括人从“生物人”向“社会人”转变的全部内容，而且包括个人成年后与社会之间发生的教化、内化与调适的全部内容。从“生物人”向“社会人”转化，只是个人社会化研究的起点。以帕森斯为代表的结构功能主义倡导，社会学研究个人社会化，重点关注的内容应该是具有社会意义的问题。美国社会心理学家弗罗姆认为，“社会化诱导社会成员去做那些要想使社会正常延续就必须做的事”，是“社会和文化得以延续的手段”。美国社会学家罗伯逊认为，“社会化是人们终生的社会相互作用的过程，通过这一过程人们获得了个性，并且学会了他们所在社会的生活方式。”

另有一些人认为，社会化是使文化代代相传的过程。还有一些人将个人社会化与“内化”相提并论，而“内化”特指个人接受社会文化教化，并将其作为自己的价值准则的过程。这些社会化的定义有两方面的局限性：其一，强调被动学习的一面，忽视能动选择和调适的一面；其二，以学习群体行为模式或规范等局部内容代替广义的文化教化。其实，社会化既有社会对个人的教化，也有个人对社会的调适。社会学家们通过大量研究，越来越认识到社会化不是一个单纯的被动接受社会教化的过程，而是一个个人与社会之间的交互作用的过程。在这一过程中，个人具有较大的能动性。社会化是社会对个人的文化教化和个人对社会能动选择与调适的统一过程。

总之，我们应该从三方面理解社会化的内涵：其一，从时间方面理解，即社会化涉及人生发展的全过程；其二，从内容方面理解，社会化关系到个人作为社会一员应该具有的全部文化遗产；其三，从关系方面理解，社会化注重个人与社会的交互作用以及个人社会化的结果。

二、社会化的类型

社会学领域公认的社会化的类型有五种，即初始社会化、预期社会化、发展社会化、逆向社会化和再社会化。这五种类型中，有的是人生必须经历的，比如初始社会化；有的则是不一定会经历的，比如再社会化。

1. 初始社会化

初始社会化是发生在生命早期的社会化。其主要任务是向儿童传授语言和其他认知本领，使其内化为社会文化规范和价值标准，能够正确理解社会关于各种角色的期望和要求。初始社会化主要发生在儿童时期，是整个社会化过程的基础。

2. 预期社会化

预期社会化是这样一种社会化形式：人们在此过程中学习的不是现在要扮演的角色，而是将来要扮演的角色。比如，学生在大学里进行的大量学习都是为将来在工作中所要扮演的角色做准备，这种学习过程就是预期社会化。预期社会化大量地发生在青年时期。

3. 发展社会化

发展社会化是相对初始社会化而言的，并且是在初始社会化的基础上进行的。它指的是成年人为了适应新形势提出的角色要求而进行的学习过程。比如，改革开放之后，政府官员都要重新学习社会主义市场经济知识，这就是发展社会化。发展社会化也称继续社会化。

4. 逆向社会化

社会化长期被认为是一个单向过程，即长辈将社会规范和文化知识传授给晚辈。现在，社会学家普遍认为社会化是一个双向过程，即不但有长辈传授知识和规范给晚辈，也有晚辈传授知识和规范给长辈。晚辈传授文化规范和知识给长辈就是逆向社会化。在传统社会中，逆向社会化很少见。在现代社会中，社会变迁速度快，知识更新速度也快，一些成年人往往跟不上形势，他们要想不落伍，就必须接受逆向社会化。

5. 再社会化

再社会化是指全面放弃原已习惯的价值标准和行为规范，重新确立新的价值标准和行为规范。再社会化与发展社会化有本质的不同：第一，发展社会化着眼于人的完善，而再社会化着眼于人的改造；第二，再社会化的形式一般比发展社会化要剧烈。再社会化虽然着眼于人的改造，但它并不一定是负面的和强制性的。改造罪犯，让罪犯洗心革面，重新做人，这是再社会化，是负面的、强制性的。而其他某些形式的再社会化，比如新兵入伍后要全盘放弃原来的生活方式，接受新的生活方式，这虽然是强制性的，但却不是负面的；一个移民到了新的国家和文化环境以后，可能也要全盘放弃原来的文化，接受新的文化，这种再社会化既不是强制性的，也不是负面的，反而可能是主动的、正面的。①

三、社会化的意义

人在被社会化的同时，他又在参与创造社会。人与社会总是处在复杂的相互联系和制约的关系之中，从根本上说，这是一种双向的适应和改造的关系。首先人必须适应社会，个人在所处的社会关系中被塑造成具有特定思想观念、心理倾向和行为方式的社会群体中的一员，社会的发展水平和个人的社会地位确定了一个人的社会属性和行为方式。其次，人在适应社会和被社会所塑造的基础上，发挥人的主动创造能力，根据自己的社会需求去从事改造社会的活动，维持社会的运行，推动社会的发展。人在改造社会的同时，也改造了自己，并且为社会塑造一代新人创造了条件。社会化在形成和维持人与社会这种相互关系中起着重要作用，具体表现在下面两个方面：

从个人角度看，社会化使个人得以了解社会规范、价值标准、语言、技能以及其他在社会生活中不可缺少的思考方式和行为模式，得以顺利地参与社会生活。同时，人们个性的获得，也是社会化过程最重要的产物之一。社会学中所说的个性，是指一个特有的、十分稳定的思考、感觉和行动的方式。因此，个性主要由三部分组成：①认识成分，包括思考、信仰、知觉、记忆和其他智力活动能力；②感情成分，包括爱、恨、同情、嫉妒、愤怒、骄傲等情感；③行为成分，包括技能、能力倾向和反应能力等。一个人在个性方面的特征，是他特定的社会化过程所造成的。科学家是这样，普通工人是这样，小偷盗贼也是这样。对于每个人来说，在他出生时也许有着成为各种不同的人的可能性，但他们实际上成为什么人却主要取决于他们各自独特的经历。

① 郑杭生：《社会学概论新修》，中国人民大学出版社，2001 年第 3 版，第 83，84 页。

从社会角度看，社会化又使得社会能够在社会的和生物学的意义上进行繁殖，从而确保它世世代代延续下去。社会作为一个整体，它的存在和发展有赖于源源不断地补充新的成员以接替老的成员。而社会化过程正是社会以它特有的文化将新的成员不断教化为符合要求的合格成员的过程。因此，尽管老的成员在不断死亡和消失，社会仍能存在和向前发展，一个社会的文化也在其中得以保存、传递和发展。

第二节　社会化的条件

一、个人内在的生物条件

人的社会化是以人的生物遗传素质为基础的。在生物界中，只有人类个体能够接受社会化的训练而具备社会属性并参与人类社会生活，人以外的其他动物则没有这种能力。也就是说，离开了人类特有的生物素质，社会化的活动就无法进行。这种社会化所依赖的生物基础主要在于人类具有经生物进化和人类长期劳动实践而形成的高度发达的大脑。人脑在容量和结构上与其他动物有很大差别，从而使人脑在功能上大大超过动物的脑，形成了人类具有接受社会化的一系列潜在能力。这些潜在能力主要表现在以下几个方面。

1. 语言能力

人类所具有的语言能力是人类个体接受社会化的一个重要条件，语言是客观事物在人的大脑中形成的表象、概念和思想的外部表现，是人类表达思想和感情所使用的工具和符号。人类只有借助于口头、书面、形体等语言形式，才能彼此传达信息，交流思想。语言是人类在长期实践活动中形成的，是人类社会所特有的现象。语言能力是以人类高度进化的大脑机能为基础的，人类在长期的进化和劳动活动中，发展了语言的器官和大脑有关语言的机能，这是其他动物所不具备的。另外，一切知识和观念都是靠语言来传达和接受的，人能够借助语言来学习社会文化，掌握社会规范和社会技能，通过语言广泛地学习大量的间接知识，迅速扩展自己的信息量。人们的大量的社会互动凭借语言来实现，人们借助语言理解他人的思想和要求，同时也向他人表达自己的思想和感情。没有这种社会互动，个体的社会化是难以完成的。

2. 思维能力

人的大脑及高级神经系统使人具有能动地反映客观外部世界的特殊思维活动能力，其中包括形象思维、抽象思维和逻辑思维能力。人脑和动物脑在机能上相互区别的关键在于，动物脑只能在第一信号系统范围里活动，即只能对直接作用于各种感觉器官的具体刺激做出反应；而人脑不仅可以在第一信号系统内，而且更主要和更大量的是在第二信号系统中活动，即对作为信号刺激的语言做出反应。在社会化过程中，人们正是运用了特有的思维能力，才能对所接受的各种有关外部事物的信息加以分析、归纳，形成判断和进行推理；才能把所学到的知识、技能通过记忆存储在大脑中，并根据社会活动的需要，随时提取这些信息。人们在社会生活中通过理性思维对周围事物做出事实判断和价值判断，并在此基础上理解各种社会规范对自己的要求，确立起自己的角色观念、价值观念和行为方式。

3. 学习能力

人所特有的语言能力和思维能力，使个体在社会化过程中表现出具有其他动物所不可比拟的学习能力。人所特有的学习能力在社会化中的作用表现为：①人凭借语言能力和思维能力，可以更迅速、正确和深刻地认识客观事物的本质属性，理解所处社会环境的意义，接受社会文化的熏陶。②人在通过各种途径认识事物的同时，能迅速根据所了解和学习的知识，确立起自己的思想观念、态度和行为模式，以此来指导自己的社会活动，提高自己适应社会的能力。③人类意识活动中的意志能力，可以使人主动地加强自己的学习动机，使个体的社会化成为有目的、有计划、积极主动的活动。①

4. 较长的依赖生活期

人类个体在出生后由于受到生理发育上的限制，有一段较长的依赖生活期。所谓依赖生活期是指人类个体在出生后由于生理、心理、意识和行为能力尚未发展健全，不能独立生活，因此在生活上、心理上依赖他人，受他人照顾、监护的时期。这段时期大致经过乳儿期、少年期甚至青年期。由于个体在出生后要经历一个长达十几年的依赖生活期，在这一时期，个人在生活上和心理上都要依赖于父母或其他人的照顾才能生存和正常地发育成长，不仅如此，通过依赖，还能使个体形成贯穿一生的与他人和整个社会不可分割的社会联系和感情联系。

二、社会外在的环境条件

如上所述，研究社会化，不能不注意人类遗传因素的影响，但也不能过于强调。社会化的过程是自然与培养两方面的统一。环境因素指影响个人社会化过程的全部社会环境，也称文化环境，它是个人社会化的必要条件。个人社会化的环境要素是十分复杂的，一个人所处的环境要素如何，他就会有什么样的社会化过程和社会化结果。一般而言，个人社会化的环境要素主要是家庭、学校、群体、阶级、工作单位、社区和大众传播。虽然这些要素在个体社会化过程中的作用是相互渗透的，但各个要素仍有自己独特的社会化功能。

1. 家庭

① 郑杭生：《社会学概论新修》，中国人民大学出版社，2001 年第 3 版，第 86，87 页。

家庭是个人社会化的第一要素。如果没有家庭的作用，个体的求生过程就难以同文化环境高度统一。家庭在个体社会化过程中的特殊地位，是由如下四方面的原因决定的。

（1）童年期是人生社会化的奠基时期。这个时期的社会化主要是通过家庭进行的，包括建立亲密情感、学习语言、内化文化规范和价值标准等。

（2）个人首先通过家庭获得社会地位。一个家庭总会因种族、阶级、经济、社交、社区位置等多种原因处于特定的社会地位，从而在很大程度上影响了个人在社会生活中的起点和特殊位置，包括接受什么文化和建立何种群体。这一切对人生诸方面的影响是十分深远的。

（3）家庭成员状况深刻影响个体的行为模式。在家庭，母亲的影响是最重要的。特别是在人的基本社会化过程中，父母的素质及相互关系的状态、兄弟姐妹的数量和构成情况、家庭生活的类型等，对个体行为模式的影响尤为深刻。

（4）父母施教是最初的社会化途径。父母与孩子之间的给予与拒绝、支配与服从、教化与模仿等相互作用，使孩子完成最初的社会化。当个体进入学龄期以后，以学校为中心，环境逐步扩大，教化者逐步增多。但由于个体仍然处在家庭依赖期，所以，父母在社会化过程中仍然起着十分重要的作用，有所不同的是受化者的主动性越来越强，对教化内容的选择性越来越大。

2. 学校

学校是一种具有特殊价值的环境因素。①学校教给系统的科学文化知识。②学校以独特的组织方式帮助个人为进入成人世界做准备，包括接触家庭以外的文化、角色、价值标准以及仪式和礼节等。③培养组织纪律性，学习与人交往以及如何克制自己，接受社会控制。④培养知识吸收能力和创造基础。⑤学校在使学生社会化的过程中，不仅具有培养教育作用，而且还在起筛选作用，在一定程度上决定着学生今后的发展方向和职业生涯。

3. 同辈群体

同辈群体是一种特殊的群体，一般以年龄、性别、职业、志趣等为构成条件。由于群体特殊，对社会化的影响也有特殊性。①在宽松的条件下进行充分的社会化。同辈群体可以突破“禁忌”，在相互信赖和随意中充分社会化。在同辈群体中，社会化过程的限制和陈规最少，选择余地最大。②在无意中社会化。同辈群体的社会化过程常常不是经过认真规划、反复思考和有目的有计划进行的，而是在不知不觉中进行的。③同辈群体大多按自己的兴趣进行社会化。同辈群体是根据自己的年龄、性别、文化等条件建立起来的同伴或朋友关系，他们一般具有共同的兴趣和爱好，因此，他们的社会化过程带有鲜明的年龄、性别、兴趣和文化特征，不同性别的同辈群体也有不同的社会化过程。俗话说：“近朱者赤，近墨者黑”。根据环境在社会化过程中的作用，良好的同辈群体对个体社会化是很有必要的。

4. 阶级

阶级是阶级社会重要的社会化因素。毛泽东同志曾说过，在阶级社会，每个人都在一定的阶级地位中生活，各种思想无不打上阶级的烙印。人自家庭开始，就进入特定的阶级状态并逐步产生特定的利益要求、生活方式、价值标准、行为规范、个性心理、政治思想以及习惯和气质。由于阶级地位的不同，经济地位的巨大悬殊，社会等级的巨大差别，影响到人的尊严和权利、物质条件的优劣、社交环境、父母对子女的期待、受教育的机会、社会流动状态、成功的机遇、行为的模式和典范以及认识结构的心理发育等各个方面。

5. 工作单位

对多数人来说，要生活要发展，就得工作，并且大量时间是在工作单位度过的，因而人的工作单位也是重要的社会化因素。工作单位对个人社会化的作用也是多方面的。①通过工作，建立以职业为纽带的基本社会关系。②职业不同，人们的社会地位、生活过程和经济状况不同，因而人的社会化状态不同。③职业影响人们的社会威望和价值观念，因而影响人生目标和社会化目标。④人的工作过程是一种特殊的社会角色的调适过程，这一过程始终表现为以适应职业目标的角色学习过程，包括学习职业技能和不断更新职业技能，处理种种新的人际关系，内化职业规范，约束个体行为。⑤培养纪律性和竞争意识。⑥单位、组织的领导施教是现代社会化的重要途径。

6. 社区

社区是社会和文化的缩影，是个人生活的基本社会环境，影响着人的社会化的各个方面。①通过各种人物影响人与人的关系，包括性别、年龄、肤色、民族、职业、阶级、地位、经济等诸方面的关系。②通过社区生活方式影响人对人文地理环境和时空知识的了解，如人在社会里生存和发展的条件、机构以及上下班方式等。③通过参与社区生活，了解社会的规范及其对个体的约束。④社区为个体提供了广阔的社会化场所和社会化服务方式。⑤社区为个体提供了各种角色扮演的机会。⑥社区作为一种文化的缩影，能通过多种途径的文化传递，向人传授价值标准，学会如何分辨善恶好坏，了解前人和他人的经验，构成自己的观念和想法。

7. 大众传播媒介

这是现代社会具有重要意义的社会化因素。在现代社会，大众传播媒介如电视机、收音机、电影、杂志、书报等，已是传播信息的主要工具。通过这些媒介，个人不但可以接受大量的信息，而且在知识、技能、价值标准、角色能力等的学习方面开始出现“无师自通”的情况。在大众传播媒介大量出现以前，社会上只有很少的人能通过类似的工具交流知识，信息情报只能通过人与人的直接交往缓慢地传播。而在今天，最新消息传遍世界只不过是几秒钟的事情，而且不用教化者施教。目前，广大民众或家庭已拥有一种或数种传播工具，因而只有传播健康而有意义的信息，提高传播质量，才能有益于个体社会化，特别是有益于广大青少年树立远大理想，树立正确的人生观。

大众传播媒介的影响作为一种个体社会化的途径，可以从三方面认识它的利弊得失：①对文化规范的影响。大众传播媒介以其灵活的方式、丰富的内容将世界各地的文化规范呈现在人们面前。虽然它开阔了人们的视野，但是如果引导不好，可能混淆视听，模糊行为规范。②对人格形成的影响。人格的形成是从儿童开始的，而在大众传播媒介影响下，特别是在电视文化的影响下，由于有关暴力和相关内容的影响，可能形成畸形人格。③对社会变迁的影响。由于大众传播媒介影响的特殊性，知识传播速度大大加快，从而有效地促进了社会变迁，但有时也可能因某些不合时宜的内容导向而带来消极后果。

综上所述，影响个人社会化的环境因素是多种多样的。随着社会的发展，人际关系的跨越和深入，环境因素将逐渐增多。如美国的社会学家和心理学家根据美国的情况，已将心理治疗列入了个体社会化的环境因素。对个人而言，他所接触的环境因素不同，社会化的过程和结果也不同。从这个意义上说，个人社会化归根结底取决于环境因素的影响。

第三节　社会化的内容

就广义社会化而言，个人所处的历史时代的文化遗产都是社会化的内容。就个人与社会的交互作用的基本需求而言，个人社会化的基本内容可以简括为生活技能社会化、行为规范社会化、政治社会化、性别角色社会化和人格社会化等几个方面。

一、生活技能社会化

基本的生活技能是人们在社会化过程中首要的学习内容。它包含两个大的方面，即生活自理能力和谋生能力。

生活自理能力指的是一个人在日常生活中、在衣食住行等方面自我料理的能力。刚刚出生的婴儿只是一个简单的生物体，什么也不懂，什么也不会，谈不上自己照料自己。一两岁的幼儿也缺乏这方面的能力。他们虽有和其他人一样的衣食住行的要求，但是却没有获取的能力。因此，年幼的个体总是需要父母、家庭等对他们进行生活方面的照顾和帮助。随着他们逐渐成长，其生理和心理逐渐发育成熟，社会也逐渐通过父母、家庭、老师、学校等机构和成人，将自理生活的知识和技能传授给他们，使他们能够逐渐地面对和处理日常生活中的各种事务。

谋生的能力即人们作为一个正式的成员在参与社会生活过程中自谋生路、自食其力的能力，也就是长大后能从事某种工作、劳动或职业的技能。人们要在社会中生存下去，要适应社会生活的要求，就必须具备一定的职业技能和谋生手段。这是由人类社会的特点所决定的。人们通过社会化过程的学习和培养，逐渐获得劳动的能力，以便在社会中生存。

二、行为规范社会化

任何社会要维持它的正常运转，都必须有一套完整的维持社会秩序的工具，这就是社会规范。它是一个社会向它的全体成员所提出的行为规则的总和。社会规范是人类精神文明的一个重要组成部分，它既包括强制性的规范，如法律规范、道德规范，还包括各种各样、具体明确的生活规则。

教导和学习社会规范是社会化过程中另一项重要内容。这是因为，如果不了解、不熟悉、不遵守社会规范，就无法正常参与社会生活，就会与社会格格不入。社会规范的学习主要通过各种形式的教育以及社会舆论的影响，它使人们逐渐形成一种信念、习惯、传统，用来约束人们在社会中的各种行为，调整个人与个人、个人与团体、个人与社会、团体与团体、团体与社会之间的社会关系，使它们相互协调。

这种社会规范的学习在日常的社会生活中随处可见：家长教育孩子不能拿别人的东西，不能和小朋友打架；老师教育学生要礼貌待人，要团结同学；学生守则中告诉孩子们要遵守纪律；电视等媒体也告诉孩子们尊敬老人、互相帮助。可以说，大到社会的法律、政策，小到待人接物的方式，都是人们在社会化过程中学习的内容。

三、政治社会化

政治社会化是一个政治信念和政治态度形成的过程。政治社会化的中心环节是世界观与人生观的确定，一个通过政治社会化而确立了世界观与人生观的人，能够把一个社会占主导地位的政治主张和规范内化成自己的政治信仰和价值观念，形成自己的政治立场、政治观点和人生追求。所以，社会成员能否政治社会化及其程度如何，对这一社会的稳定与正常运行有着极大的关系。

四、社会角色社会化

社会化过程的最后成果，是为社会培养与训练出一个符合于社会要求、可以参与正常的社会生活的合格成员，使其能够在社会这个大舞台中担当一定的角色。当然，我们这里所指的主要是基本社会化过程的最后结果。尽管在继续社会化的过程中，人们仍然会不断地学习和担当各种不同的社会角色，但随着基本社会化过程的结束，人们第一次以正式的社会成员的身份走入社会，担当起社会生活中与某种特定的职业、地位相联系的身份和角色，却是具有本质意义的变化。

从这个角度看，社会角色的学习在社会化过程中占有十分重要的地位。在基本社会化的过程中，它是社会化目标的集中体现，也是个人所要达到的一项基本要求；在成年后的继续社会化过程中，人们也始终处于对许多新的社会角色进行认识、了解、学习和掌握的状态中。这是因为，人们在社会生活中往往要同时承担多种不同的社会角色，而许多角色又是在人们生活的不同时期出现的。

五、人格社会化

人格，也称为个性，其最基本的含义是指个人具有的稳定的、综合的心理特征，是一个人基本的精神面貌。它的基本构成包括两个方面，一方面是个性倾向，即人对社会环境的态度和行为的积极特征，如需要、动机、兴趣、理想、观念、态度、习惯等；另一方面是个性心理特征，即人的心理特点的某些独特结合，如能力、气质、性格等。

人格的形成和发展是在一定的遗传或生理素质、社会条件基础上，通过社会实践活动逐步实现的，是社会化的产物。在正常的社会化过程中形成或发展起来的人格之间，尽管各不相同，但它们有一个共同特点，即都是符合社会价值标准的人格，我们开展社会化的研究就是促进这种人格的形成和发展。在社会学中，社会化形成或发展起来的人格与社会标准相互吻合，并使人们能够有效地参与社会生活，称为个性调适或人格调适。相反，如果两者脱节，不能有效地参与社会生活，称为人格解组。

人格的核心内容及形成、发展水平的标志是自我。自我也称自我观念或自我意识，它是个体对自己存在及存在状况的觉察，是自己对属于自己的人的特征以及生理、心理状况的认识，其中包括自我评价、自我感觉、自尊心、自信心、自制力、独立性、自卑感等一系列涉及认识自己的内心活动。

自我并不等于自私，自私是一种极端个人主义的人生态度和价值观念；自我的形成与发展也不是单纯个人的事。自我作为客观存在的个体心理状态，是在一定的社会文化环境中，通过主体与他人的相互作用形成的，是社会化的必然结果。而一个人的自我意识形成之后，就能够指导自己的行为，使自己知道应该做什么和怎样去做。因此，培养或塑造个人什么样的自我观念，对个人和社会来说是极为重要的。自我的发生、发展是贯穿社会化过程的基本内容，它的形成和确立对个人的学习和工作有巨大的推动作用，对于态度的形成和转变有着调节、甚至是决定性作用，对人在社会生活中的活动具有自我控制功能。培养人完善的自我观念，就是要人们把对自己的认识与社会规范协调一致，就是要使人们在经历了社会化过程之后，从外在行为到内心世界尽可能地合乎社会的需要。

第四节　社会化的过程与结果

一、社会化的理论依据

1. 库利的“镜中我”理论

美国社会学家库利是最早将“自我”概念引入社会化研究并对其做出出色研究的社会学家之一。他认为，自我或人格是社会的产物，是通过社会互动而产生的。他将自我意识的形成分为三个阶段：①我们设想自己在他人面前的行为方式；②在做出行为之后，我们设想或理解他人对自己行为的评价；③我们根据自己对他人的评价的想象来评价自己的行为，并据此做出下一步反应。在这样一个循环往复的过程中，就逐渐形成了每个人的自我意识和人格。库利非常形象地将通过观察别人对自己行为的反应而形成的自我概念称为“镜中我”，即每个人的“自我”观念其实是他人这面“镜子”的反射。库利还注意到“初级群体”在个性发展和个体社会化过程中的重要作用。

2. 米德的“角色扮演”理论

美国社会学家乔治·米德也曾研究过自我意识的形成。米德是社会学中符号互动论的代表人物之一，所以他关于自我意识的观点也带有符号互动论的色彩。米德认为，自我意识是随着符号使用能力的发展而发展起来的。人出生之初是没有自我意识的，随着符号使用能力的提高，人开始将“我”作为一个符号、作为一个对象来思考，这时，自我意识就开始产生了。米德将“自我”分为“主我”和“客我”两个部分。“主我”是自发的、能动的，为自我和人格的发展提供动力；“客我”是内化了的社会要求和期待，是在社会互动过程中形成和发展起来的。“主我”与“客我”是相互建构的。自我的发展过程就是“主我”与“客我”之间的一个连续不断的互动过程。

3. 弗洛伊德的人格发展理论

库利和米德的社会化理论虽然存在差别，但有一点是共同的，即他们都强调社会化过程中的社会因素，基本上把自我意识和人格发展过程看作是一个社会互动过程。而奥地利精神分析学家弗洛伊德就不同了。他强调的是人格形成过程中的生物因素，特别是性的因素。弗洛伊德认为，人格的发展在很大程度上是受“无意识”驱动的。

弗洛伊德将人格划分为三个部分：本我、自我和超我。本我是人格结构中最原始、最隐秘的部分，其基本成分是人类的基本需求和冲动，特别是性冲动。本我受本能驱动，遵循快乐原则。自我是从本我中分化出来的。由于本我的各种需要在现实中不可能立即和全部满足，个体必须接受现实的限制，学会在现实中获得需求的满足。于是，这服从现实的一部分即从本我中分离出来，成为自我。自我遵循的是现实原则。它在本我、超我和现实环境之间起着调节作用。超我是从自我中分离出来的，是人格结构中的最高部分。它是个体接受社会道德规范的教养而后逐渐形成的，服从社会的道德要求，在整个人格结构中居于管制地位，对人格的其他部分进行审查和监控，它遵循的是完美原则。在三者中，自我和超我属于意识层次，本我属于潜意识层次。后者长期处于前者的压抑和控制之下，处于无意识状态。在人格发展过程中，本我、自我和超我三者如能和谐一致，那么人格发展过程将会是正常的；如果三者失衡甚至长期冲突，人格发育将会非常困难，甚至出现某些心理疾病。

4. 埃里克森的“八阶段”理论

美国心理学家埃里克森对弗洛伊德的理论做了修正。他不同意弗洛伊德的泛性论观点以及人格在四五岁时即已基本完成的观点，认为社会文化对于人格发展也有重要影响，并且人格的发展贯穿人的一生。他认为，人在成长的每个阶段，都会遇到某种心理问题，都要对周围环境所提出的特定社会要求做出反应。如果个人能成功地解决这些问题，就会在心理和行为上表现出积极的反应；如果个人不能很好地解决这些问题，就会出现“认同危机”，给以后的社会化过程留下隐患。根据个体在各个时期的典型心理反应，埃里克森将社会化过程划分为八个阶段：

（1）信任与不信任（婴儿时期，0 岁 ~1 岁）。婴儿如果能得到父母或他人的良好照料，各种需求得到充分满足，就能建立起对周围环境的信任感。相反，则会对他人和环境产生不信任，以致对以后各阶段的社会化产生不良影响。

（2）自主与羞怯、怀疑（幼儿时期，2 岁 ~3 岁）。儿童在这一阶段开始学习对自己的肢体活动加以自主控制，用自己的感官去熟悉周围环境。父母应有意识地鼓励孩子的这种自主性活动，过多的指导和责怪或限制，会使儿童产生羞耻感，并对自身的能力和周围的环境产生疑虑，不利于培养独立自主的个性。

（3）主动与内疚（学前时期，4 岁 ~5 岁）。由于儿童具有语言的能力和从事游戏活动的能力，他开始表现出与他人交谈和一起从事游戏活动的主动性。父母如果对儿童主动的要求不予理睬或管束太多，取笑或惩罚儿童一些带有创造性甚至有点荒诞的做法，就可能使他产生内疚感，影响儿童的想象力和创造力。

（4）勤奋与自卑感（学龄时期，6 岁 ~11 岁）。在这一时期，儿童对周围事物的用途和构造的好奇心增强，乐于使用工具去进行操作括动。这时成年人应鼓励儿童积极动脑并努力完成自己喜爱的活动，从而培养起儿童完成工作的勤奋精神。不理解或压制儿童的想象力和创造性活动，会造成儿童的自卑感。

（5）认同与角色混淆（青少年期）。青少年在这一时期特别注意观察和认识各种社会角色的意义，学会扮演不同角色，实现角色的自我认同。如果个人在这一时期的社会交往活动缺乏主动和自信，就不能正确地理解各种社会角色的意义，而在活动中出现角色混淆不清的现象。

(6) 亲密与孤独感（青年期或成年早期）。这一阶段个人将经历求爱和建立家庭等事件。顺利地完成这些活动，需要个人学会和异性交往并建立亲密关系的能力。这方面活动的失败，会使个体陷入难以自拔的孤独感。

(7) 关注后代与关注自我（中年期或成年期）。由于个人的社会成就已相对达到顶峰、自己的子女已逐渐长大，个人增加了对他人特别是对下一代人的关心。那些因为各种原因没有形成对后代关注的个人，则会沉溺于对自我、对自己的事业和生活的关注之中。

(8) 完善与绝望（成熟期或老年期）。在这人生的最后阶段中，个人会经常回忆和总结自己一生的活动，力图给自己的一生做出一个使自己满意的解释，并给它画上一个圆满的句号。如果个人不能找到这样一种满意的解释，将陷入追悔和绝望的情绪之中。①

二、社会化的过程

长期以来，许多社会学家、心理学家或其他学科的科学家都从各自不同的角度对社会化过程的阶段划分进行了研究。归纳起来，这些划分大多都依据的是心理学家研究个体心理发展所做的划分。20 世纪初，心理学家对个体心理的发展过程，特别是个性的形成与发展过程所做出的划分，明显受到精神分析理论的影响。弗洛伊德有关个性发展的理论可以被认为是社会化研究的先驱，但由于精神分析理论过分注重个性形成过程中的早期经验，而忽视了个人成年后的社会化问题，所以后来的心理学家们对社会化过程做了较大的修改。这里我们根据个体在不同的个性成长阶段面临的社会化任务的不同将社会化分为如下几个不同的发展阶段。

1. 少儿期的社会化

少儿期一般是指一个人从出生到 15 岁。这个时期还可以根据人的生理、心理上的差异分为婴儿期、幼儿期、学龄初期和学龄中期四个阶段。

从新生儿到三岁是一个人的婴儿期。由于婴儿的生理机能尚不完备，特别是高级神经系统的组织不完备，心理活动尚在刚刚开始阶段，因此，社会化的任务是在细心照料抚养婴儿的同时，逐步建立动作和语言沟通的方式，使他逐步接受社会信息，完成社会教化的准备工作。

从三岁到六七岁是一个人的幼儿期。因为这个阶段是在受系统的学校教育之前，又称为学龄前期。这时幼儿已学会走路和做一些其他活动，初步具有语言能力，不仅学习的词汇有所增加，而且对语法的辨别力和用语言表达思想的能力也在增强，能够从习惯于有声语言逐步向内部的无声语言过渡，能形象地

---

① 郑杭生：《社会学概论新修》，中国人民大学出版社，2001 年第 3 版，第 91 ~ 94 页。

感知外部世界，开始模仿社会角色。其社会化的任务，是通过扩大社会交往，大量感知自然和社会，积累丰富的感知知识，学习基本的衣食技能和最基本的待人接物的规范，逐步形成个性特征和自我观念。

从六岁到十一二岁是一个人的学龄初期。这时，儿童从以幼儿园或家庭教育为主转入小学教育，这是少儿社会化过程中一次质的转变，主要有三方面的意义：第一，对儿童进行从组织性、强制性较少的幼儿园或家庭教育转变为有目的、有系统、组织性较强、强制性较大的学校为主的教育。学校教育也是一种社会义务，他要对儿童进行知识、技能和行为规范的系统教育。第二，对儿童的心理发展来说，通过学校教育训练儿童逐步掌握从口头语言向书面语言过渡，从形象思维向抽象的逻辑思维过渡的能力。第三，有计划、有意识地促使儿童参加范围更大的集体活动，使儿童的身心发展得到有益的锻炼。

从十一二岁到十四五岁是一个人的学龄中期，也称少年期。少年在生理上已进入青春前期，性趋向成熟；心理上自我意识进一步发展，世界观开始萌芽。其社会化的任务，是增加知识，学习谋生的基本技能，学习基本的社会规范，逐步完善自我观念。少年已经有了抽象思维的能力和兴趣，但还不能完全脱离具体事物进行高度抽象思维，应采用具体生动的方式，对其进行科学人生观和世界观教育。

少年期是人的一生中的一个“危险期”。一方面，他们自身产生了一种较为强烈的自主要求，试图摆脱家庭和学校的监护，自己支配自己，喜欢猎奇、冒险、幻想；另一方面，他们的知识、经验缺乏，意志不坚定，兴趣多变，自我控制薄弱。实践证明，许多少年违反纪律、早恋、反社会的犯罪行为，往往都是在这个时期发生的。因此，施教者不仅应注意自身行为的示范性，防止不良行为对少年的影响，而且要注意观察少年在一些关节点上的变化，采取科学的方式加以引导，千万不可掉以轻心。

尽管少儿期几个阶段各具特殊性，但其社会化过程有一些共同的特点。第一，少儿的社会知识的增长与个人的生理和心理的迅速发展同步进行。因此，社会教化必须兼顾德、智、体、美、劳的全面要求，任何一方面都是不能忽视的。第二，社会教化手段逐渐由非语言形式发展到口头语言和书面语言，模仿是少儿接受社会化的基本形式。要注意训练少儿从口头语言、感性思维向书面语言、抽象思维过渡，更要注意成年人的行为以及大众传播媒介对少儿的潜移默化的影响。第三，社会教化单位逐渐由家庭扩大到邻里和学校。因此，家庭、邻里和学校应认真地履行自己的教育职能，并加强联系、默契配合，引导和帮助少儿顺利地通过这人生的起始阶段。

在我国，与少儿社会化密切相关的是独生子女的教育问题。目前，我国迫于巨大的人口压力，实行计划生育政策，在多数地区一对夫妻只生一个孩子。因此，独生子女占儿童总数的比例正逐年增长，独生子女的教育已成为全社会关注的大问题。独生子女社会化过程面临的问题及其特点，都出现在“独”字上。一方面，这种“独”的环境给少儿社会化带来许多有利条件。世界上许多教育学家、心理学家、社会学家通过研究发现，独生子女比多子女家庭的孩子能得到更多的爱护和培养，更容易发挥他们的才智，发展广泛的兴趣，并使之在事业上获得成功。独生子女家庭的有利条件主要包括：第一，独生子女家庭的经济条件优越于多子女家庭；第二，独生子女家庭的孩子享有较充分的父爱和母爱；第三，独生子女能获得较多智力激励，促进智力的发展；第四，独生子女与成人接触的机会多，知识面广等。另一方面，独生子女不仅在家庭中被过分宠爱、照顾过多、多头关心、期望过高，而且由于缺乏同龄群体，易使小孩失去交往机会，从小任性，集体观念淡薄。因此，在独生子女社会化过程中，必须注意把照顾爱抚与严格要求结合起来；注意培养独生子女与别人平等相处和合群精神；注意培养独生子女完善的自我观念，克服不良的个性特征；注意引导独生子女把兴趣和注意力向智力活动发展。

2. 青年期的社会化

青年期一般是指一个人从少儿期结束到30岁左右。青年社会化是个人在掌握基本生活技能和社会文化的基础上，开始独立参与社会生活，逐步适应社会生活的过程。这个时期依据社会化所面临的问题大体又可分为青年前期和青年后期两个阶段。青年前期，个人在生理和心理上日臻成熟，世界观也初步形成，个人将逐渐摆脱学校和家庭的监护，走向独立的社会生活道路，成为更广阔的社会的一个正式成员。一些心理学家把这一时期称为人的“第二次诞生”或“心理上的断乳期”。

青年后期，也就是孔子所讲的“而立”时期，这一时期，个人面临着多种选择：一是选择配偶，建立家庭；二是选择职业，建立事业；三是选择生活目标，建立信仰。这三大选择无论是对个人还是对社会都是至关重要的。因为它关系到青年不断调适个人与他人、个人与社会的关系问题，关系到个人和社会的前途与命运的大问题。

总之，青年期是人生的一个重要转折期，这种重大的转变主要表现在三个方面：首先是角色转换，即从被动者、消费者、无责任者、无性意识者转变为主动者、创造者、有责任者、消费者、有性意识者。其次是环境转换，即从依赖于社会、游戏团体、固定交往转变为自立于社会、继承文化转变为辨别文化、运用文化、更新文化。这些转变使得青年人的个人活动范围扩大，个人的社会联系立体化，社会角色多重化，个人在其成长过程中随之而来的问题也复杂化。此时，更需要社会各方面的引导和帮助，使他们逐步适应人生道路上的新情况和新问题。

3. 中年期的社会化

一个人从出生开始，经过少儿期和青年期的社会化，基本上掌握了社会成员所必备的知识、技能和行为规范，取得了社会生活的资格，但这并不意味着个人社会化的结束。为了不断适应社会生活，依然需要继续社会化。继续社会化作为社会学的一个特定范畴，主要是指具有社会成员资格的成年人，不断学习社会文化，以适应社会环境和社会角色变化的过程。这一过程可分为中年社会化和老年社会化两个阶段。中年期一般是指一个人从跨出青年期到55岁左右。人到中年，世界观已基本定型，有熟悉的生活阅历，有既定的生活目标和固定的行为模式，他们是维护社会秩序，推动社会发展的骨干力量。对中年人来说，继续接受社会化，就是为了适应发展变化中的生活环境。中年人的历史责任是承“上”启“下”。一方面中年人要接过前辈的“接力棒”，继承和发展他们的事业、知识和优良传统；另一方面，中年人要像下一代传递“接力棒”，引导和培养青年人步入更广阔的社会，使他们对社会做出更大的贡献。我国的中年人不仅在社会上肩负双重的历史责任，而且在家庭中也担负着双重生活负担，一方面要赡养老人，另一方面要抚养孩子。特别是现代化建设过程中，不少中年人被选拔到关键性的社会岗位，肩负的担子更重，往往会产生事业与家庭、负担与体力的矛盾问题。如何处理这些问题，扮演好自己的社会角色，以适应肩负重任的社会生活，就成为中年人的重要课题。

4. 老年期的社会化

老年期一般是指一个人从跨出中年期到生命的终点。老年社会化的主要任务是，处理好与已婚的下一代之间的关系；适应离退休以后的生活；适应丧偶以后的生活，等等。老年人社会生活经验极为丰富，但他们的身体机能却处于逐渐衰退状态，这两者之间的巨大反差往往使老年人在社会生活和工作的许多方面感到力不从心。因此，全社会要关注老年问题。老年社会问题突出的表现在他们从工作岗位上退下来后的失落感、孤独感、寂寞感和能否发挥余热的问题。如何帮助老年人在其最后的生命路程中通过继续社会化而不断调适个人与社会的关系，并力图使他们“老有所养”、“老有所乐”、“老有所学”、“老有所用”，正在成为我国社会发展中亟待解决的问题，同时也成为我国社会学研究的一项紧迫任务。

人的社会化过程不可能是一帆风顺的，它有可能发生中断和失败，社会必须对此采取特殊形式的社会化，即再社会化。所谓再社会化，就是社会采取强制性手段，克服个人社会化失败而发生的病态现象的过程。它的教化对象是那些有越轨行为、危害社会秩序的人。一般说来，绝大多人都能按照一定社会文化模式和做人的基本要求，走完社会化的全程。然而，少数人由于许多主客观方面的原因，使得他们在社会化过程中曲折很大，甚至出现反社会化的病态现象。要对他们的失调人格进行改组，调整他们与社会的关系，社会必然要对他们采取特殊形式的再社会化手段，使他们与社会的关系、原有的世界观、生活方式和行为方式，接受社会规定的符合大多数人利益的生活方式和行为方式。

与再社会化密切相关的一个突出社会问题是青少年犯罪问题，需要引起全社会的关注。青少年犯罪问题，在我国乃至世界各国都是一个大问题，它是一种病态社会现象。这种病态社会现象，虽然与青少年的人生转变有关，但主要在于一定的历史背景和社会环境。对于青少年犯罪的再社会化与一般人的社会化不同，他需要在严格的管制条件下进行。因此，再社会化过程往往是在特别机构的监督管理下实施的。值得注意的是，青少年再社会化虽然具有一定强制性，但仍要以教育感化为主。同时，为了从根本上解决青少年犯罪问题，还必须彻底铲除导致青少年犯罪的根源。

三、社会化的结果

1. 获得人格和自我

对个人而言，社会化的结果是多方面的，获得人格和自我，只是个人社会化形成的主要结果之一。

人格是人的社会化的产物。人的社会化不仅培养了人的共性，也培养了人的个性。这种个性一般表现在人的兴趣、能力、气质、性格等方面。个性的中心内容及形成和发展水平的标志是自我的完善程度。自我是对自己的社会存在及其状态的觉察，是对属于自己的社会、生理、心理特征及状况的认识。个人在社会化过程中，一方面不断与社会认同，学习与内化社会的价值、态度、目标与行为模式；另一方面也了解自己与他人的差异，探索他人对自己的评价和自己的实际形象，逐渐形成自我观念。个人在社会化过程中完善自我，形成自我观念，自我观念又促成自我的进一步完善和发展。

2. 培养社会角色

社会是一个无限广阔的现实舞台，在这个舞台上表演的都是活生生的形形色色的社会角色，这形形色色的社会角色，正是个人社会化的结果之一。

社会化培养了什么样的角色能力呢？其一，分清自己角色类型的能力，即分清自己所扮演的角色是先赋角色还是自致角色。角色类型不同，其表现也会不同。其二，健全角色扮演的心理状态。一个人经过成功的社会化后，他所扮演的角色的规范就能融入自己的每一项行动之中，能有效地扮演自觉的角色，减少角色冲突。其三，全面理解角色规范化的程度。角色扮演者能在角色扮演中恰如其分地把握分寸。其四，明确角色目标。角色目标是十分具体的，通过社会化，可以弄清自己所需扮演的各种角色的目标，避免出现盲目性，实现社会合作与和谐。

3. 实现文化转移

无论什么类型的社会化过程，都是某种文化的传递和内化过程。因而，个人社会化的第三个结果，是实现了人类文化的转移，包括前人的文化向后人的纵向转移，社区文化横向渗透以及新文化的创造和发展。

4. 完成世代交替

新陈代谢是自然界也是人类社会的普遍规律。在人寿有限、死生无常的社会生活中，每个人都必须依赖一个完整的社会结构体系，才能保障社会生活的基本需求，维持自身的生存与发展。因此，社会必须不断地预备新一代人接替老一代人因死亡和退伍留下的社会缺位，以维持社会结构的完整。这就是社会生活中的世代交替现象。人类世代交替的实现，是个人社会化的又一具有重要意义的社会结果。

【复习思考题】

1. 什么是社会化？怎么理解社会化的含义？
2. 社会化的基本内容是什么？
3. 简述社会化的条件。
4. 社会化的每一个阶段有哪些基本特点？
5. 社会化有哪些结果？

实训参考

【讨论】 大学生社会化中遇到的问题。

【录像】 观看电影《梅雨季节》、《女大学生宿舍》、《花季雨季》，思考影片主人公在个人社会化方面的成功之处。

【实践活动】

实践题目：社会化过程中存在的社会问题分析

实践目的：通过对问题的深入分析加强对社会化内涵及其实现条件的理解

实践地点：根据所选实践内容加以确定

实践课时：2 学时

实践内容及过程：根据社会化的一般目标，我国现实生活中存在一系列与社会化有关的社会问题，如独生子女问题、弱智儿童教育问题、流动人口教育问题等。选择一至两个感兴趣的问题，对其个案进行深入调查，在课堂上展开讨论，分析问题的性质、成因等，探寻解决问题的途径。

第五章　社会角色

培养出合格的社会角色，是人的社会化的最终目的。经过社会化的社会成员，能够在其生活的社会环境中担当一定的角色。接下来的问题是：经过了社会化的成员是怎样认识自己、又如何看待别人的？这些看法是否具有普遍性？人们在交往中的言谈举止又是如何受上述看法影响的？人们的自我评价与别人的态度之间是否具有一致性？如果回答是肯定的，那么这种一致性所具有的社会意义是什么？本章所关心和致力于解答的就是这些问题。

第一节　社会角色的概念

一、社会角色的内涵

"角色"概念本来是戏剧中的一个专有名词，按其本意讲，是指演戏的人化妆打扮后所扮演的戏剧中的人物。后来人们发现，现实社会与戏剧舞台有许多类似之处，舞台是社会的缩影，社会是扩大了的舞台。美国社会学家米德首先将这个词运用到社会心理学中，认为社会中的人就是他所扮演的各种角色的总和。

从20世纪20年代开始，美国芝加哥学派系统地运用这个概念，并把它当作社会学的基本概念。一般认为，社会角色是由一定的社会地位所决定的、符合一定社会期望的行为模式。它是人的多种社会属性或社会关系的反映，是构成社会群体或社会组织的基础。具体地说，它包括以下几方面的含义：

第一，社会角色是社会地位的外在表现。社会地位是人们在社会关系中所处的位置。人的社会关系是多方面的，如血缘关系、地缘关系、业缘关系等，因而人的社会地位也是多重化的，并会随着社会关系的转变而转变。社会中的人无不处在一定的社会地位上，如工人、农民、学生等，甚至连父亲、儿子、男人、女人也都是一种特定关系的社会地位。我们怎样才能知道一个人的社会地位呢？就是通过这个人所扮演的角色而认识到的。社会中的人千千万万，每天都有一群完全陌生的人呈现在我们面前。对于这么多的素昧平生的人，要想靠一一介绍来认识是不可能的。然而我们却知道怎样得体地与他们相处，为什么呢？就是因为我们可以通过他们的角色扮演，如衣着打扮、行为举止、言谈话语等，来判断或辨认其社会地位。例如，当我们看到一位身穿警服，在街道上指挥车辆的人时，我们就知道他是交通民警，我们要服从他的指挥。而当我们看到伫立在高大建筑的门前、身着军服、肩挎枪支的人时，我们就知道这是警卫，未经他的许可是不能进入的。当然有些社会地位可以比较简单、容易地通过角色表现出来，如外国人、男人、女人等，而另一些社会地位，其角色的表现就要复杂得多，如知识分子与干部、技术工人与非技术工人、科长与科员等，他们在角色表现上的差别就要细微一些。正是由于这种复杂性，社会上常发生错误判断某人的社会地位的事情；也正是利用了这种复杂性，在革命战争年代，我们的一些地下工作者通过逼真的角色表演来迷惑敌人。

当人处于一定社会关系中的一定社会地位时，他必然会扮演其相应的社会角色。可以说，社会角色是社会地位的外在的、动态的表现形式，而社会地位是社会角色的内在依据。

第二，社会角色是一整套行为规范和行为模式。首先，社会角色是一套行为规范。社会对处于特定地位的人，都做出了权利、义务两方面的规定。权利，是社会规定个人所享受的权益和允许行使的权力，即这种角色有权力要求别人进行某种活动。义务，是社会规定个人从事一定行动的责任，即别人有权要求这种角色进行某些活动，表现出某种行为。例如，作为一个护士的角色，她有权要求病人服从她的安排，她要打针，病人就得服从，她不许病人下床，病人就不能随便走动。而另一方面，别人也有权要求她表现出护士角色应有的义务，送药打针、换药都要认真负责，要关心爱护病人。所有角色都具有特定的权利和义务，都是权利和义务统一的动态表现形式。个人的权利义务规范被称为“行为规范”或“行为模式”。

第三，社会角色是人们对处于特定地位上的人们的行为期待。社会之所以要对特定社会地位的人做出行为模式的规定，就是希望他按照这套行为模式办事，这种希望被称为“行为期待”或“角色期望”。例如，当老百姓知道新上任的县令是位“清官”时，常常会纷至沓来，倾诉沉冤，其原因就是他们对“清官”这一角色怀有热切的期待。又如，当我们知道某人是个小偷时，便会对其避而远之，因为我们的脑海中会立即浮现出小偷这一角色的行为规范。当然，并不是每一个处在特定地位上的人都能具备该地位应有的角色行为。例如，在教师中总会有些人为人师表差，在领导干部中总会有些人缺乏领导才能等。在这种情况下，他们就不能满足人们的期望，因而人们就会认为他们承担这样的角色是不称职的。

第四，社会角色是构成社会群体和社会组织的基础。社会群体或社会组织是人们通过一定的社会联系而结成的社会共同体，而社会角色是构成社会共同体的基础。例如，由夫、妻、父、母、子、女等角色组成的血缘群体，我们称之为家庭；学生、教师、教学管理人员、后勤管理人员等角色相互联系所构成的社会组织，我们称之为学校；同样，由工人、车间主任、厂长等角色构成的社会组织，我们称之为工厂。总之，角色是社会群体与社会组织的基本单位，如果失去了这些角色，社会群体与组织也就不复存在。①

二、社会角色的类型

根据不同的标准，可以将社会角色分为不同的类型。

第一，根据人们获得角色的方式不同，可以将社会角色划分为先赋角色和自致角色。所谓先赋角色，是指建立在血缘、遗传等先赋的或生理的因素基础上的社会角色。如一个人从一出生就被赋予性别、种族、民族等角色。一个生为男性的孩子只有按男人的角色去发展自己才是正常的，否则就难以被社会所接受。在奴隶社会和封建社会，社会流动很小，人们的很多角色都不是由血缘关系所决定的，如许多职业和阶级角色往往是先赋的。贵族的儿子生下来就是贵族，平民的儿子永远是平民，但这些都不是终生不可改变的。自工业社会以来，一些原来属于先赋的角色发生了变化，如原来属于先赋的角色发生了变化，如先天决定的，而主要是由后天获得的。所谓自致角色，也称成就角色，是指通过个人的活动与努力而获得的社会角色。自致角色的获得既是个人活动的结果，又是个人选择的结果。一般说来，一个人获得并扮演某种自致角色的过程是他不断学习和努力而向上流动的过程。如一个人从小学生、中学生到大学生，从助教、讲师到教授就是这样一个过程。当然，自致角色的获得也受到主客观条件的制约。如一个想扮演科学家或艺术家角色的人，必须具备有关方面的才能及必要的社会环境条件。随着人类社会发展水平的不断提高，社会上自致角色的数量将日益增多，每一个自致角色的自致程度也将随之提高。

第二，根据角色规范化的程度，可以将社会角色划分为规定性和开放性角色。所谓规定性角色，是指其角色的权利和义务有比较严格而明确的规定。如警察、法官、政府官员等。人们充当这类角色时，其行为一般要受到严格的限制。例如，一位法官在处理案件时，定罪量刑要以法律规定为唯一尺度，而不能徇情枉法。所谓开放性角色，是指其角色的权利和义务没有严格而明确的规定，人们可以根据自己对角色的理解和社会对角色的期待而充当其角色。如夫妻、父母、子女、亲戚、朋友、同学等角色都属于开放性角色。人们在扮演这类角色时，有很大的选择余地。如妻子这个角色，在我国的典型模式是所谓的“贤妻良母”，即主动做好协助丈夫和照料家庭的工作。但是，这绝不是成文的规定，一个妻子完全可以有自己的选择，她也可以根据自己的意愿去追求个人的独立和前程。当然，开放性角色的开放程度也不是无限制的。如夫妻关系，我国封建社会强调夫为妻纲，否则就会遭到社会的非议，而在今天主张夫妻平等，否则也会遭到社会的谴责。

第三，根据角色所追求的目标，可以将社会角色划分为功利性和表现性角

① 郑杭生：《社会学概论新修》，中国人民大学出版社，2001 年第 3 版，第 107，108 页。

色。所谓功利性角色，是指那些以追求实际利益为目标的社会角色，这种角色行为的价值在于实际利益的获得。如商人、经理、企业家等各种从事生产性、经营性活动，以盈利为目标的社会角色都是功利性角色。功利性角色扮演成功与否的标准是能否实现效益目标，如衡量公司经理角色扮演成功与否的标准就在于他能否为公司带来经济效益。当然，一个人在扮演功利性角色时并不排斥他会同时扮演其他角色。所谓表现性角色，是指主要不是以获得经济利益和报酬为目的，而是以表现社会制度与秩序、社会行为规范、价值观念、思想道德等为目的社会角色。如教师的教书育人，医生的救死扶伤等角色行为，其直接目的出于这些角色对自己的事业有强烈的爱好和追求，并不是着眼于经济报酬。当然，在有些情况下，并不否定表现性角色的扮演者获得个人正当利益。

第四，根据人们承担社会角色时的心理状态，可以将社会角色划分为自觉的和不自觉的角色。所谓自觉的角色，指人们在承担某种角色时，明确意识到了自己正担负着一定的权利、义务，意识到了周围的人都是自己所扮演的角色的观众，因而努力用自己的行动去感染周围的观众。自觉的角色是每个人在社会生活中都经常体验到的。一般地，在以下几种情况下容易出现自觉的角色，一是，一个人在刚刚充当某一角色时，容易表现出自觉的角色。例如，刚入伍的新兵、刚入党的新党员、刚入校的大学生、刚上任的新干部等。二是，他人在场或他人对此角色提出了明确希望时，容易出现自觉的角色。例如，当家长在家时，一个儿童的行为就常能有所约束，其原因是他感到了父母的在场，意识到他自己是处在儿子或女儿的地位上。由于人们常容易在他人在场时表现出自觉的角色，因此，集体活动、集体工作常有助于实现自觉角色。三是，特定的环境与任务出现时，容易使人表现出自觉的角色。例如，一位接受记者采访的人、一位谒见上级领导的人以及一位出席某个重要会议的人，他们在特定的环境与任务下往往能自觉地意识到自己的角色。四是，当一个人经常地自我提醒时，也会表现出自觉角色。例如，一位共产党员在没有特定环境和他人不在场的条件下，经常提醒自己按照党员的要求去做，也能实现自觉的角色。所谓不自觉的角色，指人们在承担某一角色时，并没有意识到自己正在充当这一角色，而只是按习惯性行为去做。例如，一个青年人，并不总是感到自己是青年人，但他却总能很好地表现出青年人角色所具有的活泼、不保守、思维敏捷、勇于探索等特点。一般说来，当前述的、形成自觉角色的那些原因不存在时，人们就容易形成不自觉的角色。一个人在长期充当某一角色后，就容易从自觉走向不自觉。例如，当官当久了就容易使人忽视自己的特殊角色等①。

三、角色集

在社会中，角色不是孤立存在的，而是与其他角色联系在一起的，这样一

① 郑杭生：《社会学概论新修》，中国人民大学出版社，2001年第2版，第110页。

组相互联系、相互依存、相互补充的角色集中到一个人身上就形成了角色集。任何人都是承担着多种社会角色，他所承担的多种角色又总是与更多的社会角色相联系，所有这些就构成了角色集，它标志着社会关系的错综复杂。例如，一位女医生，在家里对丈夫来说她是妻子，对儿子来说她是母亲，对母亲来说，她是女儿；在医院里她可能还是科主任、学术团体成员、党员等多种角色；在日常生活中，在商店里她是顾客，在汽车上她是顾客，对老同学她是朋友，对来访的客人她是主人，对同一楼居住的人她是邻居，对报社她是订户或投稿的作者；在国家生活里，她还是公民、市民、选民等。由此看来，角色集包括了两种情况，一种是多种角色集于一人身上，这是一个人内部的关系。如前所述的女医生身上汇集的角色群。另一种情况是一组相互依存的角色，主要强调的是人与人之间的关系。如女医生与病人、护士、药剂师、医院领导等角色因为工作关系联结在一起，也会形成角色集。

第二节 社会角色的扮演

当一个人具备了充当某种角色的条件，依照一个社会角色的权利和义务，在特定条件下与他人进行互动时，就进行了社会角色的扮演。

一、社会角色的认知与确定

只有很少数的社会角色是不学而能的，例如受父母精心照顾的婴儿的角色。对于绝大多数角色来说，都要求角色承担者对它有所认知。只有较清楚地把握了角色的权利和义务，才能成功地扮演它。角色认知是角色行为的前提。

角色认知是个体通过与他人相比较等方式来认识自己权利、义务和行为模式的过程。它大致包括两个方面：一是要确定自己到底承担着哪些角色，即回答“我是谁”的问题；二是确定自己在某一条件下适宜的行为方式，即回答“我该怎么做”的问题。

确定“我是谁”，通过与他人相比较是一个非常重要的途径，即通过别人的语言、表情、行为和行为效果来了解别人，承认别人所扮演的角色，并由此认识自己所承担的角色。同时，又透过自己的期望、意愿以及以往的经验与别人进行比较，进一步确认自己所担当的角色。马克思曾经形象地指出：“人起初是以别人来反映自己的。名叫彼得的人把自己当作人，只是由于他把名叫保罗的人看作和自己相同的。”一个人认识他人，或者把自己看作他人，基本之点都是把自己和别人放在社会关系这个系统中来考察。对彼此在社会关系中所处的位置的揭示越准确越全面，对自己所扮演角色的认知也就越准确越全面。一个人的社会化也就是其角色社会化，他经由家庭、学校、同辈群体等社会化机构的“导演”、“排练”，认识了自己所承担的各种角色，具备了扮演各种角色的一定能力，才能进入社会大舞台。

角色确定的有效性，也是角色确定中的一个重要环节。回答“我是谁”的问题固然重要，但是仅仅凭自己的回答并不能解决这种回答是否符合实际、是否被别人承认，即是否有效的问题。人们总是希望扮演那些为自己所憧憬的、比较好的角色，但他们是否能被确定为这些角色，不是由他们自己主观决定的（吹牛大王、诈骗犯就常常自己委任自己的角色，结果无不栽了大跟头），而是由社会来确定的。例如，要想当人民代表大会代表，就要经过选民投票认可；要想做一个受人民拥护、为人民所爱戴的人，就要切切实实为老百姓做事，为人民服务，赢得民心。一般说来，角色确定的有效性是一个人长期活动、长期努力、坚持不懈的结果，而不是一朝一夕就能实现的。一个人想要实现博士角色的有效性，就要经历多年的“寒窗”之苦。但是角色的有效性常常不是永恒的。当一个人考上大学或研究生后，如果不再努力甚至急剧退步，就有可能失去大学生、研究生这种角色的有效性。一位渎职的官员也会被撤职。

通常情况下，经过角色认知，人们大多都能够不同程度地确认了自己的角色，选择了相应的行为模式进行角色扮演。特别是那些严格的规定性角色，行为表现大体相同。餐厅服务员工作时，不会随便坐在顾客席大吃；学生考试时，不会去翻教师的教科书；正在输液的患者，也会心安理得地躺在床上不去送客。

在社会舞台上，角色认识不当的事情是经常发生的，这类失误，大致有以下几种情况。第一，不能胜任角色，即某人不具备担任某一角色的能力，但却被安排或任命到这一位置上了，属于“小材大用”的情况。第二，未能承担合适的角色，即某些有一定才能与条件的人未能被安排到与之相适应的角色上，有可能是“大材小用”，也有可能是“此才彼用”。之所以发生这种情况，有可能是其才能尚未被人们发现，也有可能是受排挤而不能担任角色，还有可能是过于谦逊而不敢承担角色。这些都应尽力避免。第三，选择了不适当的角色。人与人之间的关系不止一种，这要求我们在一定的场合要选择与之适应的角色，否则，将影响角色扮演。例如，两位曾在一起上学的同乡，后来甲做了政府要员，乙仍是平民百姓，这样，他们之间就有了几个角色可以选择：老乡、同学、朋友、官与民。在非工作场合，两人相见，乙以朋友角色对甲，甲却以领导者角色对乙，甲的角色形象就会大打折扣。若甲以朋友角色对乙，乙却要求甲运用领导者的权力为之谋私利，乙的角色形象也会大打折扣。

二、社会角色的表现

人们在确定了所要担任的角色后，直接面临的一个问题就是怎样把这个角色表现出来。宣布某人为某一社会角色固然重要，但要让人们真正相信他是这一角色，就要通过一系列的环节使他表现出来。

（一）布景与道具

与舞台上的表演需要装饰一样，社会角色的表现也需要布景与道具。有所不同的是社会舞台上所需要的是真正实物。例如，要表现出中央机关干部的角色，就要有高大的国家机关的建筑，在各办公室里还要有大的办公桌、沙发、电话、文件柜等。一般说来，布景或道具的作用有两个，一是象征性的，即它们象征着某一种角色的标志或活动场所，也间接证明某一种角色的有效性。例如，医院的红十字、邮件信箱漆成的绿色等都是宣布与证明，这里进行着相应的角色活动。而介绍信、证明、公章、户口本、身份证等则作为一种证据，证明某种角色的有效与可信。二是实用性的，即它们是某些角色的实际活动所必需的物质工具。例如，没有黑板、粉笔、板擦这些道具，教师就很难讲课。布景或道具可以是简单的，也可以是复杂的。简单的布景，像街头的小贩，只需把所要卖的东西摊在地上就可以了。而复杂的，如国家的迎宾活动，要有复杂的礼仪准备，包括列仪仗队、悬挂国旗、鸣礼炮、安排迎宾的人群等。

因此，要有效地进行角色扮演，就应该讲究道具与布景。在学校，如果想取得教书育人的更好效果，就应该有整洁美丽和充满文化氛围的校园，有完善的教学科研设施，师生的服装也应该整洁得体。又如，铺面装饰很差的饭馆、商店就对顾客没有吸引力。当然道具、布景也不是越华丽越好，而是要适当、得体，与角色的特点相吻合。古代皇帝为了显示其至高无上的地位，不惜倾天下之财富作为他一人的装饰、布景与道具，这是现代社会中应彻底摈弃的做法。

（二）衣着、仪表与言谈举止

布景与道具只是社会角色的一种背景与衬托，一个角色的更为直接的表现是他自己的仪表、风度。一般说来，一个人的衣着、打扮、仪容、外表往往会给人们留下深刻印象，并能引起人们对其内在品质的联想。例如，饭店里的服务员如果都衣着整洁、干净利落，就会给人留下这个饭店卫生好的印象；相反，如果是一位满身油污、头发蓬乱、指甲长长的服务员站在饭店门口请我们用餐，我们肯定是不会进去的。衣着打扮又往往具有象征的意义。实践证明，一位穿上特制制服的门卫比一位穿便服的门卫更具权威性，人们常常更乐于服从前者而不是后者。实验证明，当医生穿着白罩衣给人们检查身体时，人们会感到很自然，而当他穿着便衣给人们检查身体时，人们会感到不自在。因此，衣着、打扮等对于角色的表现起着重要作用，我们应重视对仪表、仪容的修饰，应根据角色的特点选择适当的服装。当然，衣着、仪表只是社会角色的外在表现，它们还没有涉及角色的内心世界。因此，我们在判断一个角色时也要防止仅以衣着、外貌取人，一些伟大的人物穿着朴素、不修边幅也是常有的事。

言谈、举止、姿态、风度等，是社会角色内在品质的体现，因而在角色的表现上占有更重要的地位。人们认识一个角色，最主要的还是这些方面。例如，对于军人和警察来说，他们的制服固然是表现其角色的重要条件，但是，他们雷厉风行的作风、严格的组织纪律性、威严的态度等，是他们所担当的角色的更重要的表现。相反，社会上的一些流氓，尽管也是西装革履，但是，只要看看他们的姿态、听听他们的话语，就可以判断出他们所充当的是什么社会角色。

有些言谈、举止、风度是很多社会角色都有的，如不同角色的两个人分别时要说再见；有些则是为某种角色所特有的，如军人、警察的举手礼。还有些角色行为可以表现出多种含义，比如，同是微笑可以表现出：相互致意、道歉、幽默、心情愉快等多种意思。总之，社会角色的言谈、举止、风度的表现并没有死板划一的教条，而应根据需要和场合做出相应的、得体的表现。

（三）台前、台后的表现与社会角色表现上的配合

在角色的表现上，应注意台前与台后之分。所谓台前的表现，指人们正在充当这些角色时的表演。所谓台后的表现，指在表演某种角色以前的准备活动。在人们生活中，这两种行为是有区别的。例如，当我们正在家中休息时，忽然有人敲门，是一位客人来了，我们就要赶快把衣着整理一下，把屋里十分零乱的物品尽快收拾一下，然后去迎接客人。随着客人的进来，我们就会表现出一套与刚才后台的行为迥然不同的，温文尔雅的待客举止。这里的前台和后台都只具有相对的意义。例如某男子从家里到单位去上班，与单位的同事们进行互动，算进入了前台，下班回家后退到了后台。但是对于其丈夫、父亲这种角色来说，他回家后与妻子、孩子互动，才算是登上了前台，而离开家去上班，则算是退到后台。

由于前台的表现与后台的表现有很大差异，而且，由于后台的一些表现是人们不希望拿到台前去的，因此，我们在角色表现的设计、安排上就要注意将两种场合区分开来。例如，大饭店的服务员，其服务准备活动应在顾客见不到的另一个房间里进行。如果在顾客面前剪指甲、装饰、打扮，那会让人感到不适。

要使角色有出色的表演，还必须实现角色之间的配合，这与成功的戏剧演出需要全体演员的配合是一个道理。在一组社会角色中，如果有某一个角色表现极差，常会破坏了全体角色的表演效果。例如，一个家庭要想有出色的表演以及在邻居中赢得较高的威望，就得在夫妻、父母、子女、亲戚等多种角色之间相互配合。如果其他角色都表现很好，但却有某一个角色不务正业，偷盗、打架，这样就会将整个家庭的表现都破坏了。其他群体，如工厂、机关、学校，也莫不如此。

三、社会角色的扮演过程

以上关于社会角色的表演是从静态上对角色扮演的观察。角色扮演不仅表现在上述静态的几个方面，而且表现为一个动态的过程。在这个过程中，角色的扮演通常要经历三个阶段。

（一）对角色的期望

人们在承担了某一种社会角色时，首先遇到的就是社会或他人对于这一角色的期望。这正好比戏剧、电影的剧本或导演对某一角色行为的限制一样。无论是承担了父母、子女等家庭角色，还是承担了干部、工人等职业角色，哪怕只是承担了一些微不足道的角色，都会感到社会对于这些角色的限制和要求。例如，一个小伙子坐在公共汽车上，这时上来一位抱小孩的妇女，如果其他坐者都是老人，那么人们便会把目光转到小伙子身上，希望他能站起来让座。这便是承担角色的第一阶段。一般而言，为更好地承担角色，在这一阶段，人们应尽力了解社会或他人对这一角色的要求与期望。

（二）对角色的领悟

社会或他人对角色的期望是一种外在的力量。它还不是角色承担者自己的想法。人们对角色的扮演虽然受到社会期望的影响，但是在更大的程度上是他们自己对角色的认识、理解，即角色领悟的结果。由于每个人的思想基础、道德水平、价值观念以及所处环境的不同，因而对同一角色的理解常有差别，甚至很不相同。仍以前面乘汽车的青年人为例，如果他是一位有些思想修养的人，他就会立即认识到自己承担着照顾妇幼的社会责任，因而把座位让出来；如果他是一位文明修养不够的人，他可能会认为自己没必要照顾他人，对周围人注视他的目光满不在乎，不认为青年人还负有什么社会责任。

由此看来，对角色的期望反映的是社会上多数人的看法，因此一般不会有太大差别。而对角色的领悟反映的是个人的看法，因而总是各不相同，正是这种不同形成了社会上千差万别的角色扮演。例如，同是售货员，有些人认为应积极、主动、热情、耐心地接待顾客，而另一些人则认为售货员也不比别人低一头，没有必要对别人笑脸相迎、笑脸相送。怎样处理这种领悟上的差别呢？一般说来，我们应该尊重社会上多数人的看法，努力缩小自己的领悟与社会的期望之间的差距。因为，一个角色扮演得是否成功，最终还是要以社会的评价，而不是以个人的评价为标准的。

（三）对角色的实践

对角色的实践是角色领悟的进一步发展，是在个人实际行动中表现出来的角色。在很多情况下，对角色的领悟与实践是一致的，如前面提到的青年人乘车的例子，表现在实践上是：有修养的人让了座，而没修养的人不让座。但是，在不少情况下，实践与领悟并不完全一致。这是因为，角色实践除了受领悟的指导外，还受到当时主观、客观多方面条件的限制，这使得一个人不可能完全按照自己领悟的那样去做。例如，一位新上任的厂长，认识到厂长必须做出大胆改革，但在上级领导、下级群众都缺乏信心的情况下，他不得不对自己的改革计划做出重大修改。

人们在实践角色的过程中常常会做出“角色创造”。这是指人们在实践角色时，遇到了很多事前预想不到的困难、挫折或新情况，这样，角色的扮演者不得不随机应变地创造出一些过去所不具有的角色行为规范。例如，现在的中国青年与二十世纪五六十年代的青年大不相同了，这就给当前的政治思想工作者们提出了角色创造的任务。要教育今天的青年，不能简单照搬老一套的做法，而要创造出适合当代青年特点的教育方法。又如朱伯儒同志教育小偷的做法就是一种角色创造，他不是把小偷送到公安局，而是带回自己家里进行感化，结果收到良好效果。这与过去那种“火药味很浓”的政工干部形象就大不一样了。角色创造也是一种文化创造，它为社会不断创造出新的角色规范。今天，我国社会上的一些重要角色，如民族英雄、爱国志士、将军、战士、革命家、清官、教师、学者等，都是历史上多少代人在角色实践的过程中，进行角色创造的结果。

第三节　社会角色失调

由于每个个体都处在复杂的社会联系中，所以在扮演角色的过程中不可能都是一帆风顺的，常会产生矛盾，遇到障碍，甚至遭到失败，这就是角色扮演的失调现象。社会角色失调又称社会角色失败，是指由于多种原因导致的角色扮演者无法成功地扮演角色的现象。常见的角色失调有以下几种情况。

一、角色冲突

角色冲突是指人们在扮演角色的过程中，由于不同角色规范的不同要求，引起人们对某一具体角色扮演的矛盾和冲突，妨碍了角色扮演的顺利进行，具体可以分为三种情况：

1. 角色之间冲突

社会上各种角色之间，由于利益的不同，或者相互的期望和各自的领悟不同以及由于某种原因一方没有按角色规范行事，都会引起矛盾，处理不当就会发生冲突。在现实社会中，这种冲突普遍存在，夫妻之间、师生之间、同志之间、干部群众之间、营业员与顾客之间等，都会经常发生角色冲突。例如，社会上普遍存在的父母与孩子这对角色的冲突，其原因往往是，父母对独生子女有着很高的期望值，生活水平的提高和学习条件的改善加强了这一期望，自己曾有过的但是被“文化大革命”等原因压抑了的理想，也转移到了孩子的身上，他们望子成龙心切，以至于孩子不堪承受，有的孩子叫道：他们望子成龙，我还望父成龙呢！

2. 角色丛内的冲突

即一个人所承担的几种角色间的冲突。若这些角色的社会期望不相容，冲突就会发生。许多妇女身担数种角色，职工、妻子、母亲是最常见的三种。这些角色期望彼此矛盾，使她顾此失彼，陷入内在冲突之中。一个干部既要向上级领导负责，又要向群众负责，如果两者的要求有差异，他在中间就会左右为难。既为人子又为人夫的男子，处在婆媳之间的矛盾中很难做人。包拯作为一个明镜高悬的清官，必须恪守王法，杀掉为非作歹的包冕；但是作为包冕的叔叔，特别是面对哺养自己长大的“嫂娘”，包拯又要恪守孝悌古训，保护包冕。这一冲突是极其尖锐的。所谓“忠孝不能两全”、“大义灭亲”，都是人们描述和颂扬正确处理这些冲突的典型用语。

3. 单一角色内的冲突

对于同一角色，社会期望也是复杂的，有时是矛盾，免不了会引起角色内冲突。例如作为一个军官，他必须爱士兵，获得士兵的信任，因为军官随时可能命令士兵投入战斗，赴汤蹈火，同时，他也必须建立威严，使他的命令立即无条件地得到执行。他的角色规范要求他一方面是一个善良、宽厚、体贴入微、富有同情心的朋友，另一方面是一个严肃、坚定、毫无妥协余地的权威人物。与此相似，父母对待子女，教师对待学生，管理者对待被管理者，都面临着这种角色内冲突。《孙子兵法》曰：“故令之以文，齐之以武，是谓必取。”《吴子兵法》曰：“夫总文武者，军之将也。兼刚柔者，兵之事也。”都是探讨如何处理这类冲突的名言。

角色冲突会使角色扮演者力不从心，左右为难，学者们称之为“角色紧张”。一般说来，引起角色紧张有内外两方面的原因。内因是指角色扮演者个人的原因，如角色扮演能力不高和对社会规范缺乏深刻理解。“对使用协商技巧不大有能力和不太熟练的行为者来说更可能经历角色紧张”，“在行动者缺乏角色经验时更可能产生紧张”。外因是指社会期望的性质，如社会期望的严格程度和他人对个体期望的差异程度。如果社会性的规范很详细，并且不许有所越轨，那么行动者的工作将变得更难以进行。如果他人对个体角色期望的差异越大，个体体验到的紧张越严重。另外，角色双方谁的地位低一些，谁就会较多出现角色紧张。因为地位高的人，能够较多地控制和操纵社会资源，在双方协商的过程中具有较大的影响力。

角色冲突妨碍与破坏人们的正常生活秩序，角色紧张有害于个体的身心健康，因此，应尽力避免。防止角色冲突并没有什么统一和固定的措施，而只能根据不同情况采取相应对策。针对一个人因承担角色过多而造成的角色紧张，就应减少他的过多的兼职，使他能把精力用在最重要的岗位上。针对因角色规范不一致而产生的冲突，就应采取使人的角色单一化的做法，即在一种场合只扮演一种角色。例如，派干部去处理问题，应尽量选派那些与问题没有直接牵连的人去，应采取让当事人回避的做法。如果不能采取回避措施，那就只有靠人们利用价值观念去做角色选择了。例如，一位掌权的干部遇到亲属要求给予特殊照顾的情况，如果他选择的是一心为公的观念，他就会秉公办事。反之，他就会照顾亲属，以权谋私。另外，设法表明自己言不由衷、行不由衷也可以降低角色紧张的压力。警察的朋友犯罪，警察去抓他，可能会声明：我是奉命行事，怪不得我了。一男子在母亲的面前把妻子狠狠地批评一顿，背后却不停地向妻子道歉，声称那只是做给别人看看而已。

二、角色失范

角色失范是指社会角色的权利、义务和行为标准不清楚，不知道这一角色的规范是什么，不清楚这一角色该怎么做。一般地，这种情况不仅限于角色扮演者自己不清楚，有时还表现为社会成员也不清楚。

角色失范产生的最主要的原因是急剧的社会变迁。社会主义市场经济的汹涌浪潮，强有力地改变着中国的面貌，给中国带来无限生机。在这个大潮中，判断角色行为对错的标准经常受到挑战，角色失范不可避免，只有随着时间的推移，大家逐步看清了怎样做才有助于社会的发展，才能明确社会期望，角色失范现象才会消失。

另外，在急剧变迁的社会里，新的职业，新的岗位不断产生，新的社会角色也相伴而生。当一种新角色初次来到社会上时，社会还没来得及对它的权利义务做出明确规定，角色承担者本人不清楚，其他人的看法也有分歧。这些从业人员的角色如何定位，也有一个从不太清楚到逐步清楚的发展过程。

三、角色转移障碍

角色转移是指个体根据情境的变化相应的更换角色的权利、义务和行为模式。一个人活动的范围和交往的对象会经常发生变动，角色的行为也应当相应转移，如果不能较好地做到这一点就会出现角色转移障碍。例如某人在工厂是厂长，工作起来大刀阔斧，雷厉风行，说一不二；回到家里则是丈夫和父亲，要干家务活、辅导孩子学习等；参加夜校学习时又成了一名学生，要认真听讲、做作业，回答老师的提问。如果他不能随着情境变化而转移自己的角色，改变自己的行为，就处理不好与其他角色的关系，别人看了也别扭。这位厂长回到家里仍然说一不二，肯定行不通，在夜校说一不二，老师也没有办法教。俗话说到什么山唱什么歌，见什么人说什么话，如果这里不含贬义的话，恰恰是对角色转移的生动描绘。

角色转移发生障碍时，会产生角色中断。一个社会成员，随着年龄的变化或者社会职位升降的变化，可能获得某些新的角色，同时失去某些旧的角色，他的行为也必须相应改变，否则，将会出现角色中断。角色中断的发生是由于人们在承担前一种角色时并没有为后一阶段所要承担的角色做好准备，或前一种角色所具有的一套行为规范与后来的新角色所要求的行为直接冲突。一个大学生参加了工作，一个单身汉结了婚，一个工人下了岗，一个工作多年的老干部退居二线都是人生历程中的重大事件，都面临着角色中断的严峻课题。如果不能深刻认识到新角色的权利、义务和行为模式，努力调整自己的行为，就会出现很大的不适应。开始实行离退休制度的时候，不少老同志由于热爱自己的事业，迟迟不愿意考虑离退休的问题，一旦离退休的问题出现，便感到突然，便不知如何是好，他们坐在家里消磨时光，心情压抑，身体健康受到影响。解决这一类问题的办法是，作为角色承担者的个人应当正确地设计人生，了解人的一生中不可避免地要相继承担的那些角色的特点，为未来的新角色做些准备工作。家庭和社会也有责任对那些因社会原因造成的角色中断，给予必要的指导和帮助。

四、角色失败

角色失败是角色扮演过程中发生的一种极为严重的失调现象。它是指由于多种原因使角色扮演者无法进行成功的表演，最后，不得不半途终止表演，或者虽然还没有退出角色，但已经困难重重，每前进一步都将遇到更多的矛盾。虽然在社会角色的扮演中，角色失败的现象通常只是少数，但是，由于角色失败会给社会造成恶劣后果并使角色承担者受到重大打击，因此，也应予以重视。

从角色失败的结果上看，通常可分为两种情况，一种是角色的承担者不得不半途退出角色。例如，夫妻双方的矛盾发展到不可收拾的地步，双方无法共同生活，最后以离婚告终，离婚后，双方的夫妻角色便停止了。属于这类情况的还有：朋友、亲戚之间因激烈冲突而发生的绝交，经营者因经营不善而发生的破产，工人被解雇，干部被罢免，学生中途退学，一个公民因犯罪被逮捕失去了公民的权利等。另一种是，虽然还处在某种角色的位置上，但其表现已被实践证明是失败的。如父母的角色是负有教育子女的义务的，当某一对父母的子女不但没有好学上进，反而堕落为犯罪分子时，这对父母虽然仍处在父母的角色上，但他们的扮演已被证明是不成功的。其他像学生考试不及格、干部受处分、工人长期不能完成定额、汽车司机出了车祸等，也都属于此种情况。

角色失败通常是件坏事，但是，如果处理得当也不是不能把它转变为好事。例如，一对夫妻感情已经破裂，如果人为地维持一种不和不散的局面，对双方都是痛苦的，这样就不如让双方都退出角色，让他们开始一种新的生活，这对双方都会是件好事。又如，一个人可以吸取角色失败的教训，认真总结经验，重新振作，以崭新的面貌出现在人们面前，这样就可以变坏事为好事。

【复习思考题】

1. 什么是社会角色？
2. 社会角色可以划分为哪些主要类型？
3. 复式角色与角色丛的主要区别是什么？
4. 简述社会角色的扮演过程。
5. 社会角色失调有哪些主要表现？如何进行调适？

实训参考

【讨论】 社区管理者的角色形象畅想。

【录像】 观看电影《周恩来》、《焦裕禄》，思考他们为什么能成功地扮演自己的社会角色。

【实践活动】

实践题目：社会角色的扮演

实践目的：通过对戏剧角色的分析领悟社会角色的扮演过程

实践地点：根据教学条件选择

实践课时：2 学时

实践内容及过程：观看一出戏剧，分析戏剧中角色之间的关系，演员对角色的把握及其扮演技巧，通过演员对戏剧角色的扮演，体会和领悟人们对其所承担的社会角色的扮演过程和演出技巧。

第六章　社会群体

社会群体既是社会活动的基本单位，又是社会的重要结构要素。它是连接个人与社会的桥梁。社会不是个人的简单相加，而是占有共同疆域、享有共同文化并相互作用的人们的共同体。人的社会性特征不可能随意获得，而是在社会生活中通过不同群体的阶梯逐步实现的，是通过社会组织和非正式组织实现的。本章讨论初级社会群体和社会组织以及它们在社会生活中的作用。

第一节　社会群体的概念

一、社会群体的内涵

社会群体是人们通过一定的社会关系结合起来进行共同活动的集合体。社会群体是人们社会生活中的具体单位。

人类的群体，就是人们用社会关系结合起来形成的集体。因此，社会群体是处在社会关系中的一群个人的合成体。这个群体，一般说来，不仅群体中的个人自己能够意识到，而且也能被群体以外的人们所意识到。社会群体是人们相互交往、相互影响的结果，并且这种交往和影响是多次重复的、发展的。一个人类的群体，不是一个简单的个人集合体，而是一群个人靠社会关系为纽带结合而成的合成体。

社会群体作为社会赖以运行的基本结构要素，有广义和狭义之分。广义上的社会群体，泛指一切通过持续的社会互动或社会关系结合起来进行共同活动，并有着共同利益的人类集合体；狭义上的社会群体，指由持续的直接的交往联系起来的具有共同利益的人群。在现实社会中，社会群体和一般的聚集体之间的界限是很模糊的。社会群体与社会类属的界限偶尔也有改变。但是，无论广义上还是狭义上的社会群体，都具有以下可与其他人群区分开来的共同特征：

第一，有明确的成员关系。特定社会群体中的人称他们自己为该群体的成员，并且期望本群体成员做出某种行为，而这种行为又是他们不期望非本群体的外界人做出的。通过某些可与群体外的人区分的标志，这些人不仅被该群体的成员所认同，而且，非本群体的成员也一致认为他们是属于该群体的。

第二，有持续的相互交往。群体成员之间的关系不是临时性的，他们保持比较长久的交往。一个群体内部，人与人之间的交往可以是面对面的，非常亲密的，就像在一个家庭里一样，也可以是间接的，比较疏远的。

第三，有一致的群体意识和规范。群体成员在交往过程中，通过心理与行为的相互影响或学习，会产生一些共同的观念、信仰、价值观和态度。群体成员有共同的兴趣和利害关系，并遵循一些模糊的或者明确规定的行为规范。在群体面临外部的压力或者内部少数成员的反叛时，群体意识和群体规范更为清晰，其作用也更为明显。

第四，有一定的分工协作。尽管在不同的群体中，内部分工协作的程度不一样，但是，群体内部的分工协作还是普遍存在的。在一些小型的初级群体中，内部成员的分工不很严格。在一些大规模的次级群体中，内部成员的分工协作是明确的、严格的、制度化的。无论在何种群体中，都有明显或不明显的领导与服从的关系以及伴随此种关系的内部权威。

第五，有一致行动的能力。在群体意识和群体规范的作用下，社会群体随时可以产生共同一致的行动。社会群体与无组织群众集合体的根本区别就在于有没有一致行动的能力。社会关系是在人们不断的社会交往过程中形成的，由于社会交往的复杂性，形成的社会关系也是复杂的。

根据上述特征，我们知道，并不是任何一群人都可以称之为社会群体。飞机和火车中的旅客、电梯中的乘客、剧场中的观众，虽然是集中起来的一群人，但通常都不是社会群体，我们称之为一般意义上的聚集体或群集。他们或许有共同的规范，但他们之间的关系只是临时性的，达到目的或演出结束后，就各奔东西。另外，统计学上的“群体”也不能叫社会群体。我们可以将共同具有某种社会特征（如年龄或文化程度）的人归并为一类，但是他们之间不一定有什么交往，也不必然有什么共同的规范或利益，我们称这种人群为社会类属。

二、社会群体的结构

1. 一定数量的社会成员及明确的群体内部关系

群体成员内部关系指成员间彼此交流与作用的状态和过程，是群体结构的重要组成部分。群体成员至少要有两个人，这是构成群体的主体基础。在较大的群体中，还有一定的组织结构和一定的分工协作。群体规模的大小直接影响着群体成员间关系的数量和形式。随着群体规模的增大，群体内潜在的关系也在增多。一般而言，群体成员不超过 12 人，他们之间有可能保持极其密切的相互关系。如果成员继续增多，不仅使成员间非常深入的了解发生困难，还会导致群体成员间出现各种复杂的联合，群体内的派别也随之产生。

2. 一定的为群体成员所接受的目标以及行为规范

群体目标是群体功能的具体体现，也是组织的灵魂。所有的群体都必须有自己的群体目标，并且将群体规范内化为自己的行为准则，形成群体规范。群体规范指在某一特定群体活动中，被认为是最合适的成员行为的一种期望，是群体所确立的一种标准化的观念。群体规范有些是明文规定的，有些是约定俗成的，它保证群体有秩序地、协调地开展活动。成员在群体压力之下，调整自己与群体规范不相适应的行为。群体规范在群体成员的共同活动中一经形成，便具有一种公认的社会力量，并不断内化为人们的心理尺度，成为对各种言行的判断标准。群体规范还指示了人们满足需要所采取的方式和响应的行为目标，从而规定了人们日常行为的范围和准则。最后，群体规范由于能够促成群体成员行为的一致和协调，从而发挥了维持群体生存的功能。

3. 明确的成员归属感，成为群体凝聚力

群体成员之间相互依赖，在心理和行为上互相影响，围绕群体目标展开活动，又有相对独特的互动吸引方式。成员具有归属感和认同感，并为群体外的他人所承认。

影响群体凝聚力的因素包括成员个人、群体自身以及环境等方面。

（1）吸引力的存在和群体内成员的感受是重要的条件。

（2）个人利益和群体利益能否保持一致影响群体凝聚力的状况。

（3）成员在群体中的关系是否遵循一致性原则和互补性原则，直接影响群体凝聚力的高低。

（4）群体成员是否了解和信任其领导的才能以及领导资格的取得是否具有合法性，甚至领导个人是否具有魅力，这些都对群体凝聚力有很大影响。

（5）如果群体内部不存在分裂性因素，当其面临环境的巨大压力与威胁时，凝聚力也会大大增强。

4. 群体领导与决策

群体领导是指在群体内部关系中处于中心位置，并能对群体其他成员进行引导和施加影响的角色。一般说来，群体中有两种主要领导形式，一种是工具性领导，指引该群体为达到最终目标而奋斗；另一种是表意性领导，它力求造成群体的团结与和谐。群体决策指在群体活动中，群体针对遇到的问题而做出判断和决定的过程，是群体发挥作用的重要步骤。群体决策一般经历搜集信息、对信息做出评价、做出决定三个阶段。

5. 时间上具有一定的持续性

任何群体都是现实的社会实体，它不仅占有一定的空间位置，而且在时间上也具有一定的持续性。

三、社会群体的功能

功能是结构的动态表现。从根本上说，研究群体结构就是为了更好地发挥群体的社会功能。任何社会群体都具有一定的功能，没有功能的群体是不可能存在的。美国社会学家帕森斯在分析社会系统时，曾经指出群体具有四项功能：①适应环境。如群体与外界进行资源交流，并且保持与外界的平衡。这在宏观上表现为群体的“经济”功能。②实现目标。即确定群体的目标，并使群体成员为达到目标而一致努力。这在宏观上表现为群体的“政治”功能。③统一内部。即调整群体成员之间的关系，制定规范，使群体组织成为一个整体。这在宏观上表现为群体的“社会控制”功能。④维持价值。群体往往形成一种潜在的价值形式，给成员的行为以动机和活力，满足成员的要求。这在宏观上则表现为道德、宗教、教育等“文化”功能。帕森斯认为，这四种功能具有不能互相代替的独立性，但它们之间又相互有着密切的联系。

总之，社会群体的一般功能主要表现在两个方面：一方面，群体是个人活动的基本单位，它能全面满足人的各种社会需要，并且对人的社会化发生作用。人们一般是通过群体生活来学习和掌握知识、技能、价值观念和行为模式的，群体生活在一定程度上决定着一个人的个性的形成和发展。另一方面，群体是社会存在的基本单位，它在实现社会组织目标，完成社会各项任务，维护社会秩序，促进社会发展等方面，都发挥着重要的作用。

四、社会群体的类型

在实际研究中，我们可以依据不同的标准将社会群体划分成不同的类型。一般而言，社会学界通常采用以下五组分类。

1. 初级群体与次级群体

主要依据群体成员间关系的亲密程度来划分。所谓初级群体，又叫直接群体、基本群体或首属群体，是指成员相互熟悉、了解，并以感情为基础结成亲密关系的社会群体。典型的初级群体有家庭、邻里、朋友圈和亲属等。复杂组织中的一些非正式群体，如军队中的战友群、工厂中的工友小集团以及学校里的学友群等，也属于初级群体。所谓次级群体，又叫间接群体或次属群体，是指成员为了某种特定的目标集合在一起，通过明确的规章制度结成正规关系的社会群体。在这类群体中，成员间的感情联系很少，面对面的接触很有限，主要是依据既定的角色联系在一起，其典型是各类社会组织，如军营、学校、大工厂和政府部门等。

2. 正式群体与非正式群体

主要依据群体的正规化程度及其成员间的互动方式来划分。正式群体的正规化程度高，其成员间的互动采取制度化、规范化的方式，成员的权利、义务及彼此间的关系都有明确的、而且常常是书面形式的规定。

非正式群体的正规化程度低，其成员间的互动采取随意的、常规的方式，成员的权利、义务及彼此间的关系并没有明确的、成文的规定。在非正式群体中，成员间通过经常性的自由交往，形成了一些不言而喻的规范和角色期望，大家自然地结合在一起。

3. 内群体与外群体

主要依据群体成员对群体的心理归属感来划分。凡是成员感到自己与群体的关系密切，对群体有强烈归属感的，就是内群体。在内群体中，成员具有相互爱护及相互同情的情操，与同属于一个群体的人在一起，彼此容易认识和了解，因而感觉自然自在。人们的日常生活大半以内群体为中心。所谓外群体，泛指那些由他人结合而成，与自己没有什么关系的群体。内群体中的成员对外群体及其成员普遍抱有怀疑和偏见，甚至采取蔑视、厌恶、仇视、挑衅等敌对态度，在心理上无任何归属感。

内群体与外群体常常互相隔离，乃至处于对立的地位。当彼此有严重的利害冲突时，比较容易导致抵制、争斗、侵略等行为。

4. 所属群体与参照群体

主要依据成员的身份归属来划分。所属群体指的是成员身份所属的群体。它规定着成员的身份及其日常活动。参照群体并非某一（些）成员身份所属的群体，但它却被某一（些）成员用作其所属群体的参照对象。作为参照对象的群体简称参照群体。参照群体一般是与所属群体同类的群体，但有时候参照群体并非与所属群体同类。根据成员的不同参照需要，会形成不同的参照群体。参照群体通常对其成员的认知、情感、态度和价值观念等发生重大影响，并因此而削弱或加强所属群体的团结。

5. 血缘群体、地缘群体与业缘群体

主要依据群体内人际关系发生的缘由及其性质来划分。基于成员间血缘或生理联系而形成的群体叫血缘群体，包括家庭、家族、氏族、部落、部族等具体形式。血缘群体历史最为悠久，是个体学习社会知识、参与社会生活的出发点。基于成员间空间或地理位置关系而形成的群体叫地缘群体，包括邻里、乡里、民族、社区等具体形式。这类群体的出现比血缘群体要晚，比较稳定的、牢固的地缘群体是人类采取定居形式后的产物。基于成员间劳动与职业间的联系而形成的群体叫业缘群体，包括各种各样的社会经济组织、政治组织和文化艺术组织等具体形式。这类群体的出现是生产力日益发展、社会分工越来越细、阶级社会逐步产生的结果。

第二节 初级社会群体

一、初级社会群体的内涵

1909 年，库利在其《社会组织》一书中正式提出“初级群体”的概念。他认为，初级群体是亲密的、面对面的接触和合作的群体。初级社会群体的典型形式主要有家庭、邻里、朋友圈和亲属等。

初级社会群体一般具有如下特点：

第一，成员有限。初级群体一般是指 2 人到 30 人的小群体。因为，只有在小的群体中，人们之间才可能进行比较深的交往，建立比较密切的感情联系，人数过多，就必然发生次级关系，而失去初级群体的特征。

第二，成员间有直接的、经常的面对面的互动。在人数较少的初级群体中，人们可以直接地、面对面地交往，不需要什么中间环节，正是在直接交往中，成员对于彼此的言谈举止、音容笑貌都非常熟悉，从而增进了彼此间的感情联系。初级群体的形成与维持，还有赖于成员互动的经常性，短暂的接触，很难形成初级关系。

第三，成员间相互扮演多重角色，表现了全部个性。在初级群体中，成员间并没有明确、严格的分工，不可能仅仅保持一种角色关系。一般说来，人们之间的关系由一种角色关系转变为多重角色关系，正是初级群体形成的一个标志。比如在家庭这个初级群体中，群体成员有可能扮演父亲与母亲、丈夫与妻子、儿子与儿媳等角色，在多种角色的交互作用中，初级群体中的成员表现了他们全部的个性，包括兴趣、爱好、习惯、气质、信仰、情操、工作作风等各个方面。成员之间可以相互进行多方面的评价。

第四，成员间的交往富于感情。在初级群体中，成员之间的交往不只停留在就事论事的表层关系上，而是富有“人情味”。每个成员都希望了解对方的内心，进行情感上的交流。成员间期望相互关心与安慰，有一种共同的心理维系。感情交流是成员间亲密关系的基础。

第五，成员难以替代。在一般单位中，某一职位空缺，可以按程序挑选另一个人来顶替，同事关系可以不断变更，但在初级群体中，成员间充满着富于感情色彩的多种角色关系，因而某个特定成员是不能随意由另外一个人来代替的，在这一点上，初级群体中成员间的关系具有特殊性，群体中任何一个成员的缺失，都会给其他成员造成很大的心理震动。

第六，群体整合程度高。初级群体中，成员彼此熟悉，关系极为复杂而且密切，利益休戚相关，因而，群体意识很强，群体整合程度高，尤其是在维护和争取群体利益与荣誉方面，所有成员在行动上往往表现出高度的一致。

第七，群体控制依靠非正式手段。在初级群体中，一般没有明确、严格的规章、制度和法律。成员的行为、成员间的关系以及成员与群体的关系，主要靠习惯、风俗、伦理道德、群体意识等非正式的手段来控制、维持。

二、家庭

（一）家庭

家庭是以婚姻关系或收养关系为纽带结合而成的、进行共同生活的社会基本单位。家庭是社会的基本群体形式，是人类生活中最基本最重要的一种制度，它具有人口再生产的基本职能，满足着人们生理上和心理上的需要，并在社会生活中发挥着重要作用。在原始社会，没有正式的法律，没有特定的行业职业，人们所有生存的事业都是在家庭中完成，一切物质的或社会的需要都是在家庭中满足。现代社会，家庭虽然只是整个社会结构的一小部分，但是，无论是对个人，还是对社会来说，家庭仍然在社会中处于关键地位，家庭对于个人来说，它是个人生活的栖息地，是个人认识社会的窗口，也是个人步入社会的初级阶梯。

（二）家庭的起源和发展

家庭是历史的、变化着的社会现象。家庭及其形式是一个能动的要素，它从来不是静止不动的，而是随着社会从较低阶段向较高阶段的发展，从较低的形式发展到较高的形式。著名人类学家摩尔根认为，人类社会初期是男女杂交，处于这种状态中的人类与他们周围的不会说话的野兽相差无几，他们对于婚姻一无所知。当人类开始以捕鱼为业并依靠人力获得食物遍及地球各地之后，群内进行婚姻的必要性就出现了，于是，家庭开始形成。历史上，人类家庭的发展大体经历了以下几种形式。

1. 血婚制家庭

这是人类的第一个家庭形式，它产生于人类的蒙昧时代，是群婚制的早期阶段。这种家庭的特征是，在一个血缘内的同辈兄弟和姐妹结成夫妻集体，所有的兄弟姐妹互为夫妻，仅仅排除不同辈人之间的婚姻关系。这是血婚制家庭不同于血亲杂交的地方，也是人类走出动物状态的第一步。后来，人类逐渐认识到这种血亲婚姻给后代的体质和智力会造成不良影响，禁止了兄弟姐妹之间的婚姻关系从而过渡到新的家庭形式。

2. 伙婚制家庭

伙婚制家庭又称普那路亚家庭。普那路亚在夏威夷语中是亲密伴侣的意思。伙婚制家庭的特征是同血缘的一群兄弟和另一血缘的一群姐妹结成夫妻集团，其妻的兄弟之间和其夫的姐妹之间互称为普那路亚，它排除了同一血缘内的兄弟姐妹之间的婚姻关系，是一种非血亲家庭形式。恩格斯认为，这种家庭的出现是人类历史上的一大进步。由于禁止同母所生的子女之间的婚姻关系，兄弟姐妹必须分别从外族寻找配偶，这样，必然导致原有的家庭分裂和新家庭的建立。

3. 偶婚制家庭

这是从群婚向个体婚姻过渡的家庭形式，是一种不牢固的一夫一妻制。偶婚制家庭的特征是：一个男子同时有许多妻子，但其中有一个是主要的，称主妻；一个女子同时有许多丈夫，但其中有一个是主要的，称主夫。偶婚制家庭的产生，既是生产力发展的结果，又表明当时生产力水平仍很低下，还不足以建立起个体家庭，而往往是几家住在一起。在偶婚制家庭中，婚姻关系并不是以两性感情为基础，而是以“方便和需要为基础”。虽然这种婚姻关系并不牢固，但是，由于在形式上已是个体婚制，妇女已经不仅是她的丈夫的主妻，男子也不仅是他妻子的主夫，而且他们还是一对相对确定的配偶，共同生活在一起，生儿育女，从而为一夫一妻制准备了条件。

4. 专偶婚制家庭

专偶婚制家庭又称一夫一妻制家庭，它是人类有史以来的最后一种家庭形式，是人类社会文明时代的标志之一。专偶婚制家庭是建立在男子的统治基础上的，是对妇女性自由的一种约束，同时，使婚姻具有不可离异性。因此，专偶婚制家庭的产生，同个人的性爱毫无共同之处，它“不是以自然条件为基础，而是以经济条件为基础”。它建立的一个目的就是为了确定出生自一定父亲的子女，以便儿子继承其父的财产。专偶婚制家庭经历了奴隶社会、封建社会、资本主义社会直至社会主义社会漫长的演变过程。社会主义社会的专偶婚制家庭是家庭发展史上的新阶段。

（三）家庭的结构

家庭结构是指家庭成员的组合状况，它是家庭中的代际结构和人口结构的统一组合形式。研究家庭结构，可以使我们直观地了解家庭成员在家庭关系层次中的分布状况，成员之间的联结纽带以及他们之间的相互作用、相互影响的状态。家庭结构的主要类型如下。

1. 核心家庭

核心家庭一般由一对夫妇及其未婚子女生活在一起而组成的家庭。这种家庭规模小，人数少，只有一个核心，即夫妻关系。家庭中父母与子女构成稳定的家庭三角，并且以婚姻和血缘两条纽带直接联结。因此，一般认为，这种家庭形式是一切家庭形式中最稳定的一种形式。

2. 主干家庭

主干家庭是由一对夫妇与父母和未婚子女聚居生活的家庭。主干家庭是以直系亲属为主的几代同堂的家庭，它是核心家庭纵向扩大的结果。由于主干家庭的代际层次增多，因此，家庭关系比核心家庭复杂。主干家庭还有一些特殊的形式，如只有两对或两对以上都是异代的夫妇而没有未婚子女组成的家庭。

3. 联合家庭

联合家庭是指由父母和几个已婚子女以及孙子女组成的家庭。联合家庭是一种多代多偶家庭，几代的男系血亲及其配偶都在一个家庭里生活。家庭的权力主要集中在第一代或第二代长房的一对配偶手中。在旧中国，这种家庭形式较为普遍。

4. 其他家庭

其他家庭是指一些不完全的家庭，如残缺家庭、断代家庭、单身家庭等。残缺家庭，即夫妻双方有一方因离婚、丧偶而同未婚子女生活在一起的家庭；断代家庭，即只有一代未婚青少年与祖父母（或外祖父母）组成的家庭；单身家庭，即孤老户以及那些终身不娶或不嫁而又独身居住生活的男人或女人。

（四）家庭的功能

家庭的功能是指家庭在社会中所起的作用。社会之所以关心家庭，就在于家庭对社会具有重要的功能。一般来说，家庭的功能是受家庭的性质和结构制约的。家庭的存在，满足着个人和社会的多种需求，因此，家庭的功能不是单一的，而是多方面的，并且随着社会的发展而变化。

1. 经济生活功能

家庭的经济生活功能主要包括生产和消费两个方面。家庭的生产功能具有历史性。在我国历史上，农民家庭长期以来就是一个生产单位，家庭既占有生产资料，又组织生产劳动。生产资料所有制社会主义改造完成以后，我国广大家庭的生产职能有所减退。改革开放以来，由于我国经济实行多种经营形式，农村实行联产承包责任制，城市个体经济的发展，生产功能在一些家庭中仍处于重要位置。消费功能始终是家庭的重要功能。人们的生活消费基本上是在家庭中或通过家庭进行的。家庭的人口和收入数量决定着家庭的消费水平。以家庭为单位来核算人们生活的收入和支出，是社会消费的一个基本特点。因此，社会的消费结构与家庭的消费水平密切相关。

2. 精神生活功能

家庭是人们休息娱乐的重要场所，人们的许多心理上、精神上的特殊需要，是在家庭中实现的。许多研究表明，有的人的一些情绪困难、行为问题或心理疾病等，常常是与缺乏爱情或缺少感情温暖相关。家庭则是满足人们的爱情和给人以感情温暖的基本场所，它可以协调来自家庭之外的社会对家庭成员的种种压力。家庭成员的欢聚和共同生活，往往会给人带来难以言状的乐趣。现代社会文化的发展，虽然取代了家庭的部分休息娱乐功能，但是，家庭在满足人们的特殊感情需要方面的作用，是社会取代不了的。良好的家庭精神生活，不仅可以促进个人全面发展，而且对社会也产生重要影响。

3. 教育功能

家庭是人生的第一课堂，担负着传授生活技能、灌输社会价值观念、训练和指导个人行为等促使个人社会化的责任，尤其是在儿童社会化过程中，发挥着特殊的作用。家庭的教育功能一般都是由年长者来执行。因此，提高家庭中年长者、特别是父母的教育能力和技巧，对于有效地发挥家庭的教育功能，具有十分重要的意义。

4. 抚养、赡养功能

家庭是人类繁衍后代的唯一社会单位，家庭承担着为社会发展生育人口的职能。生和养是联系在一起的，人在婴幼儿乃至少年时期，生活上还不能独立，必须由父母承担起抚养的责任，这不仅是下一代生理上的需要，也是社会的需要。

赡养功能是中国家庭的一项传统功能。赡养就是子女对父母生活上的供养和照顾，它包括物质赡养和精神赡养两个方面。只讲物质赡养，不注意对老人的精神赡养，不仅会损害家庭的功能发挥，而且还会影响家庭的稳定。

5. 性生活功能

人类的性生活与动物不同，要求在一定的社会形式下进行。把两性生活置于家庭制度之下，限制在夫妻之间，这是人类经过漫长的进化而做出的合理选择。男女两性性欲的满足，只有家庭才是合法的履行场所。家庭对两性生活的满足，不仅有利于个体的身心健康，而且在稳定社会秩序上，也发挥着特殊作用。

6. 稳定社会功能

家庭作为社会的细胞，是社会结构的最基本单位，是个人联系社会的基本环节，它执行着社会对个人社会化的要求，传递着社会对个人的控制。因此，家庭对社会的稳定，发挥着重要的作用。

（五）影响家庭的各种社会因素

1. 社会经济文化的发展是最重要的因素

我国社会发展的多种不平衡现象，都在婚姻家庭中有充分的表现。尤其需要注意，大众传播的剧增，至少已在心理和观念上对人们的婚姻与家庭产生巨大影响，是这方面代际差异日益显著的重要原因之一。

2. 性别影响也在增加。城市妇女的充分就业、同工同酬以及更多的受教育机会和上升机会，都使妇女在社会活动中和婚姻家庭中日趋独立，与男子日趋平等，这使得许多传统的观念、习俗、人际关系和家内权利结构都发生了相当大的变化，而且已经扩展到相当多的青年农民家庭中。当然，在经济与社会转型期间，也出现了妇女下岗、离婚等问题。

3. 爱情的标准和生活方式对婚姻家庭的影响。在实体单位的意义上，这种影响主要作用于婚姻和家庭内部心理环境两方面。从社会设置来讲，1980 年的《婚姻法》已经确认了感情破裂是离婚的唯一条件和判定标准，这对家庭的方方面面都产生了深远影响。

4. 年龄构成的影响主要表现为家庭内的代际差异。除人们熟知的青少年与父母、祖父母的差异之外，城市中长期贯彻的独生子女政策会在不久的将来使中国家庭出现四个老人、两个中年人和一个青年人，这种构成将直接导致家庭在功能等方面的变化。

三、邻里

（一）邻里的含义

在传统的乡土社会里，邻里是依靠地域这个自然条件，在左邻右舍长久相处、友好往来中，逐步形成的一个守望相助、共同生活的小型群体。

（二）邻里的社会功能

由于目前我国农村和城市的生活条件和工作性质不同，农村中的邻里和城市中的邻里关系有所区别，大城市的邻里与中小城镇的邻里情况也不完全一样。一般说来，农村中的邻里比城市中的邻里在许多方面所表现出来的社会功能要大，作用要强。

1. 生产互助的作用

不仅在生产力低下的自给自足的小农经济社会里，邻里间以某种方式进行合作是十分必要的，就是在当前我国广大农村，基本上还是采用手工和体力操作，街坊邻里的各种形式的生产互助也是不可缺少的。当前在我国农村实行生产责任制，农民的生产积极性不断高涨，这就更需要发挥邻里的生产互助作用，向农业的深度和广度进军，提高农业劳动生产效率，生产出更多的农副产品。

2. 生活服务的作用

邻里组织对人们日常生活所提供的广泛服务，在城市街道居民中表现得比较突出，它反映了城市居民组织起来的优越性。我国城市区一级政府下设有街道办事处，它是区政府的派出机构，办事处下设居民委员会是自治性的群众组织，是我国当前城市居民的最基层组织。居民委员会的工作人员通常是居民群众自己挑选的，一般由退休干部和退休工人担任，他们组织居民互助互济，解决居民社会生活中迫切需要解决的问题，如医疗卫生、计划生育、治安保卫，还有的代办储蓄、代买副食和日常生活用品，排解居民纠纷等，总之，他们的工作范围很大，服务项目也很多。

3. 教育青少年的作用

青少年在成长发育过程中，受到家庭、学校和社会三个方面的教育。家庭和学校在青少年的教育和管理中，起着比较重要的作用，负有较主要的责任，同时，街坊邻里作为一个面对面交往的初级群体，对青少年的教育、管理和影响是直接的，作用是积极的。

随着商品经济发展起来的城镇社会，因行业或经济状况不同而划分成许多居民区，每个居民区里住着经济状况大体相同的住户，他们基本上是属于同一阶级或阶层的人，天长日久地住在一起，生产和生活上发生了联系，结成了邻里关系。这不仅使生活比较安定的人们可以互通有无，彼此帮助，而在遇到天灾人祸和战争时期，守望相助的邻里结合就显得更加紧密。

现在城市的状况与历史上已有所不同。如前所述，在美国这样社会的许多城市里，传统的邻里基本上已经消失，不易看到。而在像我们这样的第三世界国家的城市里，由于经济状况，文化传统和社会制度的关系，邻里在农村和小镇上还是很重要的社会群体，在城市里已经开始发生变化。比如近数年来由于高层住宅的兴建，一个单元内自成一套生活体系，户与户之间的联系很少，邻里之间已经不像过去那样亲密了。

第三节　社会组织

一、社会组织对社会生活的影响

社会组织是人们为了合理有效地达到特定目标而有计划地建立起来的结构比较严密的制度化的群体。社会组织是次级群体的表现形式。其主要类型有经济组织、政治组织和文化组织。经济组织包括生产组织、交通运输组织、金融组织、各种服务组织等。政治组织包括政党组织、政权组织、军事组织、立法和司法组织等。文化组织包括各类学校组织、科研组织、文艺组织、医药卫生组织、体育组织、宗教组织等。组织在社会发展过程中具有重要作用。众所周知，人类社会的产生和发展都与各种社会组织相联系。从以家庭、非正式群体和村社占支配地位的农业社会，向以大规模正式组织出现为特征的工业社会的过渡，在许多方面都体现了组织的作用。人类所取得的无数成就也都体现了支配与管理庞大社会组织的能力。现代社会的一个显著特点就是社会组织取代初级群体成为占据主导地位的群体形式。

现代社会是高度组织化的社会，社会组织正以极大的力量影响着人类社会的运行。一方面，社会组织相当于初级社会群体，它的规模更大、功能更强，它能使人类更有效地从事各项活动，而且也使许多原来做不到的事情成为可能。另一方面，社会组织极大地提高了社会的整合程度，组织内部的分层、分科的管理体系，有效地加强了组织内部、组织之间的整合。总之，研究社会，就离不开对社会组织的研究，尤其是处于转型社会时期，社会组织结构的调整对整体社会结构的变革具有重要的意义。

二、社会组织的构成要素

社会组织的构成要素一般包括四个方面，即规范、地位、角色和权威，它们的相互关系和联系构成了社会组织的基本结构。

1. 规范

指稳定的规则与规章制度。规范是社会互动的基础，是社会关系及其功能的基本价值的具体表现，它指人们或团体应如何思考、感觉与信仰，在各种情况与关系当中应如何行动。规范的目的是使社会生活中的互动行为标准化。因此，在社会上有政治与法律的规范，科学与技术的规范及家庭、婚姻、健康等规范。如果社会组织要正常运行，则人人必须遵守规范。规范提供了互动当事人一种相互期望的模式，因而使人际关系互动顺利而稳定。

2. 地位

是指人们在社会关系中所处的位置。在现代社会中，人与人之间的互动基本上是地位之间的互动，这种互动依赖于地位和一定的规范才能进行。因此，社会组织的互动是经由地位而建立的，社会充满着这种组织性的互动。

社会地位的形式有两种：即归属地位与成就地位。归属地位是与生俱来的，如性别、年龄、种族及亲族等；成就地位则是依靠个人后天的努力所取得的地位，如医生、教师、艺术家等。社会组织中的地位主要是成就地位。个人在组织中的活动是一种地位的活动，这种地位一般都是先于个人而存在于社会中，个人主要是取得既存的社会地位而很少能独立创造，这也是维持社会秩序稳定的一个方面。

3. 角色

是指按一定社会规范表现的特定社会地位的行为模式，即社会角色是指按一定规范表现社会地位的行为模式。人的社会角色与社会地位是不可分割的，不存在无角色的地位，也不存在无地位的角色，角色表现地位，地位规定角色的范围。可以说，角色是地位的动态表现，而地位则是角色的静态描述。社会组织就是由一组相互依存相互联系的角色构成的。

4. 权威

是指一种合法化的权力。它是维持组织运行的必要手段，它使成员在组织内感受到约束和限制。权威一般有两种特征：首先，权威是社会组织的特性。权威存在于社会组织和人群中，如果缺乏组织，则意味着缺乏权威。权威的运用必须在组织团体中进行，组织使权威合法化。其次，权威依附于职位。权威指职位权威，一个人占据某一职位，他就有该职位的权威，而当他离开这一职位时，权威的运转作用也就停止了，但权威本身依然存在。因此，每一地位、角色、权威的存在是不依个人意志为转移的。组织由其构成要素而形成一个社会活动系统，这一系统的运转依赖于一整套规则，个人只能遵守这些规则，才能进入组织，并参与其活动。

三、社会组织的管理

社会组织的管理是人类普遍而复杂的系统工程，与社会工业化有着直接密切的联系。

组织管理是指运用权威来协调组织内部的人力、物力以实现组织目标的活动，其主要目的是提高组织活动的效率，这种效率除了受环境的影响之外，还依赖于对组织的管理。

（一）组织管理理论

组织管理理论与工业化的发展有密切关系。组织理论的演变过程一般被分为三个阶段：古典组织管理理论，行为科学的管理理论和现代管理理论。

1. 古典组织管理理论

古典管理理论产生于19世纪末到20世纪初，主要有泰罗的科学管理，法约尔的管理14项原则和韦伯的科层制管理。

弗里德里克·泰罗的科学管理思想的中心是提高劳动生产率，重点放在计划、标准化和在作业层改进人的努力方向，以便用最小的投入取得最大的产出。通过最大限度地提高每个工人的生产效率，使劳资双方都能获得最大的效益。泰罗把管理描述为一个有组织的物质资源或技术力量同人力资源结合起来以便实现组织目标的过程。这种模型的特点是按照所谓合理化的公式规定工作人员的外在行为，而把工作人员本身作为机器的部件使用。尽管如此，在泰罗之前还没有人对管理问题做如此系统的研究，并应用于工业管理实践中。

亨利·法约尔的行政管理理论的中心思想是强调计划与组织的重要性。他认为管理就是实行计划、组织、指挥、协调和控制。其中计划就是探索未来、制定行动方向；组织就是建立企业的物质和社会的双重结构；指挥就是使其人员发挥作用；协调就是连接、联合、调和所有的活动及力量；控制就是注意是否一切都按已制定的规章和下达的命令进行。法约尔的理论适用于各种类型的组织。与泰罗不同，他认为管理原则只是指导行动的灵活信条。如果一个管理人员仅仅根据原则行事，并且只具有关于这些要素的知识，那么他不可能是一位有效的管理者。

马克斯·韦伯的科层制管理是指通过“公职”或职位而不是通过个人或“世袭”进行管理。对于韦伯来说，他所论述的科层制只是一种“纯理型”的组织，并不是为了合乎某种特殊的需要。合法与合理的职权观点是韦伯科层制的基本观点。韦伯的科层制是适应环境的需要而出现的形式，被认为是对工业社会中大型而复杂的组织进行行政管理的最有效手段。

古典理论是以等级规则和非人格因素为基础建立的，它是现代理论的基石。这些理论之所以被称之为科学管理理论，是因为作为组织成员必须遵守组织规则，而不带个人情感因素，并能因此提高组织机构的效率。

2. 行为科学管理理论

行为科学管理理论流行于20世纪30年代以后，代表人物是埃尔顿·梅约和切斯特·巴纳德。

梅约主持进行了著名的“霍桑试验”。他原来的观点是理性主义学派的，他曾想在霍桑工厂的车间里演示劳动条件的改善对工人的生产效率将起直接和积极的影响，但实验结果却使他发现，主要影响生产率的并非劳动条件本身，而是对工人的关注。从而使管理理论开始转向对人际关系和非正式结构的研究。这种观点认为，在影响效率的诸多因素中人是最重要的。

巴纳德的观点则是从一位总经理的角度出发，认为在管理过程中，领导者的作用只是利用组织中的社会力量塑造出一定的价值观，他们关心的是组织中那些非正式的社会属性。这一时期行为学派重点是强调人在管理中的位置，提出了人类能力生长和发展的可能性，认识到了人格的复杂性和组织的动态性。

因此，行为理论所注意的不仅是工厂里做工的那双手，还包括对人的其他种种实质能力的探讨。

行为科学管理理论的基本观点，在组织形态上更重视民主的、非集权而缺少等级结构的组织形式，强调权力均等，反对那种非人格化的科层制。

3. 现代管理理论

现代管理理论主要产生于第二次世界大战以后。这种理论观点已不再只看重于某一个方面的作用，而是全面、系统地研究组织的各方面内容，主要有三种观点。

（1）系统的观点。它将组织管理体系看作一个完整的开放系统，不但要看到此系统中各层次与外界环境间的交流和制约作用，而且要看到组成该系统的各层次的子系统及其相互联系的作用。

（2）权变的观点。这种观点认为组织系统是由各分系统组成，强调组织的多变量性，并试图了解组织在变化的条件下和在特殊环境中运行的情况。权变观点的最终目的在于提出最适宜于具体情况的组织设计和管理行动。

（3）发展的观点。它要求组织有自身的战略目标，以应付瞬息万变的社会局势。

（二）组织管理方式

纵观整个管理的历史，可以划分出以下几种主要管理方式。

1. 家长制的管理方式

它产生于农业社会，是小农经济的产物，与初级社会群体有着十分密切的关系。其特征是：第一，组织内部的权力集中于最高领导人手里。领导者的权力既没有划分，也不受限制，组织的一切活动均由领导者一人决定。第二，分工不明，责任不清。组织成员没有明确的职权范围，即使有也是相互重叠和交叉，常发生遇事推诿、不负责任、相互扯皮的现象，而且没有任何规章来确定分工和责任。第三，任人唯亲，因人设位。家长制是以初级关系（或非正式结构关系）为基础进行管理活动的，因此，在选择安排人员时也是以初级关系为标准，即由私人关系远近和私人交情亲疏而定。以领导者为中心形成权力圈，那些接近权力中心者往往有较大权力，他们共同构成利益群体。这种管理方式的运行不是根据管理的需要而设置相应的职位，而是为了维系利益群体，根据与领导者本人亲疏关系和平衡原则为其成员分配和设置职位，这是造成组织机构臃肿、职位交叉的主要原因。第四，办事无章可循、无法可依。组织成员在处理日常事物时只能依据以往的习惯、直觉、个人经验及情感因素，具有很大的随意性。第五，终身制。领导者及其群体成员的职位都是建立在初级关系基础上，成员利益处于相互制约之中。可以说，领导者与成员之间的关系是不可替代的，这样，领导者在位与否不是按组织管理需要，而是根据利益群体成员的需要而定，这就是造成家长制管理人员终身制的原因。

家长制管理方式适合于组织规模不大、分工不发达的传统社会。管理的好坏取决于个人的经验和素质。因此，这种管理方式局限性很大。随着社会生产力的发展，分工的精细，逐渐出现了大规模的社会组织，这种组织是建立在分工细密，协作复杂、高效率的基础上，单凭个人经验已无法对其加以管理，因而，家长制不再适应现代社会的发展，它将逐渐被一种新的管理方式——科层制所取代。

2. 科层制的管理方式

科层制是一种以正式规则为主体的管理方式，这种组织具有大量的分工和复杂的规章制度体系。科层制是现代社会组织管理的典型方式，其主要特征是：第一，明确的分工。科层制所必须从事的正常活动以正式规定的职责形式固定落实到人，即明确每一个管理者的权力和责任，并把这些权力和责任作为正式职位而使之合法化。第二，有明确规定的职权等级。组织中的职位权力遵循层序的原则，即下一级职务接受上一级职务的管理和监督。实际上，这种原则是实行大规模的责任制和协作所需要的。第三，稳定明确的规章制度体系。指在任何情况下，官员们都要遵循一整套抽象的规章制度，包括在具体情况下执行这些规章制度。其目的在于求得组织各部门之间活动的协调一致，也有利于公平合理、平等对待一切人和事。在这里，组织的规章制度是最高权威，它规定成员的权力、责任和活动程序等。第四，私人关系和公务关系的分离。在处理公务时，成员应按规则办事，即本着严肃而拘谨的非人格化精神，不掺杂个人的好恶爱憎，因而不带有情感和热情，保证工作按正式确定的方式进行。第五，量才用人。科层制招聘人员按技术资格量才录用，并需要经过专门训练，承担某一职务的人员应保证其工作的长期性和稳定性。同时，科层组织内还有一套按年资、按工作表现或两者兼顾的提薪晋职制度。第六，管理权力依附于职位，而不依附于个人。有职则有权，无职则无权。这就使组织管理者在更替过程中，并不影响组织的正常运转，保证了组织政策的长期性和稳定性。

科层制方式的优点在于分工清楚，责任明确，任人唯才，能够提高工作效率，保证组织活动的开展。因此，现代社会组织多采用科层制的管理方式。当然，科层制也存在某些不足，即忽视人的主动性，只强调照章办事，缺乏灵活性和应变性，容易导致官僚主义。

3. 官僚主义问题

凡是由于管理不善而造成的组织活动偏离目标的现象都可以称之为官僚主义。官僚主义不仅是管理者个人的思想作风问题，从根本上来看，这是一个管理制度问题。从管理的主体角度看，无论家长制还是科层制都可能产生官僚主义问题。由家长制产生的官僚主义主要表现为：遇事推诿、相互扯皮、敷衍塞责、热衷于谋取私利，不关心群众痛痒、一言堂、命令主义等。由科层制产生的官僚主义主要表现为：第一，浮夸习气。由于权力的单轨制，由于层次过多，下级呈报上级的信息，又不能越级汇报，故信息失真程度逐级增加。第二，墨守成规、缺乏灵活性。科层制要求成员严格按规则办事，以保证组织效率。由于长期受规则的限制，人的主动性和革新精神容易泯灭，管理人员容易变得目光短浅、不近人情、打官腔、缺少生气。第三，繁文缛节、文牍主义。任何规则都有例外，为了处理例外情况，需要制定新的规则，新规则还会有例外，仍需制定规则，如此下去，规则越来越多。第四，例行公事、文山会海。许多管理部门，陷入繁杂的日常事务而不能自拔，凡此种种，都不同程度地降低了组织的工作效率。

第四节 非正式组织

一、非正式组织的内涵

非正式组织，也称非正式群体，是组织内部的成员以共同的观点、爱好、情感为基础，自发形成的一种群体结构。它广泛存在于各类正式组织结构当中，它对组织目标的实现及组织效率有着很大影响。

非正式组织是与正式组织相对而言的。在非正式组织结构中，有这样一些特点：①它是在个人基础上自发形成的。由于不是在角色、职位基础上建立的一种人际关系，因而感情投入多，成员之间的交往往往与作为正式组织成员之间的关系相比更为广泛、深入。②具有笼统的、短暂的、但却不固定的目标或任务。③群体成员之间有其自然形成的不成文的行为规范，具有特定的权利和义务。④具有自己的领袖。其领袖不是任命的，而是由于个人的才能、经验、品质、威望等因素自然形成，对群体往往有较强的实际影响力。⑤它一般是规模不大的初级群体结构，有较丰富而灵敏的信息沟通网络和交往关系，思想交流畅通，群体意识较强。

非正式组织对组织有效地行使功能有重要作用。正式组织为达到目标往往设置许多规则和规范，当环境发生变化，而正式组织又缺乏灵活性时，就有可能运用非正式结构来解决这些新出现的问题。当然，在有些情况下，非正式组织也可能危害组织目标。传统的组织理论家，如泰罗、韦伯、法约尔比较重视正式组织的研究。相反，人际关系学派的梅奥以及相互作用论的巴纳德则比较关注组织成员间的相互关系研究。到了现代，这两种组织结构逐步被看成是组织系统内部必不可少的两个部分。

组织中之所以存在着这类非正式群体组织，最基本的原因就在于：组织中的个人并不始终是以其组织角色来行动的“组织人”，而是具有多方需求和具有丰富个性的“社会人”，个人的那些丰富的心理和社会需求在组织的正式结构中是不能得到完全满足的，因而，必然结成各类非正式群体来满足其需要。非正式组织往往受到下列条件和因素的影响而形成：相似的社会背景、个人经历和地位，相近的性格、兴趣、情感和志向以及由于成员间近距离地频繁接触、交往和沟通而获得较多的一致性，等等。

二、非正式组织的类型

首先，根据形成的条件，非正式组织可以分为利益型、爱好型、情感型、信仰型和亲缘型等类型，它们分别以共同的利益、共同的爱好、共同的情感、共同的信仰和共同的亲缘关系为纽带。由于形成的条件不同，非正式组织的内聚力、活动的内容以及对社会组织及其成员的影响都会不同。对此，必须区别对待。

其次，根据非正式组织的性质和作用，可以把它分为一般性质的和反社会性质的两种。这种划分尤有重要的意义。一般性质的非正式组织对社会组织有益或者很少有害，它包括某些自助组织、娱乐组织、兴趣组织、同龄组织、朋友组织以及某些称兄道弟的组织。一般性非正式组织又可细分为积极型、中间型和消极型。其中积极型的非正式组织的活动与社会组织的目标基本一致或完全一致，如自发组织起来的科研攻关小组、读书小组等。中间型的非正式组织的活动有时与组织目标一致，有时不一致；或者某些问题上一致，某些问题上不一致。消极型的非正式组织从总体上来说与组织目标基本上不一致，但是它们的活动并不超出社会规范和法律许可的范围。

同一般性非正式组织不同，反社会性质的非正式组织（亦即破坏型的非正式组织）一般违反社会规范，危害社会治安，其活动是超出法律许可范围的。它包括反动组织、流氓集团、赌博集团、盗窃集团以及投机倒把集团等。在改革中，一些钻营之徒，乘改革之机，钻改革的空子，形成了非正式组织，挖国家和正式组织的墙脚，对改革和人们生活所造成的危害，是有目共睹的。

三、非正式组织的社会功能

非正式组织的产生和存在从本质上讲是为了满足组织中成员的多方面的需求。因此，当这种组织结构的存在与正式组织结构不矛盾时，对正式结构起着一种互补的作用，具有正向功能。具体表现为以下几个方面。

1. 能缓冲正式结构所带来的压力

组织的正式结构的规则所规定的角色是单调和呆板的，而作为个人的组织成员的心理和社会需求则丰富多彩，两者之间角色紧张造成压力，因此，在单调的工作之余，加入各种自愿形成的非正式群体，能调适角色的差距，缓和压力，从而身心舒畅地投入到组织的工作中去。

2. 能提供正式结构以外的丰富的控制和沟通形式

由于非正式群体的成员是自愿地加入群体的，因而往往能自觉地遵守群体规范，接受群体的约束。如果组织能有效利用这一结构，则往往会取得更有效的控制效果。同时，非正式结构中存在着丰富的沟通渠道，这些沟通能增强组织内各层级人员的相互了解，培养群体的归属感，增强组织的团结。

3. 能及时解决正式结构的失调现象

组织的正式结构所规定的制度化的形式和程序只能在一般情况下起作用，而当组织中出现超越常规的特殊和意外情况时，正式的结构就显得僵化和呆板。这时，非正式结构往往能通过其便捷和丰富的渠道及时解决组织所遇到的新情况，因此，它具有一定的应变和变通的能力。此外，当组织中的个体遇到困难而又不属正式结构的解决范围时，非正式结构能及时地提供帮助。

4. 能成为组织改革的积极的推动力和维护成员合理利益的有效力量

当组织的正式结构存在着不合理的因素或由于事物的发展和新情况的出现而变成陈规陋习时，非正式群体会及时做出反应，提出异议或积极的建议，从而推动组织机构和规章制度的改革。同时，当组织的不合理的制度、政策以及组织的干部和管理人员的行动等侵害了组织成员的正当权益时，非正式群体结构也能作为一支有效的力量出现，起到维护组织成员正当利益的作用。

然而，当组织中的非正式结构与组织的正式目标不一致且相互抵触时，它便对正式结构起着一种消极的作用，即对正式结构有着负功能。这种负功能具体表现为：

（1）非正式结构过分整合，削弱了组织权威系统的有效性，影响了组织目标的实现。

（2）有意利用非正式结构拉帮结派，分裂组织，谋取个人和小团体利益会造成内耗不断。

（3）用非正式结构取代正式结构，不按章办事，使工作程序发生混乱，破坏了组织的正常运行。

四、正确对待非正式组织

作为组织的管理者，必须正确地处理好正式组织和非正式组织的关系，应该合理地利用非正式组织的长处以弥补正式组织的不足，甚至可以将非正式组织转化为组织的正式部分来为我所用。例如，把合理的非正式群体正式组织起来，成立各种业余兴趣团体等。总之，我们既要善于调动非正式组织的积极因素，又要制止一切消极的、阻碍组织目标实现的非正式组织因素的增长，控制离轨现象，以造成良好的组织环境和气氛。

【复习思考题】

1. 什么是社会群体？社会群体的分类和功能是什么？
2. 中国家庭结构和功能是什么？

3. 非正式组织的社会功能是什么？我们如何对待非正式组织？

实训参考

【讨论】 社区内包含哪些社会群体和组织？社区管理部门应如何正确对待它们？

【录像】 观看电影《过年》、《雷雨》，思考家庭这一初级社会群体在社会变迁中的变化。

【实践活动】

实践题目：主要初级社会群体生活环境状况调查——社区居民生活面面观

实践目的：深入社区了解社区居民的相互交往及社区生活状况，把在课堂上学习的理论在实践中加以对照，并能提高对社区中群体交往实际问题的解决能力

实践地点：选择本市实践基地的各个社区

实践课时：2 课时

实践内容：①了解社区居民的人员组成结构；②了解社区居民家庭成员组成；③邻里之间的关系；④社区管理者如何开展健康有益的活动以利于他们之间的交往；⑤社区居民的组织与管理还存在哪些问题。

实践过程：①首先与实践基地取得联系；②设计调查提纲；③学生分组，熟悉调查内容；④以调查组为单位交纳调查报告，然后各组进行交流。

第七章　社会分层

深入研究由阶级、阶层等不同社会层次及其关系构成的社会纵向结构，是完整把握社会宏观结构及其运行的重要途径。社会分层与社会流动是社会运行宏观分析的重要内容。社会分层有助于社会实现社会功能专一化和地位多样化，从而有助于提高社会的整体功效。社会分层是社会发展水平的重要判断标准，社会分层有助于激发社会个体的主观能动性，从而更加有效地进行社会实践活动。但是，社会分层对整个社会系统的协调提出了更高要求，加大了社会整合的难度。

第一节　社会分层概念与理论

一、社会分层的内涵

现实生活中，总有一些社会资源很稀缺，比如金钱，每个人都想占有最多的金钱，但在一定时期内，金钱所代表的价值的总数不会无限制地增加，由于每个人的能力和素质以及所拥有的机会并不完全一样，所以每个人所占有的金钱的份额不会一样，这样人们的财富就会有多有少，多的就成为富人，少的就成为穷人，不多不少的，也就是通常所说的比上不足比下有余的人就可以称之为中产阶级。这样，社会的人群按照财富的多少就被划分为富人、中产阶级、穷人这样三个高低不同的层次。富人在社会中占有较高的社会地位，中产阶级次之，穷人的社会地位最低，这就是按照占有财富的多少所做的社会层次划分。所谓的社会分层就是由于社会成员对某种稀缺社会资源的占有情况不同而分化为不同的等级、层次的过程与现象。社会分层还有另外一层含义，就是依据一定的标准把人们分为不同的层次。这样，社会分层有两层含义，一是社会人群的自为过程，二是人们对这种自为的划分。社会分层是一个普遍存在的社会现象，不管是在城市社区还是在农村社区，社会分层意味着在社会中人们的地位有高有低，意味着社会存在不平等。一般说来，一定程度的不平等有助于提高社会的运行效率，如我国原先的大锅饭，追求绝对的平等，代价是社会运行的无效率；改革开放以来，由于“一部分人先富”政策的实行，社会的发展速度加快了，速度提高了。但是，如果社会不平等的程度差距太大，人们对此的感受将十分强烈、产生不满情绪，在这种情况下，社会分层将直接影响社会秩序的稳定。另外，社会分层对社区发展也具有重要意义，因为社会分层有助于实现社会结构分化和功能的专一化，提高社区运作效率。所以，社区管理将社会分层作为自己的研究对象是其中应有之意。通过对社会分层的研究能够准确地把握社区所处的状态及其未来走势，对于制定社区的发展计划以及计划的具体实施都具有重要意义。

二、社会分层的分类标准

社会分层的分类标准主要有以下几种。

1. 经济收入

按经济收入进行社会分层是社会分层研究的一个传统。马克斯·韦伯把经济因素作为社会分层的三个标准之一。在市场经济条件下，经济收入作为社会分层标准具有普遍的意义。这是因为每个人都会参与市场交换，而衡量社会个体在市场上是否有所作为的主要标准就是社会个体从市场上所获得经济收入的多少。在我国目前市场经济建设已经全面展开的情况下，将经济收入作为分层标准有助于准确地把握我国目前的分层情况。按收入为标准进行的社会分层具体方法有不平等指数、库兹茨比率、五等分法、基尼系数的测量等。

2. 生产资料的占有与否

生产资料的占有与否是马克思主义社会分层的主要标准。在资本主义社会中，马克思将生产资料的占有者称之为资产阶级，将没有生产资料的人群称之为无产阶级，从而将整个社会划分为两个对立的阶级。在目前我国社会主义市场经济建设中，用生产资料的占有与否进行社会分层分析会有一定的矛盾。我国实行以公有制为主的多种所有制形式，既存在公有制企业，又存在私有制企业。在公有制企业里，占有生产资料的是工人阶级，在私有制企业里，占有生产资料的是私营企业主，这样就会出现生产资料的占有者相冲突的现象。

3. 文化程度

文化程度在现在社会中主要指受教育程度。随着知识经济的到来，知识、技术、信息发挥着越来越大的作用。就个人而讲，是否拥有与时代潮流相适应的知识技术，是否掌握收集分析信息的技能，是在现代社会中能否生存发展的关键。知识的潜在价值一般很难用具体的数字来表示，当知识发挥作用的时候，是超出人们的想象力的。将文化程度作为社会分层的标准是符合社会发展潮流的。

4. 职业

从事某种职业是现代人生活的核心部分，由此，职业成为人们对他人评价的一个重要标准。人们的职业评价是随着社会的发展而发展的。在原先的计划经济体制下，人们将做官视为实现人生价值的主要途径。随着市场经济的逐步建立，人们的职业观发生了变化，人们逐渐将眼光投向了经济领域和文化领域，在这两个领域从事工作的人逐渐获得人们的普遍认可。一般说来，在市场经济条件下，人们对职业的评价有两个重要因素，一是收入，二是声誉。职业的高低就是这两种因素组合的综合值高低。例如，综合值中最高的是收入高、声誉也高，最低的收入低、声誉也低。

三、社会分层的经典理论

社会分层理论有两大理论传统，一是指以马克思主义阶级理论为代表的分层理论，二是指以马克斯·韦伯三位一体分层理论为代表的西方社会学的分层理论。

（一）马克思主义阶级理论

1. 马克思主义阶级理论的基本内容

（1）阶级的含义。“社会阶级”最初是泛指社会中由具有相同或相似社会地位的人构成的各种群体。19 世纪中叶，马克思主义者对此做出了理论的解释，即阶级是按照人们所处的经济地位来划分的社会群体。列宁综合了马克思、恩格斯的有关阶级的论述，对阶级下了一个精确的定义。列宁认为，“所谓阶级，就是这样一些大的集团，这些集团在历史上一定的社会生产体系中所处的地位不同，同生产资料的关系（这种关系大部分是在法律上明文规定了的）不同，在社会劳动组织中所起的作用不同，因而取得归自己支配的那份社会财富的方式和多寡也不同。所谓阶级，就是这样一些集团，由于它们在一定社会经济结构中所处的地位不同，其中一个集团能够占有另一个集团的劳动。”① 这一定义表明，划分阶级的标准是经济地位而不是什么别的东西，特别是对生产资料的占有关系。按照这一定义，阶级的基本含义是：在社会生产资料所有制占有关系中居于相同地位的人群。在资本主义社会中，马克思主义根据对生产资料的占有与否把占有生产资料的人群划为资产阶级，而把没有生产资料的人群划为无产阶级，按照马克思主义说法，资本主义社会由此分裂为两大对立的阶级。

（2）阶级的产生。马克思主义者认为，阶级并不是从来就有的，阶级的产生是与一定的社会生产力发展水平相联系的。在原始社会末期，随着生产力的发展，社会分化日益明显，剩余产品出现了，剩余产品的出现使剥削成为一种可能。因为剩余产品的出现，使社会产品的占有出现不平均的情况，占有剩余产品的部落头领把剩余产品占为已有，于是，私有制出现了。私有制的出现使得经常地、稳定地对剩余产品的剥夺和占有成为一种可能。于是，社会日益分裂为统治阶级和被统治阶级，阶级作为一种历史现象登上历史舞台，开始扮演虚伪、奸诈和贪婪的角色。

（3）阶级的关系和发展。对生产资料的占与否决定着一个阶级基本的社会经济地位，并由此决定着该阶级在社会的政治参与以及生产、交换、分配和消

---

① 《列宁选集》，中文 3 版，第 4 卷，第 11 页，北京，人民出版社，1995。

费体系中的地位。按照马克思主义的观点，在私有制社会里，阶级关系是最基本的社会关系，其他关系均是围绕阶级关系展开的。剥削阶级和被剥削阶级之间的关系是对抗性的。在阶级社会的发展过程中，阶级斗争贯穿其中，被剥削阶级只有通过武装斗争去推翻剥削阶级的政治经济统治，改变现有的所有制关系，才能从根本上使自己摆脱被剥削的地位。阶级是一个历史范畴，它随着私有制的产生而产生，也将随着私有制的消灭而灭亡。在阶级斗争发展的高级阶段，即资本主义的高级阶段，无产阶级将推翻资产阶级的统治，建立无产阶级专政，并且变生产资料的私有制为社会主义的公有制，消灭阶级，过渡到共产主义。在阶级斗争的终点，阶级、阶级关系和阶级斗争也将随之消亡。

（4）剩余价值理论。如果仅从生产资料的占有与否来看，或许还不能说明资本主义社会资产阶级和无产阶级之间的分化及其对抗矛盾。马克思在《资本论》一书中，通过对剩余价值的分析，深刻地揭示了阶级之间的分化和对抗性矛盾。马克思将工人的劳动划分为必要劳动和剩余劳动两个部分，必要劳动时间里所产生的价值是维持工人生活的价值，在数量上等于工人的工资，剩余劳动里所产生的价值就是剩余价值，剩余价值被资产阶级无偿占有。这样在财富上表现为资产阶级越来越富有，而工人阶级日益贫穷。在经济利益上的对立决定了资产阶级和工人阶级在其他方面的完全对立。只有消灭资本主义私有制，无产阶级才能获得彻底的解放。剩余价值规律揭示了资本主义发展运动的基本规律。

2. 在新形势下坚持和发展马克思主义的社会分层理论

马克思主义的社会分层理论呈现出无情批判揭露的特点，它剖开资本主义温情脉脉的面纱，深刻揭露了资本主义的内在本质，为无产阶级的革命运动以及最终获得自身的解放提供了强大的思想武器。马克思主义的社会分层理论代表着无产阶级的根本利益，它为无产阶级的解放运动指明了方向。

马克思主义理论具有与时俱进的优良品质，因此，坚持和发展马克思主义就必须根据社会的发展运动来具体情况具体分析。在科学技术飞速发展的今天，知识在社会生产中所占有的分量已经越来越重，知识已经超然于阶级。在西方资本主义社会中，由于资本主义已经经过了近三百年的发展，社会财富已经极大地丰富，社会福利制度非常完善，普遍推行高等教育，不同阶级阶层的受教育机会趋向平等，因此，对科学技术的掌握一般人也能做得到，这样，在西方出现了一个新兴的知识精英阶层，他们通过自己所掌握的技术获得了大量的货币资本，成为新兴的“知本家”。这是阶级分层领域出现的新情况，这种现象似乎表明无产阶级可以通过自身的努力而成为资产阶级，马克思的社会阶级分层理论好像不再适用了。其实，这是种假象，是经不起推敲的。我们知道，社会资源总是短缺的，所以不可能整个无产阶级都整个地变为资产阶级，成为资产阶级的只能是无产阶级中很少的一部分。他们是各方面的精英，在资本主义社会制度所允许的范围内，通过自身的努力获得了成功，成为巨大财富的拥有者。对于广大的无产阶级来说，他们仍然处于被压迫、被剥削的地位，他们仍然要不断地产生剩余价值，来维持资产阶级的糜烂生活，他们生活水平的相对提高比起资产阶级的糜烂程度来说简直是微不足道的。马克思主义的社会分层理论并没有失去它的理论意义和现实意义。

对待马克思主义的社会分层理论，除了要坚持其基本观点之外，还有一个不断地发展完善的问题。特别在今天我国的社会主义市场经济的建设过程中，阶级分层出现了一些新的动向。比如我国现在实行的是以公有制为主体的多种所有制形式，这其中有较大比例的私营经济，在这种情况下，在社会中占有生产资料的有两种人，一是工人阶级及其同盟军农民，二是广大的私营企业主以及外商老板。两个曾经对立的阶级同时占有生产资料，这种现象在马克思的原著中是找不到的。并且两个占有生产资料的阶级的社会地位是明显不同的，这也是个新现象。如何解释这些新现象是坚持和发展马克思主义社会分层理论的重要课题。

（二）韦伯的社会分层理论

韦伯提出了三位一体的社会分层模式，即经济、声誉和权力。韦伯认为，阶级是按人们的经济地位划分的，但是人们对生产资料所有制的关系并不是决定性的。他进一步解释，如果一群人在商品市场上或劳务市场上拥有同样的机会，而此种机会又仅取决于他们拥有的物品或收入，这样他们就构成了一个阶级。所以他认为，人们的经济地位是由市场竞争决定的，市场竞争中的成功者构成了上层阶级，而失败者就成了下层阶级。在市场竞争中，除了拥有生产资料以外，人们所掌握的技术和知识也是重要的资源。所以，韦伯认为，在现实的社会分层结构中，阶级并不是唯一重要的群体，除了阶级划分以外，按声望地位划分的“地位群体”和按权力地位划分的“党派”也是同等重要的。

声誉地位是由社会公认的评价体系确定的，社会的评价从肯定到否定构成了高低有序的阶梯，声誉地位即指人们在这一阶梯中所处的位置。影响人们声誉的因素很多，主要有出身门第、仪表、知识修养、生活方式等。声誉地位是通过主观评判的方式确定的。

权力地位则是依据人们是否拥有权力以及权力的大小确定的。所谓权力，是指为实现自身意志却无视他人意愿而支配他人的能力。权力分层反映了政治领域的不平等。韦伯认为，任何有组织的社会生活都存在权力分层现象。在现代社会中，权力主要表现在科层制中的各种管理职务。

在三个社会分层标准的关系问题上，韦伯认为，在一定条件下三者之间可以相互转化。但是，在理论层次上必须将它们严加区分，每个都可以单独作为社会分层的标准，三者之间没有决定与被决定的关系。同时韦伯认为，在具体的社会情景中，三个标准并不是平等的，而是某一个标准常常处于突出的位置上。至于在具体的社会情景中，哪一个分层标准处于分层中轴的位置，韦伯认为完全取决于具体的经验事实。

韦伯三位一体的分层模式对西方分层研究产生了深远的影响。现在西方社会分层理论虽然门派众多，五花八门，但都可以追溯到韦伯的社会分层理论。

（三）如何对待西方的社会分层理论

正确对待西方社会分层理论的重要前提就是坚持和运用马克思主义的立场、观点、方法去分析，去其糟粕，用其精华，为我国社会分层现象的研究做贡献。

1. 廓清马克思主义的阶级理论与西方社会分层理论的区别

（1）确立分层标准的原则不同。马克思主义的阶级理论运用辩证唯物主义和历史唯物主义的立场、观点和方法，抓住资本主义社会的基本矛盾和主要矛盾，在阶级关系的分析中抓住生产资料所有制这一核心问题，严密而准确地分析资本主义社会中的阶级关系，所以，马克思主义的阶级标准是一元的、定性的。而西方社会分层理论的划分标准是多元的，没有抓住事物的主要矛盾，既有定性的成分，又有定量的成分。

（2）代表倾向和性质不同。马克思主义的阶级分层理论是代表广大工人阶级的，它对资本主义的种种丑恶现象作了最深刻的批判，对资本主义的罪恶本质作了深刻的揭露，为广大工人阶级提供了科学的理论斗争武器。而西方社会分层理论是代表资产阶级的，它采取的是一种维护、建设形态，它美化资本主义制度，为解决社会问题提供种种方法。

（3）两者对社会分层的价值评判不同。马克思主义的阶级理论对社会分层所造成的种种不平等现象深恶痛绝，主张废除私有制，促进社会生产力的发展，最终消灭社会分层，消灭不平等。西方社会分层理论看不清楚社会分层的根源，因此，认为任何社会都不能消除社会不平等。

2. 借鉴西方社会分层理论

（1）西方社会分层理论包含有合理的成分。这些合理的成分对于维护资本主义社会的稳定与繁荣起了非常重要的作用。一些社会的基本规律在任何社会都会起作用，所以我们要积极借鉴西方的社会分层理论中某些合理的成分。

（2）西方社会分层理论发展了一系列的社会分层研究方法。这对于研究我国社会现阶段的社会分层现象具有重要意义。这些先进的方法可以使我们科学地把握我国现阶段的社会分层状况、问题、趋势，对于我国的社会稳定和社会发展具有重要意义。

第二节　社会主义条件下的社会分层

一、初级阶段社会分层的必然性

在日常的生活中，我们可以接触到很多社会分层的现象。比如，你父母的月收入有上万元，而你同学父母的收入却只有上千元。有的人可以买汽车，可有的人坐空调巴士都有困难。有的人可以买别墅，而有的人连经济适用房都买不起。特别是近年来随着市场经济的发展，人们的贫富差距拉大。这说明在我国社会发展的现阶段还广泛存在社会分层，我国现阶段的社会分层有其必然性。

1. 在人类社会向共产主义社会过渡的过程中，必然存在社会分层

社会分层的产生是与生产力的发展以及由此产生的社会分化相联系的。社会生产力是指人类改造自然界的能力。社会生产力的发展必然以全体社会劳动者以某种方式结合起来，这样就能发挥比单个的劳动者更大的作用。在这种结合中，劳动者之间由于自身条件和素质的不同从而处于不同的结构层面上，也就是通常所说的社会分工，社会分工为社会分化提供了条件，由此产生了社会分层。在共产主义社会，由于生产力的极大发展，社会个体的全面发展，使得人人平等、按需分配成为可能，在这时社会分层就会逐渐消失。

2. 我国现阶段的生产力水平决定了社会分层存在的必要性

我国目前的社会生产力水平还处在比较低的层次，比起西方发达国家更是落后很多。因此作为一种历史的必然性，社会分层的存在是必然的。我国社会历史发展的过程也清楚地表明，如果人为地取消社会分层，将会造成历史性的灾难。在新中国成立后，随着社会主义改造的顺利进行，我国逐步建立了高度集中的计划经济体制。这种高度集中的计划经济体制表现在分配领域就是实行绝对的平均主义。绝对平均主义的具体表现就是吃“大锅饭”现象。“大锅饭”造成了一种这样的局面：干与不干一样，干多干少一样。这样一来，严重挫伤了劳动者的积极性。结果社会生产力发展缓慢，社会普遍贫穷，人们的生活水平非常低下。自改革开放以来，我们的党和政府坚持实事求是、从实际出发，遵循社会发展规律，改革原有的经济体制，将市场与竞争引入社会生活领域，使社会产生积极的分化，刺激了广大劳动者的积极性，刺激了社会生产力的极大发展。我国社会的发展历史表明，社会分层在我国目前的存在不仅是必然的，也是必要的。

3. 制度规章的不完善使我国的社会分层加剧

在社会主义社会里，我国宪法规定人人平等，人人享有均等的机会。但是机会均等的原则并不会单纯的因为宪法的规定就会自动实现，在具体的实施过程中，它必须需要各种规章制度加以保证。我国正处在社会的转型时期，即从传统社会向现代社会过渡，从农业社会向工业社会过渡，从计划经济社会向市场经济社会过渡，很多原有的规章制度被打破，而新的规章制度又没有建立起来，从而在社会生活领域出现了很多违背机会均等的现象，如腐败等。这些现象的存在，使得机会均等条件下的健康的社会分层机制难以建立。

在社会主义初级阶段，人与人之间存在很大差异，这种差异的存在使得社会分层成为一种必然。现阶段人与人之间的差异主要表现在家庭背景、个人受

教育的程度、个人能力、个人素质等方面。这样，在市场竞争的条件下，那些素质较好的社会个体就会在竞争中取得较为有利的位置，在社会地位上也相对高些。因此个体素质的差异也使得现阶段的社会分层成为一种可能。

二、初级阶段的社会分层和社会弱势群体

初级阶段的社会分层从时间上可划分为两个时期：1949—1978 时期的社会分层和 1978 年至今的社会分层。

（一）1949—1978 年时期的社会分层

这是社会分层比较稳定的时期，以人们的居住地和所从事的行业不同，社会被一分为二，一个是农民阶级，一个是工人阶级，知识分子阶层是工人阶级的组成部分。而按社会身份的不同又可以将社会成员划分为干部、工人、农民三个高低有序的阶层。

我国改革前的工人阶级不同于新中国成立前的工人阶级，因为新中国成立前的工人阶级实际上是不占有任何生产资料的无产阶级，而新中国成立后的工人阶级是生产资料的占有者，当然它们占有生产资料的方式与农民及其他阶层不同，即它们主要与公有制的高级形式即全民所有制相联系，而且，它们的劳动方式、生活方式与农民及其他阶层不同。另一个阶级是农民阶级。此时的农民阶级虽然已不是新中国成立前的与地主阶级对应的并受其剥削和压迫的农民阶级，但它们主要与公有制的低级形式即集体所有制相联系，其劳动方式和生活方式明显区别于工人阶级和其他阶层。知识分子之所以不是一个阶级，是因为它们在整体上不直接与所有制发生关系。知识分子之所以是工人阶级的组成部分，是因为它们获取生活来源的方式和生活方式同工人阶级基本相同。

根据社会成员社会身份的不同而将其划分为干部、工人、农民三个高低有序，既相互联系、又相互区别的阶层。身份制是我国原先计划经济体制下的一大特色。所谓身份制，就是按照某种标准将社会成员划归为不同的阶层并将其固定化的一种管理制度。改革前的中国社会，社会成员的身份是通过以下制度来确定的：一是通过劳动人事制度即干部管理制度在编制上将社会成员划分为干部与非干部两大部分。属于干部编制的社会成员又相当广泛，这个具有共同社会地位或身份的社会群体或阶层又分为如下类型：一是从事国家和企事业单位行政管理的管理人员；二是从事科学技术研究的知识分子；三是从事各级各类教学工作的知识分子；四是从事新闻、出版和图书工作的知识分子或管理人员；五是从事文艺工作的知识分子，等等。属于非干部编制的社会成员主要有工人和农民。干部和非干部这两部分社会成员在工资、待遇、社会保障等方面存在明显的差距。二是通过户籍制度将农村和城镇人口人为地分割为两种性质不同的农业人口和非农业人口，国家对这两种人的就业、教育、住房等实行有差别的社会福利政策。这在客观上将农村人口与城镇人口——主要是农民和工

人分割为两个经济利益不同、社会地位有别的社会群体或阶层。

可见计划经济体制下的劳动人事制度和户籍管理制度将社会成员分割为三个高低有序、相互独立的部分。在这种社会阶层结构中，干部的经济和社会地位最高；工人的经济和社会地位低于干部而高于农民。相对农民来说，工人享受住房、医疗、退休等一系列农民不具有的社会保障。但相对干部来说，工人所享受的社会保障水平不高、项目不全；农民是经济和社会地位最低的阶层，无论是衣食住行，还是生老病死以及子女入学就业等方面，农民所享受的社会保障水平或项目都大大低于和少于工人和干部。

不仅如此，计划经济体制下形成的干部、工人、农民三层阶层结构具有较高程度的封闭性，即社会成员在阶层间的流动是很难的。一个人一旦获得农民身份，一般终身为农民，工人干部也同样具有身份的恒定性。

综上所述可以看出：改革以前的中国社会的阶层结构既较为简单又较为封闭，而这又与社会生产力发展水平不高、与高度集中的计划经济体制以及与之相适应的各项具体规章制度密切相关。随着改革开放政策的实行，这种既简单又封闭的阶层结构开始发生分化。

（二）1978 年至今的社会分层

1978 年改革开放以来，中国的社会分层结构发生了明显的分化，这种分化既表现在原有阶层内部，也表现在原有阶层之间或外部。

1. 单一到多元：阶层内部的分化

改革开放以来，我国社会的农民阶级和工人阶级两大阶层内部开始发生分化。

（1）工人阶级的分化。我国工人阶级的分化有两个原因：一是社会的经济形式变化而引起的分化。改革开放以来，随着我国经济结构由全民和集体这种单一的公有制结构向以公有制为主体、多种经济成分共存的多元的所有制结构的转变，我国的工人开始从“体制内”单位即全民和集体等公有制经济单位向“体制外”单位，即个体、私营、外资等非公有制经济单位流动。公有制单位的就业人数总体上减少，非公有制经济单位的就业人数不断增多，成为改革开放以后特别是 20 世纪 90 年代以来我国工人阶层分化的一个重要特点。二是社会的利益分配格局的变化而引起的分化。1978 年以来，随着经济体制的转变，我国的利益分配格局发生了较大变化，与此相适应，我国工人的经济收入发生变化，这种分化表现为宏观和微观两个方面。从宏观方面看，工人阶层的收入分化表现为不同地区、不同行业及不同所有制的职工收入差距扩大。从微观方面看，工人阶层的收入分化表现为企业内部不同群体间收入差距的扩大。这种分化又具体表现为两种情况：一是私营和三资企业中雇主和雇工的收入差距；二是全民和集体企业中的管理层与操作层的收入差距。

（2）农民阶级的分化。1978 年以来，农民阶层的分化成为社会学家视野中的一个亮点。农民阶层的分化表现为两个方面：一是职业分化，农民的职业呈现多样化，农民中的一部分人不再单纯的以种地为生，他们开始涉足第二、第三产业，出现了农民企业家等新兴职业阶层。二是地域分化，随着户籍制度的松懈，农民开始走出封闭的村落，涌向较为繁华的东南沿海城市。这些人虽然户籍还在农村，工作生活却在城市中。城市对于很多农民来说，已不再是遥不可及的梦想，虽然在城市这个舞台上他们所扮演的角色非常渺小。

2. 从封闭到开放：阶层之间的分化

改革开放以来，我国社会的阶层分化不仅表现在原有阶层内部，而且表现在原有阶层之间或之外。所谓阶层之间的分化，是指原有的阶层结构从刚性向弹性转变，即从封闭走向开放。其具体表现有：

（1）边缘化。即原先阶层内部的一部分成员走向阶层的边缘，成为“两不像”阶层，比如城市农民工，他们的户籍在农村，但却在城市生活工作，是农民但是又像工人。

（2）异质化。即出现了新兴阶层或群体，特别是受市场经济的不断发展和科学技术的不断进步的影响，新兴职业群体不断涌现，如企业家阶层，高级白领阶层等。

（三）弱势群体和社区管理

弱势群体问题是我国目前普遍存在的一个社会问题。弱势群体是指处于社会底层并且在短期内无法改变自身现状的社会群体。我国的弱势群体目前主要包括农民、城市下岗工人、有工作但收入和社会地位都很低的人和进城的农民工。

农民是我国弱势群体的主要组成部分。由于文化素质低以及某些社会体制的限制，农民在我国社会分层结构中处于最低层。并且农民在社会分层结构中处于最底层的现状是由历史和他们自身的素质造成的，因此在短时间内不容易发生改变。据统计，我国目前尚有数千万农民没有解决温饱问题。农民问题是社会发展中的重大问题，同时也是农村社区发展与稳定的重要问题，农民的问题如果不能很好地解决，那么中国的发展总是有所欠缺的。

下岗工人是伴随着我国的经济体制改革和国有企业的改组而产生的。下岗工人的一部分人通过自己的技能重新找到了工作岗位，但是大多数的下岗工人仍旧是处于失业和半失业的状态。他们生活水平低，社会地位低。城市下岗工人生活在城市社会分层结构的最低层。由于城市下岗工人是经济转轨、产业升级换代的结果，因此城市下岗工人实现完全再就业是很难的。城市下岗工人在短期内也得不到很好的解决。

城市农民工是一个特殊的弱势群体。他们具有农民的身份却又生活在城市里，他们是国家的公民却享受不到与城市居民同等的福利。即便有些进城农民取得了一些成就，但他们在城市的生活仍旧受到种种限制。

弱势群体问题是我国目前十分关注的一个社会问题。作为公民，他们为国家的改革和发展做出了巨大的牺牲和贡献，他们的生活与工作应当得到相应的重视。但是由于我国目前的经济水平的限制以及各种制度规章的不完善，我们对弱势群体问题的解决仍然存在种种问题。随着我国社会贫富差距的不断扩大。弱势群体问题已经成了一个关系到社会的发展与稳定的重要问题。

社区管理的主要目标就是实现社区的可持续发展，因此，将弱势群体问题作为社区管理的研究对象是必然的。把弱势群体作为社区管理工作的对象有以下重要意义：一是有利于体现社会公平。在社区管理工作中把弱势群体作为工作对象，对弱势群体进行调查分析，解决社区中弱势群体存在的实际困难，维护弱势群体的合法权益，促进弱势群体的自身发展，这本身就是社会公平的体现。二是有利于社区的发展和稳定。弱势群体是社区居民的重要组成部分。他们既生活在社区又对社区的发展与稳定产生重要影响。社区的发展是全面的发展，它必然包含人的权利的全面发展。只有解决了弱势群体的生存权才能真正解决人的发展问题，也才能真正实现社区的发展与稳定。

三、初级阶段不同社会层次之间的关系协调

社会主义初级阶段仍然存在着社会分层，人与人之间由于多方面的原因还存在着差别，当前集中的社会表现就是贫富差距的不断拉大。因此，国家应当注重各社会阶层之间关系的协调，避免出现大的社会动荡。当前由于我国社会经济发展水平的限制，对各个社会阶层的关系协调应当紧紧围绕机会均等原则，具体说来应当把握好以下几个要点。

1. 严格界定实施领域

机会均等作为根本性原则并不意味着这一原则完全支配社会生活的一切领域。首先，与人的基本权利相关的领域，像公民权利的分配，就必须实行平等分配。其次，在以机会均等为法则的经济生活领域，根据具体条件区别对待，像社会福利、保障领域，就应以份额平等为基本法则。另外，某些社会领域中还应根据条件施行效用平等原则，比如医疗领域，在提供医疗服务时就应该基于病情需要，而不得附加其他条件，这是救死扶伤的人道主义医疗宗旨决定的。

2. 摒弃先赋条件，强调自致条件

所谓先赋条件是指上一代为下一代所创造的家庭社会条件。所谓自致条件是指通过社会个体自身的努力而获得的社会条件。根据人们生而具有先赋条件来分配机会是社会生产力低下时期的特点，这种做法将原有社会差距累积化、固定化，从而加深社会各阶层之间的隔阂与鸿沟。

3. 根据各个社会具体领域的特点制定具体规则

机会均等原则的实施必须靠严厉完成的规则加以保障。在制定规则时应综合考虑各活动领域的基本法则和目的，它所承担的社会功能以及规则的实施带

来的社会影响，切不可随意制定规则或在某一领域中盲目照搬其他领域中的规则。例如，把公共权力作为分配机会的条件，搞在权力面前的平等。这样做势必导致权力的腐化，危及社会稳定。还有，将经济活动中的规则运用于其他社会领域，如将金钱面前的平等、公平交易移植到政治领域，很容易造成腐败。

第三节　社会流动

一、社会流动的定义

把社会流动作为社会学研究的对象，是从美国社会学家索罗金（Pritirin, A・Sorokin,1889—1964）开始的。他在 1927 年所著的《社会流动》（Social Mobility）所做的研究奠定了社会流动在社会学中的重要地位。在此以后，社会流动引起社会学界的广泛兴趣。近年来，随着我国进入社会转型期，我国大陆学者也开始关注社会流动的研究。

社会流动是指社会成员在社会关系的空间中由某个社会地位向其他社会地位的移动。社会流动的宏观表现是社会结构的变动，微观表现是社会成员权利和义务的变更。

社会流动的前提条件是社会结构的开放性。社会结构的开放性有两个方面：一是社会垂直分层结构的开放性。它是指处在一定等级系列上各阶级和阶层能否上下流动。如果各阶级和阶层之间能相互上下流动，那么这种社会分层结构就具有开放性，相反就具有封闭性。二是社会横向空间结构的开放性。它是指社会中各地域之间能否相互流动。如果社会各地域之间能够相互流动，那么横向流动空间就具有开放性，否则就具有封闭性。社会流动的前提条件就是社会垂直分层结构和横向空间结构都具有开放性，否则，社会流动就不能正常进行。

二、社会流动的类型

（一）纵向流动和横向流动

根据社会流动的坐标纬度，社会流动可被分为纵向社会流动和横向社会流动。美国社会学家索罗金称作垂直流动和水平流动。

1. 纵向流动

纵向流动是指在社会等级序列中社会个体或者群体在不同等级之间的移动。纵向流动既可能是向上的流动也可能是向下的流动。“宦海浮沉”可能是最典型的纵向流动了。向上流动表明社会地位的上升，向下流动表明社会地位的下降。

“人往高处走”，向上流动是人们所向往和追求的。但是人们是否向上流动不仅取决于人们的主观努力等主观因素，而且受制于许多不依赖于个人意志为转移的社会客观因素。在人类社会发展史上，个人的向上流动经历了一个由先赋因素决定到自致因素决定的过程。在奴隶社会和封建社会中，个人的出生门第、父母的社会地位和声望就是决定个人能否向上流动的一个重要因素，个人对自身的流动方向所产生的主观影响很小。在资本主义社会里，平等与自由成为人们的价值标准，提倡个人努力，个人的自身条件成了决定自身向上流动的一大因素，但是仍要受到一些先赋因素的影响，如种族、经济实力等因素。在社会主义条件下，大家实现了真正意义上的平等，但是由于生产力水平的低下以及传统观念的存在等因素，社会主义社会里仍然存在先赋因素决定个体社会流动的现象。

纵向社会流动不仅受制于一定的社会条件，而且纵向流动本身会对社会运行产生巨大影响。社会是由不同层次的阶级或者阶层组成的，在一定的历史阶段，社会的每个阶级或阶层是社会运行所必需的。同时各个阶级或者阶层之间必然发生一定的联系，社会正是在各个不同的阶级或者阶层之间不断的互动中运动发展的。纵向流动表现为两种形式：颠覆式的纵向流动和平衡式的社会流动。颠覆式纵向流动是指社会流动通过暴力或者以暴力为主要手段所实现的纵向流动。正如马克思的阶级斗争理论所描述的，在生产力和生产关系的矛盾作用下，代表先进生产力和生产关系的阶级必然推翻代表旧生产力和生产关系的阶级，原先的统治阶级成为被统治阶级，而原先的被统治阶成为统治阶级。平衡式纵向流动是指社会不同社会等级之间所进行的平稳的纵向流动，平衡式社会流动的主要决定因素是个体的能力、社会政策等。这方面的著名理论是帕累托的精英理论。社会精英通过自身的努力，依靠自身的素质和能力，来实现自身从社会较低层次向社会较高层次的流动。而较高层次中那些能力与素质不再合乎社会要求的个体则向社会较低层次流动。通过平衡式的社会流动，社会结构保持相对稳定，并使社会具有活力，社会能够获得良性发展。

2. 横向流动

横向流动是指社会个体或一个社会群体从一个社会地位移动到另一个同等或者同一水平的社会地位上。同一水平是指移动前后的社会地位在经济收入、政治地位、社会声望等方面基本相同。

横向社会流动的因素是多方面的，包括婚姻、职位的调动、国家政策、社会个体的兴趣等多方面。特别是随着社会开放程度的不断增加，社会个体个性的解放，个体需求向多样化方向发展，更增加了社会的横向流动。社会横向流动的理论解释最典型的是推拉理论。该理论认为，人们之所以从一个社会位置流向另一个社会位置，主要是由流出地的推力和流向地的引力的作用。比如改革开放之初，由于沿海有较多的就业机会，内地的农民就大量地流向沿海。因为在中国，农村地少人多，农业富余人员很多，而沿海就业机会多，自然就使他们向沿海流动，形成了社会所关注的民工潮。

（二）代内流动和代际流动

代内流动是指社会个体一生中社会地位的变动情况及变动规律。在现代社会中，由于职业地位是个人社会地位的主要衡量标准，因此，代内流动主要是社会个体职业地位的变动。代际流动是指下代相对于上代的社会地位变动。

代内流动从微观的角度可以衡量社会个体的社会经历和社会成就。如果一个人一辈子就干一个职位，那就说明这个人社会经历较为简单，不可能取得很高的社会成就。从宏观的角度讲，可以衡量一个社会是否具有开放的社会结构。改革开放前，由于城乡二元对立的存在，很多农民就在乡村里生活一辈子，进城的机会都比较少。

代际流动可以更能反映一个社会的发展速度及发展水平。因为社会分工的不断加强，必然使社会个体更容易获得各种不同的社会职业。因此，如果一个社会中绝大多数人所从事的行业是他的父辈甚至是祖辈所从事的，那就说明这个社会分工不够发达，社会发展速度较慢。

（三）结构性流动和非结构性流动

结构性流动是由于结构性因素变动所引起的社会流动。如我国改革开放之初的民工潮，就是一种结构性的流动，还有知识青年上山下乡活动等。结构性流动主要是由于产业结构的变动、国家政策的倾斜等原因造成的。非结构性流动从逻辑上说是结构性流动以外的所有社会流动。结构性流动与非结构性流动的区别有以下几个方面：规模方面，结构性社会流动的规模一般都大大超过非结构性社会流动；流动原因方面，结构性社会流动的主要原因是由于客观因素在起作用，个体因素所起的作用不大，非结构性的社会流动客观因素起作用，同时主观因素也起着很大的作用；社会影响方面，结构性流动的社会影响程度很大，合理的结构性社会流动能够有力地推动社会发展，而不合理的结构性流动往往给社会发展带来巨大的灾难，而非结构性社会流动对社会发展的影响力是间接的，一般说来，平稳的非结构性流动对社会的影响是持久而稳定的，没有结构性流动那样强烈；流动主体方面，结构性流动的主体一般同质性较强，即社会属性大体相同，而非结构性流动的主体非常复杂，异质性强，三教九流无所不包；在强度方面，结构性流动的强度一般很大，涉及范围很广，非结构性流动一般是持续的稳定的进行，比较平稳。

三、社会流动的功能

合理的社会流动能够使社会良性运行，使社会各方面协调发展、社会矛盾能够被限制在一定的范围内，从而有助于社会稳定。那么社会流动达到什么程度才能算是合理的社会流动呢？一般说来有以下两个衡量标准：①是否为社会发展所需要。社会流动从宏观上说是为了满足社会发展的需要，从微观上说是为了满足社会个体实现自身的价值。但是社会流动能否实现这两个方面的功能，首先是能否符合社会发展的需求。社会个体盲目的流动不但不能满足社会的需求，而且也不能实现社会个体的自身价值。②社会流动的公平性。社会流动的公平性是衡量社会流动是否合理的最重要的质的规定性。在现实社会里，社会流动公平性的衡量标准是看社会流动是否实现了机会均等。机会均等是指决定社会个体流动的主观因素主要取决于自致因素，而不是先赋因素。

一般说来，社会流动的主要功能有以下三个方面。

1. 实现社会平等，消解社会各阶层之间的矛盾

由于社会资源的稀缺性，社会各阶层在稀缺性资源的占有方面是不平等的。对稀缺资源的占有和使用以满足自身需求是每个社会个体所追求的。所以每个社会个体都希望社会流动来改变自身现状，并进一步地获得更多的社会资源，从而满足自身各方面的需求。因此如果社会个体不能通过正常的社会流动来获得更多的社会资源，那么必然会产生很多方面的矛盾。并且有可能进一步发展为结构性矛盾，从而造成社会功能的紊乱，影响社会的良性运行。只有实现了社会流动的机会平等，才能促进社会的良性发展。

2. 实现社会的有机整合

社会是由不同的阶级和阶层组成的。在一定的历史阶段，每个阶级或者阶层的存在对社会的发展都是必须的，各个阶级之间的相互联系也是必然的，但是各个阶层之间的联系情况和联系方式却决定着各阶层或阶级能否执行所承担的社会功能。社会各阶层或阶级之间如果能够实现合理的社会流动，则社会各阶层或阶级比较容易实现有机整合，社会的整合程度也会相应提高，社会也就更容易良性运行。

3. 激发人的积极性和开拓进取精神，提高社会的运转效率

在流动公平的社会环境下，社会个体会受到激发，努力增强自身的素质与能力来实现自身的社会流动，提高自身的工作效率，从而客观上降低社会运行成本，提高社会运行效率。

四、改革开放以来我国的社会流动

社会流动是与整个社会结构的特性相联系的。如果整个社会结构比较僵化，则社会流动的水平较低；如果整个社会结构比较有弹性，则社会流动水平较高，整个社会就会充满生机。在改革开放前，我国实行单一的计划经济体制，同时实行严格的户籍管理制度，城乡二元对立，社会流动被严格限定在一定的范围内，社会流动范围窄，途径少，数量少，社会流动水平总体上很低。改革开放以来，随着社会经济体制改革、政治体制改革、户籍制度改革等社会改革的不断深入，我国的社会流动被逐渐放开，社会流动不再受国家的严格控制，社会流动水平大大提高，社会流动的频度、强度都有所提高。具体说来，改革开放以来我国社会流动主要有以下特点。

1. 社会流动主体逐渐多样化

我国的改革经历了从农村到城市，从经济领域到政治领域再到科学教育领

域，从沿海到内地，从点到线再到面的一个过程。在这个过程中，由于不同的人群所经历的改革时间不同，因此人们所在地区和领域的体制转变就有一个先后次序问题，人们的观念转变存在着先后次序问题和转变快慢的问题，因此各个地区和各个领域人群的社会流动并不是处在同一个水平。所以改革开放以来，我国的社会流动主体经历了从较为单一的流动主体向多样化主体变化的一个过程。首先是农民，再是工人，再到政府机关，不同阶层、不同地区、不同领域、不同民族等人群在改革的带动下都加入了社会流动的大军。

2. 由定向的、大规模的社会流动向多向的、平稳的、均匀的社会流动转变

我国改革开放前整个社会结构中存在着众多的社会“闸门”，城市与乡村之间存在着严重的城乡二元对立，单位与单位之间处于严重的分割状态，地区与地区之间也相互独立，另外还存在着户籍制度、工作关系等束缚社会个体流动的制度因素，这些社会“闸门”阻塞了各种社会流动，结果造成了社会资源分配不优化，地区之间保护主义严重，农村社会经济下滑。在这种情况下，社会需要社会流动，社会个体同样需要社会流动。20 世纪 70 年代末到 80 年代初，我国首先在农村和一部分沿海城市实行了改革，社会的各种闸门出现了裂缝，被压制的社会流动活跃起来，出现了一种社会落差效应，大量的农民从内陆流向东南沿海城市，规模之大是前所未有的。这一时期的社会流动是一种结构性的流动，规模大，并且方向比较固定。随着社会改革开放的进一步发展，社会主义市场经济在全国范围内逐步建立起来，社会落差效应的影响逐渐减弱，整个社会流动转向了多向的、平稳的、均匀的流动时期。这一时期的社会流动主要是按照市场的需求进行的，社会流动的方向因而是在全国范围内，而不再是单纯的流向东南沿海，既有农村向城市的社会流动又有城市向城市的社会流动，既有内陆向沿海地区的流动又有沿海向内陆的流动，同时社会流动比较平稳、均匀。

3. 由单纯的地区之间、行业之间的横向流动走向行业内部的垂直流动

由于改革开放前，各种社会壁垒的存在，社会资源在各地区、各行业之间的分配是很不合理的，在某些行业里，社会资源被大量闲置，而在某些行业里却是奇缺。随着社会壁垒的逐步解除，那些被大量闲置的社会资源必然向需求社会资源的行业和地区流动，从而使社会资源在不同地区和行业之间的配置在数量上达到合理。在市场经济逐步建立后，市场成了决定经济效益的主要因素。各行业在引入市场机制后，必然带来本行业内部的竞争，行业内部面临着进一步的优化，“适者生存”的生物法则成了社会个体在行业内部垂直流动的基本机制。这样进入 90 年代以后，社会流动的一大特征就是社会垂直流动日益明显。最为典型的就是国有企业的下岗职工以及行政事业单位分离出来的工作人员。

4. 社会个体由被动流动到主动流动

中国人一般都重土难迁，这一点在农村中表现得尤为突出。在城镇，由于

我国长期实行单位制，社会个体在社会生活方方面面都依靠单位，形成了对单位的绝对依赖，社会个体离开原来单位，除非是工作调动，否则是让人不可想象的。但是，由于中国农村人多地少的客观事实，农村中存在着大量隐性事业人员，他们的生活水平很低。在东南沿海出现大量就业机会的情况下，出于生计的考虑，他们虽然心理上不愿离开家乡，但是还是大量地流向东南沿海。但是，随着农民对外出打工认识的不断加深，农民开始主动外出打工。农民的社会流动，经济政治体制改革的不断深入，市场经济的逐步建立，使城镇人口的观念也逐步获得解放，城镇人口也从不愿流动到主动流动转变，因为他们认识到了“人挪活，树挪死”所包含的丰富含义。

虽然我国目前的社会流动随着社会改革开放程度的增强而不断增强，但是仍然存在着很多的问题需要解决。当前最重要的问题还是体制问题。当前讨论的最热烈的是户籍制度改革问题。在我国，户籍制度是一个人生活在某个社区的证明，它虽然有利于社会管理，但是它又对社会流动构成了客观上的限制。对户籍制度能否取消、何时取消是当前社会学界关注的课题。

【复习思考题】

1. 什么是社会分层？社会分层有哪些种类？
2. 什么是社会流动？有哪些种类？
3. 社会主义初级阶段为什么会存在社会分层？
4. 社会分层与社会流动为什么成为社区管理工作的对象？
5. 简述社会分层理论的两个著名理论。

实训参考

【讨论】 社区应如何对社会弱势群体进行管理？

【录像】 观看电影《从奴隶到将军》，思考人的一生怎样才能实现向上流动。

【实践活动】

实践题目：①从经济收入来看社会分层；②从自己周围所熟悉的人的社会地位升降与空间迁移来看社会流动

实践地点：①选择某一个社区；②课堂

实践课时：2 课时

实践内容：在调查的基础上，结合本章所学的理论分析中国社会分层的意义。

实践过程：①设计问卷；②利用假期亲自调查；③统计数据并撰写调查报告。

第八章　社区

社区是社会学研究的重要领域。它作为社会的一个部分，为人类生存、活动提供了主要场所。它是家庭、集体之外第三种最基本社会关系组合形式。社区应为社会创造一个和谐良好的社会环境，促进整个社会良性运行。而导致社区变迁的城市化，是一个内涵十分丰富的动态历史过程。其中，城市社区和农村社区的发展及城乡协调等问题的研究具有十分重要的现实意义。

第一节　社区概述

一、社区的含义与分类

（一）社区的定义

汉语“社区”一词是20世纪30年代从国外引入的社会学专用名词，它源于拉丁语，意思是共同东西和亲密伙伴关系。“社区”一词首次出现于德国社会学家滕尼斯1887年出版的《社区与社会》一书。长期以来，社会学家们基于研究对象和研究角度的不同，对社区下过许多定义，据统计，社区一词共有过140种不同的定义。从各种定义的出发点看，社区的定义基本有两种。一种从地域观点出发，认为社区是在一个地区内共同生活的有组织的人群。另一种从功能主义观点出发，认为社区是由相互关联的人组成的社会团体。

根据我国社会生活的实际情况，我国社会学界在研究和实践中使用社区这一概念时，通常采用以下的定义，即社区一般指聚集在一定的区域范围内的社会群体或社会组织，按照一定的规范和制度结合而成的社会实体。此定义包含以下几个基本点：一是有一个按照地域组织起来的人口；二是这些人口程度不同地扎根在他们所生息的那块土地上；三是社区中的每一个人都生活在一种相互依赖的关系之中。总之，社区是由一定人群组成的社区生活共同体与一定地域空间的统一。社区的空间范围是相对的，绝大多数人都把一个村庄，一个城市或者城市中的某一个街区定为一个社区。根据我国的具体情况，在城市指的是街道，还有居委会，在农村指的是乡镇或自然村。从国内外社会学界进行社区研究的实例看，很少有人把一个国家，一个省，一个地区界定为一个社区。

（二）社区的分类

由于确定的标准不同，选择的角度不同，采取的方法不同，社区可以分成不同的类型。常见的有以下几种。

1. 按纵向的时间划分

（1）传统社区。所谓的传统社区是指以保持传统的生活方式为特征的社区。它是古代社会的遗存部分，具有前资本主义时期存在的社区的某些特征。目前该社区主要分布在发展中国家。

（2）发展中社区。它既保留了传统社区的一些特点，又吸收了现代社区的内容。它是传统社区向现代社区转变过程中的过渡形式，也是目前我国的主要社区形式。我国的许多城镇和村落都属于这类社区。

（3）发达社区。又称为现代社区，表现为城乡融为一体，人们的日常生活和活动来往于城乡之间，人们的生活方式变得方便、快捷，更加现代化。这类社区主要存在于一些发达国家和地区。

2. 按横向的空间划分

（1）自然社区。即人类在生产和生活中自然形成的居住区，主要包括城市、乡镇和乡村村落，这类社区内的成员血缘、亲缘、地缘关系密切，家族势力较大。

（2）专能社区。是指人们从事专门活动形成的地域空间上的产业优势和聚集区。其中包括工业、商业、林业、渔业、牧业、旅游、文化等社区。比如科技文化社区的北京的中关村，商业区的沈阳五爱街等。

（3）法定社区。即地方行政区。它是以法律的形式加以规定并可以在地区上明确地标明。法定的行政社区有时与自然社区是重合的，这类社区内有较完善的组织管理体系，有满足社区内居民物质和精神文化生活需要的相应的各类服务设施，使社区居民生活多样化。

（4）精神社区。又可称为心理社区。社会学家英可尔斯认为："精神社区指它的共同成员感建立在价值、起源或信仰等精神纽带上"。从空间特征上看，人们没有明显的共居地，但有着共同的成员感和隶属感，有着共同的价值观念、生活方式和信仰。例如散布于世界各地的伊斯兰教徒，地域上分散的犹太族。①

3. 按社区的结构及其综合特点划分

（1）农村社区。指以农业生产和农民为主体的人们按一定的制度和规范组成的生活共同体与其活动空间区域的统一体。这是人类最早的社区形式。在我国农村社区和农村的行政区划大体一致。行政区划基本是依据社区的历史形成。

（2）城市社区。指城市多种从事非农业劳动的人群居住的区域范围。城市是当代人类活动的中心舞台，主导人类社会并推动着整个世界进步。

城市社区和农村社区，无论从发展历史，还是从结构特点来看，都大相径

① 郑杭生，贾春增，沙莲香：《社会学概论新编》，中国人民大学出版社，1987 年，第 279 页。

庭。世界各个国家和民族普遍存在着这两种社区。所以，它们是人类生活的最基本区域。关于这两类社区我们将在后面的内容中详细介绍，这里不再赘述。

二、社区的构成要素

社区作为社会的一个实体，归纳起来由以下几个因素构成。

1. 共同生活的人群

这些人并不是彼此孤立的，而是以一定的社会关系为纽带结合起来的社会共同体。如家庭、邻里等基本社会群体以及社区内的企业、事业单位等社会组织共同构成了这一社会共同体。

2. 一定的地域条件

人们的生产和生活，依赖于一定的空间地域。而这一地域上的自然环境，对社区的发展具有相当大的促进或制约作用。基于此，我们可以说社区是人类与自然环境有机的统一，每一个社区必定是共同地域中的社会实体。

3. 相应的生活服务设施

虽然说空间地域是人们生活的基础，但人们不可能生活在一片空地上。所以，为了生存和发展的需要，他们要创造出相应的各方面的生活服务设施，诸如商业、服务业、文化教育以及社会福利设施。这些设施又需要不断扩展和更新，才能促进社区不断的发展、进步。

4. 自己特有的文化和生活方式

各个社区的经济发展水平、政治状况、历史文化传统、居民的职业构成互不相同，由此形成了有别于其他社区的独特的文化特点和生活方式。

5. 感情和心理上的认同感

由于地域、文化、人际关系和社会关系以及生活原因导致同一社区的居民，会自发地产生认同心理。包括共同的成员感，共同的荣辱感，共同的价值观念，共同的伦理观念及共同的习俗等。它是维持社区相对稳定的重要因素。

6. 社区的时间要素

社区是一个历史的产物，任何一个社区都不是永久不变的，都经历一个产生、发展、消亡的过程。在历史上曾出现过许多城市，现在都不复存在，如古迦太基、古巴比伦、汉朝的楼兰、大月氏、大宛等。也有历史上不曾出现过、只是到了近代才出现，例如：大庆、丹东。辽宁丹东在1875年设县；大庆是新中国成立后建立的石油城。

由于历史的不断发展，现代城市的兴起，使得社区在结构上纷繁复杂，在类型上千姿百态，在地域上大小不一，但一般来讲，都具备上述6个构成要素。其中，人是社区的主体，地域是载体，生活服务设施是物质基础。文化、生活方式和认同感是把人们彼此联系起来的纽带、桥梁。

三、社区研究的理论

（一）西方社区研究的理论

西方社区研究理论的发展大致经历了三个阶段，即产生阶段、进一步发展阶段和大发展阶段。

西方社区研究的理论产生于19世纪末，其标志是：1877年，德国社会学家F. 滕尼斯出版了《社区与社会》一书，书中第一次对社区做了较为系统的论述。滕尼斯所描述的“社区”是一种基于血缘关系或自然情感的社会有机体，颇接近平常说的乡村传统小社会；而“社会”则是由契约关系和选择意志造就的机械结合，如股份公司、都市、国家等。滕尼斯认为人类共同生活的表现形式是由“社区时代”向“社会时代”演进的。

20世纪初，德国社会学家齐美尔和韦伯进行的社区研究表明社区研究的理论进一步发展起来。1903年，齐美尔出版了《大城市与精神生活》一书，书中阐述了城市社区对城市人口精神生活的影响，这也是齐美尔进行社区研究的重点。1901年，韦伯出版了《城市》一书，主要研究了城市的同质化问题。除了齐美尔和韦伯以外，还有许多社会学家为社区研究做出了贡献。

20世纪前半期，以美国芝加哥学派为代表的社区研究，表明西方社区研究理论进入了大发展阶段。这一时期，社区研究在美国社会学中占有重要地位，芝加哥学派就是以研究城市社区而出名的，其中杰出的代表人物有帕克、沃思和伯吉斯。帕克创立了“人文区位学”，提出从社区整体研究城市的观点。伯吉斯提出了“城市社区的同心圈理论”，指出城市社区在区位方面的结构上是同心圆形式。后来，又产生了两种类似的理论：一是霍伊特的“扇形理论”，二是哈里斯的“多核心理论”。这三种理论内容如图8－1所示。

沃思是“都市决定论”的杰出代表。都市决定论认为，城市生活是一种特殊的社区生活方式，因而，社会发展的许多问题受城市社区要素决定。认为城市社区构成要素有三个，即众多人口、高人口密度和高人口异质性，这些要素必然冲击城市中人际关系和社会秩序。

（二）马克思主义对社区理论的贡献

马克思的城乡理论，丰富了社会学社区研究理论的内容，是社区研究理论的重要组成部分，它包含三个要点：①城乡分离，是社会生产力发展的必然结果。城市是社会生产力发展到一定阶段的产物，特别是近代的工业革命揭开了城市发展史上新的一页，导致城市化飞速发展，加大了城乡之间的对立。②城乡对立能够消除，而消除的途径还是生产力的高度发展。即通过提高社会生产力的总体水平和合理的经济布局，促进城乡融合。③在阶级社会里，城乡差别（对立）必然带有阶级烙印。马克思主义的这些理论对我们今天的城乡社区研究仍然具有指导意义。

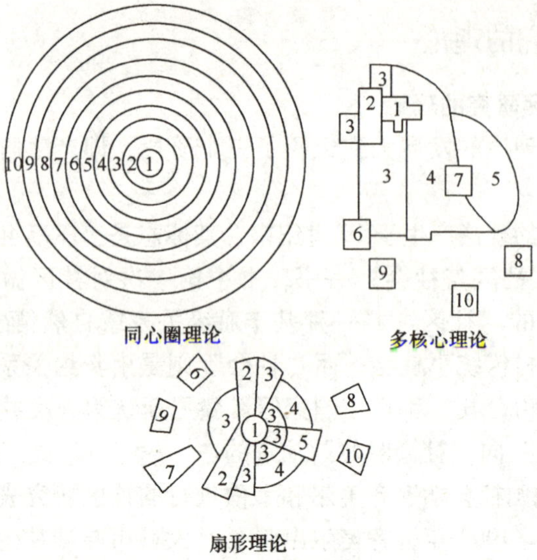

图 8－1　城市内部结构的三种模型

1—中央商业区　2—规模的轻工业区　3—下层阶级居住区　4—中产阶级居住区　5—上层阶级居住区　6—重工业区　7—边远商业区　8—市郊居住区　9—市郊工业区　10—在市内上班的郊区通勤人员居住区

资料来源：转引自伊恩·罗伯逊：《社会学》，中文 1 版，731 页，北京，商务印书馆，1991。

第二节　农村社区

一、农村社区的构成

（一）农村社区的定义

农村社区是指在特定的区域内，由从事农业生产的非密集人口，以一定的社会关系组成的农村区域社会，它不仅是人类社会最早出现的社区形式，而且在相当长的一段历史时期内，一直是人类活动的主要形式，即使是今天，世界范围内仍有相当大的比例的人生活在农村社区里，中国是个传统农业大国，80% 以上的居民都是农民。农民问题、农村社区的状况与中国的社会安定和经济发展息息相关。所以对农村社区的研究意义重大。一些社会学工作者，长期致力于农村社区的研究。尤其是改革开放以来，农村的经济结构和农业生产发生了很大变化，社会结构也发生了重大变化，由此产生了人们价值观念、道德行为、生活方式的变化。因此，新问题、新情况层出不穷，所以对农村社区的研究显得尤为重要。

（二）农村社区的构成

农村社区起源于人类的定居生活，是由若干独立的农业家庭组合而成。与城市社区比较而言，农村社区的构成比较简单。

(1) 土地为主要财产，也是农业的根本。人们世世代代扎根在那块养育他们的土地上，辛勤耕耘，“日出而作，日落而息。”

(2) 家庭是生产经营的单位。一家一户，“男耕女织”，人们的日常消费大都靠自己生产，尤其近些年，实行家庭联产承包责任制后，家庭的生产经营作用越发的明显。

(3) 村落和邻里构成社会群体。邻里指的是每个家庭的左邻右舍，是以家庭住宅为中心的四周人家，是住址地理意义上的单元。邻里之间有着家庭与家庭之间的非常亲切关系。村庄和邻里是农村社区的基本的社会群体。

(4) 以集镇为中心村落。集镇又称小城镇，是具有一定人口规模并具有一定规模的非农业活动的聚落。集镇是农村社区的商业中心，是城乡的纽带，是农村经济文化服务中心，发展小城镇是我国社区发展的战略任务，具有中国农村建设的特色。

二、农村社区的类型和特点

(一) 农村社区的类型

按照特征，可以把农村社区分为以下几类。

1. 按生活和职业内容划分

可以将农村社区分为农村、渔村、牧村、山村等。农村，以种植业为主，这种农村社区最为普遍；渔村，以捕渔业为主，多分布在沿海地区；牧村，以畜牧业为主，多分布在内蒙古、新疆、西藏地区；山村，以林业为主，例如东北大、小兴安岭一带。

2. 按聚落形态划分

可以将农村社区分为散村、路村、团村。散村（点状聚落），即以孤立农舍为基础，作点状分布的村落；路村、街村、沿河村（线状聚落），即村庄房屋沿路、街、河而建，呈线性形态；团村（块状聚落），这类村庄规模较大，建筑物采取周边加行列式布局，即一部分建筑物长边沿街，大部分建筑物采取有规则朝向布局。

3. 按行政组织划分

可以将农村社区分为自然村、行政村等。自然村，这类农村社区来源于农业家族通过自然进化发展而形成的。有明显的聚落界限，有的甚至是单姓村落，如“李家店”，“赵庄”就是如此得来，在此村落中，家族势力影响特别大。据估算，我国有500多万个自然村。行政村，是行政管理单位，可以是一个自然村，也可以由几个自然村组成。

(二) 农村社区的特点

1. 人口密度低，社区成员同质性强

同城市相比，农村社区人口密度要小得多。就农村社区自身而言，人口密度也小得多。1988 年底，我国共有乡村人口 86725 万人，按 500 万个自然村计算，每个自然村平均有 173 人。这种低密度小规模的人口聚居，再加上农村社区比较闭塞，与外界接触少，人口密度流动性差，人们世代生活在一起，居民之间相识比较熟。世代相处的居民在文化程度、风俗习惯、行为规范、文化背景等方面存在的差别非常小。就职业构成而言，尽管近几年来农村行业分工有了很大的发展，但职业分化程度仍然低于城市和城镇。

2. 经济活动简单，自给自足性强

农村社区中经济活动的内容基本上以一业为主。例如：种植业、林业、渔业、畜牧业等。生产方式基本上是手工或半机械化。农民日常生活中的吃、穿、用大多靠自己生产，所以自给自足性强。随着经济的发展，这种状况发生了某种程度的改变，但由于历史的、客观环境的以及主观政策方面等原因，暂时无法迅速改变这种经济活动简单，自给自足的自然经济局面，尤其在贫穷落后地区。

3. 家庭在生活中地位重要，血缘关系浓厚

家庭是农村社区中最基本的生产生活单位。特别是近年来，家庭联产承包责任制的实行，这种地位更加明显。家庭不仅是生产经营的单位，而且还担负着多种功能，诸如：文化娱乐、赡养老人、抚养孩子等。基于此，人们十分重视血缘关系。家族观念在农村社区中比较重，成为农村居民形成合作关系的纽带。同时，由于农村社区居民重视血缘关系，使得农村家庭规模比城市家庭规模大。

4. 生产活动季节性强，生活节奏慢

对于以种植业为主的农村社区而言，此特征表现尤为明显。由于农作物的生长周期长，而且有很强的季节性。同时，在生长周期内的各个不同阶段对劳动力的需求程度不同，在农村有明显的农忙和农闲之分。如北方的“猫冬”就是农闲季节。尤其是实行了家庭联产承包责任制后，农业生产以家庭为单位独自进行，人们可以根据自己的情况安排时间，生活节奏和紧张程度相对于城市较慢。

5. 人际关系密切，具有社区认同感和归属感

农村社区由于人口流动性差，变迁速度慢。人们世世代代居住在一起，社区成员相互了解比较深，彼此的熟悉程度比城市社区大，所以人际关系较密切。而且农村社区地域观念比较重，长时间的共处，形成了共同的习俗、共同的道德伦理观念、共同的荣辱感、共同的价值感念。这些非制度化的社会控制形式，对社会生活有重要的作用。

三、农村社区的发展

改革开放以来，随着农村家庭联产承包责任制的实行和产业结构的调整，中国农村社区有了很大的发展和变化。

（一）传统、封闭的生活方式逐渐向现代生活方式转变

在我国农村长期以来，劳动作业以手工或半机械为主，在生产生活方面处于自给自足与半自给自足的状态。商品经济薄弱，而且有很强的独立性。改革开放以来，党的各项方针政策为农民普遍带来了生机和活力，许多社区的商品经济近年来迅速发展，从而带来了社区生活的繁荣。乡镇企业在农村经济中的比重越来越大，有的甚至成为农村经济的骨干和中坚力量。经济是基础，由于农村工业的发展有力地带动了本地区其他方面的发展，诸如：交通、文化、教育、医疗等。经济的发展也直接促进了农民的生活水平日益提高，尤其是电视进入了千家万户，可以使人们坐在家里，就可以知晓天下大事，农民的文化生活不断丰富，从而改变了农村落后、闭塞的面貌。随着城乡交流的扩大，越来越多青年人受到城市现代生活方式的影响，激发了农民的积极性和创造性，从被动的使用生产资料变为主动使用生产资料，从而促使了农业技术与机械化水平的提高。

（二）农村社区人口非农业化速度加快

所谓人口非农业化是指农民离开土地不再专门从事农业生产的过程。导致人口非农业化的原因是多方面的，我们把它们归纳为两个方面：首先，农村劳动力的剩余是根本原因。由于农村社区劳动时间受季节影响比较大，在农闲季节就容易出现劳动力剩余现象。尤其，家庭联产承包责任制实行后，农业生产是以家庭为单位分散进行的，生产者可以根据实际需要安排人力、物力和时间，农村劳动力的数量超过了农业劳动的实际需求。农村劳动力的剩余，从积极方面说，为社会提供了丰富的劳动力资源；从消极方面说，造成了一系列的社会问题：如侵蚀了社会风气；扰乱了社会治安；影响了青年人的健康成长；影响了农民的经济收入；延缓了农业现代化的进程等。所以，农村剩余劳动力寻找出路，是势在必行。其次，随着商品经济不断发展，生产力不断提高，为城市和城镇提供了大量的就业机会和进步的生活方式，这产生了强烈吸引力，促使农业人口向外转移，离开土地，不再专门从事农业生产而转向工商业。这种现象已涉及1/3左右甚至更多的农民家庭。

（三）经济结构由单一的农业经济转变为多种经营，全面发展的结构

随着改革开放的深入进行，在国家政策的扶持下，农村社区原来“以粮为纲”的经营方针变为多种经营，发展商品经济，并出现了多种经济成分并存竞争的局面，从而大大激发了农村社区的活力。目前，我国农村社区主要存在三种经济成分：一是集体经济，例如乡镇企业；二是家庭经济，例如家庭承包业；三是私营经济，如私人开设工厂等。[①] 据统计，在农村社会总产值中，农业产值所占的份额逐年下降。多种经济成分的存在既缓解了剩余劳动力给社会带来的

---

① 宋林飞：《现代社会学》，上海人民出版社，1987年，第362页。

压力，同时又大大地加快了农村现代化进程。

第三节　城市社区

一、城市的起源和发展阶段

（一）城市的起源

城市社区是指在特定的区域内，由从事工商业及其他非农业劳动，具有多种社会分上的密集人口所组成的社会，城市的出现标志着人类社会在聚居形式方向的一个飞跃，对于人类社会生活起着极为重要的影响。

城市是社会生产力发展到一定阶段的产物。中外历史表明，最初的“城”和“市”是分别独立存在的，是两个不同的概念。筑城以固土守民，“城”是一种防御设施，是原始部落用来防御野兽的侵扰和敌对部落的进攻而设置的居住区。“市”是做买卖的，设“市”便于交易，是交换产品的场所。市的出现是伴随着生产力的发展，剩余产品的出现而出现的。

从“城”和“市”产生来看，原本没有什么直接关系。以后随着生产发展和交易扩大，为了管理和安全上的需要，较大的“市”逐渐移向靠近“城”的地方，或者移入“城”中，从而“市”和“城”结合起来，形成了完整的“城市”。在我国早在周代的时候，“城”与“市”就结为一体了。

综上所述，我们可以看出，城市不是城和市简单地、机械相加，而是商品经济、生产力发展到一定阶段的产物，就本质而论：二者之间市是核心，是城市的本质。

（二）城市的发展阶段

城市的出现和发展大体经历了三个阶段即：古代城市、近代城市、现代城市。

第一，古代城市，又称前工业革命阶段。它包括奴隶社会城市和封建社会城市（又称中古城市）两个阶段。就奴隶社会而言，从考古发掘资料看，最早的城市主要分布在灌溉便利，有利于农业生产的地区。距今5000～3000年，第一批城市型社区出现在幼发拉底河和底格里斯河流域。而后，尼罗河谷、印度河谷和中国的长江、黄河流域都发现了这种城市。早期的城市功能是防御外敌，提供宗教活动、礼仪庆典的场所，同时，也作为社会的贸易、文化和行政管理中心。奴隶社会后期的罗马，希腊，波斯等国又创建了一批建筑宏伟壮丽的大城市，如雅典、巴比伦等，有的至今犹存。

中古的城市指的是封建社会城市。由于这一时期农业生产力有了进一步的发展，使得剩余产品逐渐增多，所以，城市的贸易功能就明显地增强了，纵观中国的封建社会，曾经出现过一批特大的城市如：长安（西安）、建康（南京）、汴梁（开封）等都曾住达到或接近100万人口，尤其唐代的长安城拥有百万人口，往来的商旅熙熙攘攘。市内店铺林立，有200多种行业，异常繁荣，是一座国际性大城市。另外，宋、元时期的广州和泉州是对外贸易的主要城市。这些城市也证明在封建时代，中国的城市建设走在世界的前列。而此时的欧洲，由于战争频繁，各国无暇顾及城市的发展，并且有不少城市还在战乱中遭到破坏，比如罗马城。这段“黑暗时期”在公元9世纪至10世纪时，出现复苏现象。11世纪至13世纪是欧洲城市大发展时期。巴黎、伦敦、米兰、罗马、热那亚等都达到相当繁荣的程度。

从古代城市的发展，我们可以看出，在不同的时期，不同的社会经济制度下，城市的数量、规模、结构、功能在不断变化着。但总的来看，这一阶段城市有着共同的或相似特点。

（1）城市的人口增长速度缓慢。不可否认这一时期，无论中外都出现过大城市，甚至特大城市，但直到1800年世界城镇人口才占总人口的3%。

（2）城市规模小，功能结构简单，从历史发展的进程来看，古代社会里生产力发展水平低下，商品经济不发达，而且战争频繁，列国纷争，殃及百姓，且城市是封闭的，所以城市规模小，同时政治、军事功能多于经济功能。

（3）城市的防御作用较突出。由于战争频繁，有的城市纯粹是为了防御外敌入侵而设置，四周都有坚固的城墙或壕沟。

（4）城市内基础设施建设比较差，由于面积小，且处于封闭状态，建筑密度较大，所以街道狭窄弯曲，以步行为主。

从上面的特点，我们知道：此时城市由于受当时的社会经济制度和生产力状况的制约处于低级阶段，但这一阶段所形成的政治、经济、科技成就和城市社会组织形式，城市行为方式为城市向更高阶段发展奠定了基础。

第二，近代城市，又称工业革命阶段。18世纪60年代，在英国的资本主义生产中，大机器生产开始取代工场手工业，生产力得到突飞猛进的发展，历史上把这一个过程称为“工业革命”。近代城市从此出现。工业革命不仅打破了旧的生产方式和经济制度，也使经济活动迅速的社会化、专业化。因此，这场从城市开始的工业革命促使城市的规模不断扩大，新城市不断涌现，及城市的结构、布局、内容、形式及地位、作用等各个方面也都由古代城市向近代城市转变。随着经济活动社会化程度不断提高，城市也相应的不断完善它的基础设施和服务系统，而且日趋完善的生活方式、生产条件，反过来又吸引了更多的工业活动和人口涌向城市，在1801—1851年的半个世纪里，英国5000人以上的城镇由106个增至265个，城镇人口比重由20%上升为45%，1900年，英国城市人口第一次超过了农村人口，接着，西欧各国、美国、日本、苏联、巴西等国的城市人口相继超过了农村人口。世界大城市人口飞快增加。

城市规模不断扩大和继续扩大的趋势，使城市在经济生活中的地位越发显得重要，已从古代城市单一的消费中心、交换中心的功能转变为生产中心，工商业中心等多样化功能，根据这些变化，人们提出了“城市化”这个概念。由此引起了世界范围内的城市化运动和对城市问题研究。

工业革命使城市发生了质的变化，同古代城市相比，近代城市具有以下新的特征。

（1）城市的规模增大，而且向开放性转变，此时的城市无论占地面积，还是人口数量，都大大增加，城市人口已占社会人口的大部分。而且城市的基础设施有了明显的改善，街道宽阔，交通工具十分便利，人们交往频繁，住处传递迅速。

（2）城市功能日趋多样化，阶级结构不稳定，近代城市已从古代城市简单的交换功能和政治功能逐渐发展成为工商业、交通枢纽、金融业、文化娱乐、科技教育多功能集于一体。由于功能的日趋多样化，所以处于上层社会的阶级结构并不固定而且经常变动。

（3）城市的区位结构分化明显。在城市发展过程中，由于社会活动高度集中，从而使同类社会活动和社会组织在地域上相对集中，形成了物质外貌、社会群体、人文生态环境不同的专能区，比如：工业区、商业区、仓库区等。

（4）重视普及文化教育。由于科学和技术劳动地位的提高，人们开始重视技术教育，职业教育。同时，城市又是人口高度集中区，人们之间为了交流的方便，开始重视文字的传播和标准化的语言。统一的文字和语言，使科学文化和思想交流十分便利，促使人们的生活方式和思想观念也发生了变化。

由此可见，工业革命不仅是一次技术革命，也是一次深刻的社会变革，对人们生活的各个方面都产生了极其深远的影响。城市多方面的发展变化，使人们越来越重视城市在社会生活中的地位和作用。城市化成为一股无法阻拦的潮流，被世界各国所重视。

第三，现代城市。又称世界范围内城市化时期。20 世纪以来，随着科学技术和生产力突飞猛进的发展，城市化的进程加快，而且不再局限于西方发达的资本主义国家，成为世界范围内的普遍现象。就西方的发达国家而言，在二战后，由于基础好，科学技术发展迅速，生产增长速度快，出现了城市化的新高潮。表现为：出现了超级大城市、城市体系和城市自身结构、质量的完善和提高。而原来的殖民地半殖民地国家由于政治上获得独立，经济上也不断地取得新的进步，其城市化的进程快于发达国家。从 1950—1980 年的三十年时间里，发展中国家的城市人口从 2. 85 亿人增加到 10. 13 亿人，增加了 3. 45 倍，而发达国家城市人口从 4. 49 亿人增加到 8. 02 亿人，只增加了 0. 8 倍。

综上所述，这一个阶段城市化特点如下。

（1）城市数量和城市人口迅速增加。1920 年世界城市人口为 3. 6 亿；1950 年为 7. 19 亿；1960 年为 10. 22 亿人；1970 年为 13. 99 亿；1980 年为 18. 71 亿人。60 年城市人口增加了 4 倍多。

（2）城市化的质量提高了。这个时期，城市化不再表现为城市数量的增加和特大城市的个体膨胀，而主要表现在城市的结构完善，城市的功能向动态性、综合性发展。

（3）发展中国家的城市化速度快于发达国家。从根本上改变了经济落后，工业不发达，城市发展缓慢的历史，1980 年世界城市总人口约是 16.4 亿人，其中发展中国家占 54.6%，而且墨西哥城和圣保罗代替了纽约和东京，成为世界上最大城市。

二、城市的类型和特点

（一）城市的类型

城市的分类，有多种依据。最常见的有以下几种。

1. 按人口数量划分

按人口数量划分城市，是当今世界各国普遍采用的一种标准，但是不同国家有不同的数量要求。我国的标准如下：

（1）特大城市。100 万人以上。

（2）大城市。50 ~ 100 万人。

（3）中等城市。20 ~ 50 万人口。

（4）小城市。10 ~ 20 万人。

（5）城镇。2000 人 ~ 10 万人口。

2. 按城市履行的主要功能划分

这主要是依据该城市的主导产业分类。

（1）综合性城市。指的是中央，省（自治区）及一部分地区（州）政府所在地的城市。这些城市既是政治的中心，同时又是经济、文化的中心，如北京、上海等。

（2）工业城市。又可分重工业城市和轻工业城市。重工业城市如以钢铁工业闻名的鞍山、包头；以煤炭工业闻名的抚顺、鸡西等。轻工业城市如以纺织工业为主的天津、青岛、丹东。

（3）商业城市。以商业贸易为主的城市如香港、上海、广州。

（4）宗教城市。一般为宗教圣地。如基督教圣地耶路撒冷、伊斯兰教圣地麦加、罗马天主教圣地梵蒂冈等。

（5）大学城市。随着大学的建立而发展起来的城市。如英国的牛津、剑桥。

（6）科技城市。即科技人才与活动高度密集的城市。如美国的硅谷、中国北京的中关村。

（7）旅游城市。供人们观光、游玩的城市如桂林、北戴河。

（8）革命纪念地。是有光荣革命历史传统的城市如革命圣地延安、遵义等。

3. 按地理位置划分

（1）沿海城市。指沿海岸线的城市，如大连、秦皇岛、上海等。

（2）内地城市。指既不靠海岸线又不靠边界线的地方，如西安、郑州、银川等。

（3）边境城市。靠近国境的城市，如丹东、满洲里。

4. 按照行政建设隶属关系划分

（1）直辖市。中央政府直接领导和管辖的城市，如北京、上海、天津、重庆。

（2）省辖市。由省、自治区直接领导和管理的城市，如沈阳、长春、哈尔滨等。

（3）县级市。由地区行政下署直接领导的。

（4）地区城市。在对外经济关系中被赋予特殊政策，享有更多优惠，如深圳市、厦门市、珠海市、汕头市。一般都为省辖市。

（二）城市社区的特点

1. 人口密度和社会活动高度集中

高聚集性是城市社区最基本的一个特点，它不仅表现为人口聚集，社会活动聚集，还表现为各种社会财富也相应的集中。就人口而言，城市的人口密度远远地高于农村，且随着城市规模增大，人口密度相应增高。如上海2万人/平方公里、广州2.95万人/平方公里、北京为2.73万人/平方公里。高密度、大规模的人口集中为人类群体生活的扩大提供了条件，同时，城市进步又促进了社会活动的规模扩大和种类的增多。总的来看，城市的社会活动有流通活动、生产活动、文化活动、管理活动、社会交往活动等。

2. 社会结构复杂

人口和社会活动的高度集中，使社区的社会结构异常复杂。表现为：①社区的组织结构复杂。高度的聚集性，使城市管理的复杂程度大大提高了。为了保证城市的社会生活正常、健康的运行，便相应地产生了复杂的社区管理体系。这个复杂的管理体系包括：政府职能部门（如财政局、人事局、税务局等），行业组织（商业局、教育局等），区域管理组织（区、街道、居委会）以及多种经济联合体（工商联）、社团（社科联）等。这些组织既有明确的分工，又相互联系，使城市组织异常复杂。②职业结构复杂。经济活动的高度社会化，专业化，促使社会分工精细，工种单一，导致职业结构复杂。“360行，行行出状元”就是具体写照。各种职业，既有合理的分工，又相互配合，促使社会健康、协调的发展。③区位结构复杂。由于同类社会活动和社会组织在地域上的相对集中，在城市社区这个大范围内所形成了一些功能各异的专能区，如商业区、住宅区、工厂区、绿化区等。而且随着经济活动种类不断增多，区位结构也日益复杂。这种合理的功能分区有利于促进生产，有利于正确处理废弃物，便于创造健康的生活居住环境。

3. 社区成员异质性强，生活方式多样化

城市社区的居民由于所从事的工作不同，受教育程度不同，文化背景不同，造成了职业、生活水平、经济收入、个性习惯、信仰等方面存在着差异。这种差异性就是我们所说的异质性。异质化的城市居民在日常生活中，可以根据自己的爱好、习惯、经济能力，利用城市较齐全的各类物质消费、服务和文化的设施，去享受丰富、多样化的生活。

4. 人际关系松散

同农村社区相比，城市人口流动性大，且接受外界信息途径多，因而变迁的速度快。同时，现代快节奏的都市生活以及日益激烈的竞争趋势，使人们之间往往缺乏深层的了解。在人际交往中，时常扮演的是就事论事的片面角色，只是工作上的接触。这种社会交往虽很广泛却很淡薄。另外，居住条件的改善，一家一户独立居住，也淡化了人们的交往意识，甚至“鸡犬之声相闻，老死不相往来。”

5. 家庭规模和职能缩小，血缘关系淡薄

现代城市的家庭类型多以三口之家的核心家庭为主，即一对夫妇同未婚子女组成。所以，人们常说现代社会是家庭小型化。家庭的小型化使得家庭的功能逐渐减少，一些传统的家庭功能逐渐为社会所取代，诸如抚育、养老等，所以，血缘观念、家族观念，在城市十分淡薄。

三、城市社区的功能

城市是社会发展的重要产物，主导着人类社会，并推动着整个世界进步。对此列宁指出：“城市是经济、政治和人民精神生活的中心。”

（一）经济中心

城市是地区的工商业中心、交通运输中心、金融和信息中心，在经济上发挥巨大的作用。发达的工商业，可以推动其他各项事业的发展，带动周围地区一起进步。便利的交通，可以促进交流频繁，改变闭塞、落后的状况。同时，城市又是金融流通的纽结点。农村和农民在经济上依赖城市，依赖工业，依赖城市的集中和信贷。

（二）政治中心

城市的政治作用指的是城市的决策、引导、发布政令的作用。比如我国首都北京，是国家的心脏，党政军等中央机关集中在那里，国际交往主要在那里进行。国家的重大决策都从那里发出，各地信息反馈也在那里。

（三）文化中心

城市是教育、科学、艺术的集中地。它为人类不断发展、进步提供了强大的动力。总之，城市地位作用是十分的重要，没有城市就没有人类的文明史。

第四节　社区互动中的城市化

一、城市化

（一）城市化内涵

城市化是经济的范畴，又是历史的范畴。它指的是人口向城市地区集中的过程。就内涵而言，这是一个内涵十分丰富的动态历史过程。反映了由于生产力的发展，促使人们的居住场所方面发生了巨大变革。农村人口大批变为城市人口，农村生活向城市发展，城市文明向农村扩散，逐步减少了城市、乡村生活质量的差别。就外延而言，主要表现为，城市的人口和用地规模不断扩大，城市的数量不断增加。它主要通过原有城市的扩大，非城市社区向城市社区的转化以及新建城市这三种途径来实现。城市化是一个国家发达与现代化的重要标志。发展中国家与发达国家之间一个明显的差距，就是城市化的程度普遍低。而区别一个国家或地区城市化水平最常用的指标是城市人口占总人口的比重。西欧发达国家，1950 年城市人口已占总人口的 51.22%，1980 年已达到 71.66%。同西欧发达国家相比，我国城市化比较落后，20 世纪 80 年代城市人口仅占总数的 18%；90 年代末，才达到 30%；据报道，“十二五”期间，将达到 50% 以上。归根到底，城市化的水平取决于社会生产力的状况和经济发展水平。

尽管如此，城市化作为人类社会发展的重要标志，说明传统落后的乡村社会逐渐被现代先进的城市社会所取代，因此具有划时代的伟大意义。

（二）城市化的出现及过程

城市化的出现准确地说是从 18 世纪 60 年代英国工业革命开始的。工业革命是城市发展的重要转折点。它不仅是一次技术革命，而且引起了社会生产方式的重大变革。机器大工业代替了工场手工业，使生产社会化程度明显提高，而且协作联合又进一步扩大，从而为城市提供了大量的就业机会，进步的生产方式和优越的生活条件。城市的强烈吸引力，促使农村因劳动的生产率提高而出现的大量剩余劳动力开始涌向城市，标志着城市化的开始。英国首先成为世界上实现城市化的国家。

综上所述，工业化是城市化的基本动力，是城市化的深刻根源。由英国开始的工业革命很快扩展到欧洲其他国家，法、德等国先后实现了城市化。美国从 1830 年开始工业革命，美国城市发展速度比较快，仅用了 100 多年时间，就实现了城市化。

从英国工业革命揭开序幕的城市化进程发展至今，大体可分为三个阶段。

第一：1760—1851 年，城市化的初始阶段。城市化的主要表现是大量农村人口变为城市人口。由于工业化，引起了城市的人口和产业的集中，使农业人口比例下降。作为工业革命发源地的英国在1850年成为世界上第一个城市人口超过总人口50%的国家，基本上实现城市化，也是世界上最先实现城市化的国家。

第二，1851—1950年，西方发达国家基本实现城市化阶段，1800年整个欧洲万人以上的城市只有22个，到1900年，仅10万人以上的城市就增加到136个，而经济不发达国家和城区，工业化开始较晚，此时又受到殖民主义压迫和剥削，政治上不能自主，经济相对落后，所以城市化速度较慢，城市人口数量少。

第三，1950年到现在，城市化进程进入了一个转折时期，发展成为全球性的普遍现象，尤其是二战以后，由于科学技术和生产力的飞速发展，城市化速度可以说是空前的，而且这一时期，发展中国家及地区城市化进程快于发达国家。

（三）城市化的意义

全球性的城市化运动，引起了人类生存格局深刻的变化，是人类进步的必由之路，其意义极为深远。

1. 城市化是消灭城乡对立伟大目标的具体途径

城市化一方面使大量农村人口涌向城市，接受城市先进的生活方式、生产方式。另一方面，又推动了落后的农村整体进一步转化，广大农村也逐渐向城市学习看齐。同时，消灭城乡的对立，是社会统一并取得更大进步的首要条件之一，而这个条件又取决于许多物质前提。这些物质条件正在城市中产生出来。

2. 城市化促使城市的功能不断增加且走向专业化

在城市化过程中，除了具有经济、政治、文化功能的综合城市外，还出现了各具特色的新兴城市，比如电影城、旅游城、科技城等，同时，在城市内部，由于规模不断扩大功能不断齐全，还出现了一些功能不同的专能区。

3. 城市化引起了人类生活的多方面变化

城市化改变了人类的生产方式和物质条件，实际上城市化同样也改变了人类的生活方式，思维方式，交流方式甚至人的观念，从而提高了人们的整体素质。总之，城市化作用是广泛而巨大的，意义是深远的。

二、西方城市化的道路

西方发达国家的城市化是伴随着工业化的步伐而进行的，也是在资本主义制度控制下进行的。因此，资本主义制度腐朽、落后的一面就不可避免地暴露出来，例如，城市初、中期，由于盲目性、无计划性，城市工业的发展伴随着农民分化破产和农业衰落，城乡对立更导致农村的落后。所以，城市化虽然对社会进步产生了促进作用，影响巨大，但同时，暴露的问题也越来越严重。

（一）西方城市化的突出问题

1. 适当、良好的住房供应不足，低标准的住房破损，缺少设备

这是各国大城市都面临的共同问题。究其原因即人口剧增造成，人口剧增造成住房短缺，设备陈旧而且改造缓慢，比较典型的是法国巴黎；同时，由于人口增多也使地价和房租不断上涨，如日本和美国。

2. 交通拥挤，事故频繁，车速缓慢

西方发达国家凭借雄厚的经济实力，曾努力改变交通运输状况。比如，更新技术设备，对基础设施大量投资，使大城市交通向空中地下发展，但由于私人小汽车的普遍使用，仍然改变不了严重的交通危机。伦敦、东京、纽约等城市平均车速每小时 10 公里左右，每年死于交通事故的人数高达数万人，发展中国家城市交通问题更严重。

3. 社会歧视严重，犯罪率上升

高度集中的城市人口，在文化、语言、伦理、思想、观念、风俗、习惯以及种族、宗教信仰等多方面都存在很大的差异性，其中，黑人、拉美人、印第安人、亚洲人、犹太人、东方人、南欧人、妇女和老人等处于社会劣势的群体到处遭到歧视。同时，西方社会思想和行为远离传统，趋于现代，生活开放，又缺乏一个统一的道德要求和行为规范，在千变万化的社会环境中，丑态百出，如：卖淫嫖娼、狂赌滥饮、吸毒贩毒、自杀他杀等，使得社会秩序紊乱，治安恶化，犯罪率不断上升。

4. 能源短缺，价格上涨，环境污染严重

由于私人小汽车的泛滥，不但消耗了大量的能源，而且因为噪声和排气严重污染了环境，同时，城市工业“三废”排污量大量增加，也使生态环境日益恶化。

以上这些问题就是当今人们大声疾呼的“城市病”，西方现代社会学家又称之为“城市危机”。其中单纯的技术性城市问题，西方发达国家凭借自身的经济实力，解决得比较令人满意，但因为社会制度、社会条件所导致的城市问题，却无计可施。

（二）西方国家调整城市化的措施

面对这种种“城市病”，20 世纪 60 年代以来，一些西方国家纷纷制定了调整城市化的政策和措施，以解决城市化过程中所造成的种种问题。包括：第一，制定科学规划，颁布相应的法规。第二，加强管理，调整大城市结构。第三，协调大中小城市的发展，建立合理的城市发展体系。第四，调整产业结构，加速城市现代化。第五，建立发达的城市交通体系，改善交通状况。第六，积极解决住宅问题，改善居住条件。第七，建设卫星城，扶植大城市进行再开发等项措施，其中，卫星城指在大城市管辖范围内，又与中心城市有着密不可分的关系，人口规模在万人以上的相对独立的城镇。这样，大城市连同周围的卫星

城，发展成为城市群。在超级的城市群中，最著名的是美国的三大城市群，波士顿－纽约－华盛顿；底特律－芝加哥－克利夫兰；圣弗兰西斯科－洛杉矶－圣地亚哥。在大城市群形成过程中，郊区化起了很大作用。20世纪20年代以来，西方发达的资本主义国家出现了所谓“郊区化”，即大城市中心，闹市人口、工商业企业向边缘地区移动的趋向，这种郊区化实际上是城市化的深化或继续发展，而不是改变世界城市化的一般趋势。郊区化的最终结果使城市人口下降，工商业活动减少，乡村用地变为城市用地，把郊区变为市区。郊区化现象的出现，对于解决大城市工业过度集中，人口过度膨胀，环境污染严重等问题起到了积极作用。但从消极一方面来看，这种现象的存在造成了大城市经济停滞和财政困难，因为移入郊区首先是富人，留下的是老人，穷人，非法移民，非熟练工人，所以城市收入降低，吸引力下降，从而引起了郊区与市中心的分化，又给发达国家提出了新的问题。

三、我国城市化的道路

（一）我国城市化道路的指导思想和原则

在认真研究世界城市化的普遍的规律，仔细分析西方城市化过程的经验教训基础上，结合今天的时代特点，及我国是个传统农业大国的基本国情，我们清楚地认识到：我们国家的城市化不能走西方城市化的老路，必须从中国的实际出发，走出一条有中国特色的城市化道路，以此作为我们搞城市化的指导思想。

同时，在实际城市化过程中，还应遵循以下几方面的原则：第一，城市化进程必须与经济发展水平，特别是农业发展水平相适应，快慢适度，稳步发展。第二，坚持城乡合作共同发展。第三，坚持走人民路线，发挥人民群众的主观能动性。第四，要以科学、可行的规划作指导，这个规划必须符合中国国情，符合当地特点。因为它是城市化建设发展的方向、蓝图和依据。第五，要坚持改革开放，加快城市化进程，同时，更好地吸引外资，以解决城市化的资金短缺问题。还可以有利于产品劳务输出，推进产业结构演进和农村劳动力转移。

（二）我国的城市化道路

鉴于西方发达国家城市化是以牺牲农村为代价，在城乡对立加剧过程中进行的，并由此产生了许多社会弊病。我国的城市化道路必须走工农结合，城乡协调发展的道路。城乡的协调发展就是不断缩小，直至完全消灭城乡对立的过程。从本质上讲，我国城乡利益是一致的，但由于历史的、政策的原因，城乡在物质、精神、社会生活许多方面还存在差距，甚至对立。这种对立一方面表现为发展水平的差距。另一方面表现为地区发展不平衡或地区差别，所以人们分别提出了城乡协调发展的融合理论和城乡协调发展的布局理论。

1. 城乡协调发展的融合理论

此理论包括如下三种模式。

(1) 优先发展农村社区的模式。此种理论的主要观点在于：要缩小城乡差别，消灭城乡对立，应当先发展落后的农村，使农村向城市方向发展。

这种理论有它的合理性，不可否认，从总体上看，城市的发展水平要高于农村，关键在于要因地制宜运用，是否应优先发展农村，主要看这一地区农村是否具有多方面的优势，而且必须要因地制宜，实事求是，不能照抄照搬。如果一个地方的优势产业是旅游，就不要再发展农业了。所以，基于我国国情，优先发展农村社区的模式未必适用于长期发展战略，但作为“优势”地区发展模式，更具有理论指导意义。

(2) 重点发展城市理论。这种理论的核心思想是重点发展城市，以城市发展来影响、带动、促进乡村的发展，从而缩小城乡差别，这种理论的社会背景与世界城市化的趋势关系密切，即通过选择合理的城市化方式来解决城乡发展问题，关于城市化，我们在前面已详细地介绍过了，这里不再重复。从我国的实际国情来看，在全国范围内按照重点发展城市的理论模式进行社区建设的条件尚未成熟。我国是个传统的农业大国，农业人口众多，经济发展水平低，工业经济基础薄弱。因而，对城市化的速度和方式应实事求是，慎重选择，总体规划。我国城市发展的战略方针：“控制大城市规模，合理发展中等城市，积极发展小城市”便是依据国情提出来的。控制大城市规模是为了避免出现更严重的城市问题，加剧城乡对立，而发展小城市是因为它和小城镇规模相近，以便发挥其效果和纽带作用。

(3) 城乡协调发展一体化理论。这种理论是把城市和乡村放在一个系统加以考虑，全面规划城乡的协调发展。具体内容包括以下几方面：城乡工业生产布局一体化，中心城市和郊区及城镇一体化，城乡精神文明建设一体化，城乡流通一体化，城乡交通一体化，城乡金融一体化，如实地把城乡作为一个整体去建设，把事情办得更好一些。

关于城乡协调发展，应当坚持以下几个原则。①优势发展的原则，即根据自己地区的优势，结合实际情况，因地制宜的发展。②整体发展的原则。即城乡发展通盘规划，使城乡社区有机地匹配组合，发挥其优势。③互益发展的原则。即一个社区的发展以对他社区有益为前提。④地域平衡发展的原则。城乡发展应当在不同地区的经济、政治文化、人口与环境等方面力求平衡与协调。①

2. 城乡协调发展的布局理论

这种理论主要研究探讨城乡社区的地区发展不平衡和缩小地区差别的问题。

由于我国幅员辽阔，各地自然地理条件和经济发展水平不同，城市化的基础和起点也不大相同，所以，要解决城乡社区的地区发展不平衡，缩小地区差

① 郑杭生：《社会学概论新编》，中国人民大学出版社，1987年，第309页。

别的问题，城市化过程必须因地制宜，结合当地的实际情况采取相应措施扬长避短，使各地区的优势充分发挥出来。

首先，城市的发展和布局与人口和产业的布局密切相关，我国人口和产业集中在东部。所以，东部沿海地区经济十分发达，而广大的西北部地区自然条件、地理条件恶劣，技术经济落后，人口稀疏。所以，要在这一地区发展城市，必须改变恶劣的自然条件，而改造的根本在于解决缺水问题。同时，更重要的是改善生态环境。增加降水量，并保持水土。

其次，便利的交通也是产业布局和城市发展不可缺少的，有些穷乡僻壤，并不是资源不丰富，而是由于交通问题所致，以致丰富的潜在资源得不到开发，而处于沉睡状态，所以，只有改善交通条件，各种生产要素输入，才能大规模地开发资源，有了雄厚的资源优势，产业也相应地兴办起来，人口聚集，才能加快城市的建设和发展。

再次，通过沿海地区的经济快速发展带动经济比较落后的地区，乃至整个国民经济的发展。沿海地区，凭借优越的自然地理条件，丰富的资源和发达便利的交通，大量的吸引外资和先进的管理方法，经济发展速度较快，这些城市可以利用自己先进的经验，优秀的管理人才和管理方法，去支援、开发那些潜在资源丰富、生产潜力强大的落后地区，改变落后的状况，这是可行的，因为一个地区是否具有城市化的基础，发展的必要，很大程度上取决于这一地区的地理资源和经济发展的潜力，现在国家正在倡导和实践的西部大开发，正是在这个基础上进行的。

总而言之，要改变我国城乡社区的地区发展不平衡和缩小地区差别，就要努力改变制约城市发展的自然环境、资源状况和人文经济条件。

（三）转型时期城市化的特点

伴随着人类社会由传统社会向现代社会转变，城市作为建设现代物质文明和精神文明的基地，必须走在前列，带头实现现代化。所以，在转型时期，城市化将呈现以下特点。

1. 同质性日益减弱，异质性更加增强

除了在文化背景、教育程度、经济水平等方面异质性较强之外，尤其在职业结构分化方面，异质性更加突出。一些新兴的行业比较发达。例如：旅游、娱乐信息、咨询、计算机、物业管理、社区服务等。异质要素的增加对社区的管理和整合提出了更高的要求。

2. 生活方式日益现代化，居住环境明显改善

随着经济的发展水平不断提高，一些基础设施不断提高效能和现代化。例如：交通、通信、住房等，满足了人们提高生活水平的需要。而且，不但住房条件有所改善，居民的生活环境也越来越好。各种污染得到很好的治理，园林绿化加强，使得环境变得清洁、幽雅、安全、舒适。

3. 精神文明建设高度发达

物质文明建设和精神文明建设在我国城市化过程中同等重要。在物质生活现代化同时精神方面也同样迅速进步。社会道德风貌良好，人与人之间和睦相处，文化教育、科学体育成绩突出。城乡环境面貌优良协调，人的精神面貌饱满热情。

4. 产品经济逐渐市场化，经济体制由计划经济变成市场竞争

由此刺激了人们的竞争意识。人们更加好学上进，从各个方面提高充实自己，以便能适应千变万化的社会。各个企业更加注重自己的企业形象、产品形象，以求在激烈的竞争中立于不败之地。

【复习思考题】

1. 社区的含义及构成要素是什么？
2. 农村社区的概念及其特点是什么？
3. 城市社区的概念及其特点是什么？
4. 什么是城市化？转型时期城市化的特点？

实训参考

【讨论】 中国社区建设理论依据的探讨。

【录像】 观看电视专题片《中国台湾》（1～3题）、中央电视台《祖国各地》、《世界各地》栏目，思考不同社区在构成要素上的差异，思考不同地区城市化道路的差异。

【实践活动】

实践题目：城市化的调查

实践目的：通过实践使学生了解所在地区的城市社区变化的情况，增强学生理论联系实际的能力

实践地点：城市史志办公室、城乡建设委员会、城市规划管理局、城乡建设局

实践课时：2课时

实践内容及过程：①组织情况：全班同学分成四个组，每组一个地点，同时进行；②拟定调查提纲，包括以下几方面内容：城市化开始的时间；城市化过程中所采取的重要措施；城市化过程中引起了哪些“城市病”，如何解决；目前城市化进展状况；今后城市化的远景；如何解决城乡的差别问题；③搜集资料；④互相交流资料信息，编写调查报告。

第九章　社会行为

社会是由人的有意识、有目的的活动构成的，任何人追求自己有目的的活动都要与他人和社会发生关系，都属于社会行为。要有效地预防人们的离轨行为，正确调整人与社会的关系，以保证社会的良性运行，必须对社会行为做一番全面的考察。

第一节　社会行为概述

一、社会行为及其构成要素

社会行为不是存在于人的活动之外，恰恰是由人的活动构成的。社会行为即指人们在社会生活中与他人和社会有关的一切行为。一切社会活动、社会过程都是由人的社会行为构成的。社会活动和社会过程首先表现为社会成员的一种自觉的、有目的的活动。社会行为是一种有意识的，有意义的行为，社会行为是这样一种行为，按照行为者的动机与他人的行为发生关系，并在这种交互作用的过程中确定发展的方向。一般而言，社会行为由以下三方面构成：社会行为是行为主体对所处情境的积极或消极的反应，即反应性行为；社会行为有着明确的行为目的，是行为主体的选择性行为；社会行为本身具有某种象征意义，是一种能够被他人理解的行为，即象征性行为。任何社会行为一般都同时体现了这三方面的因素，而且行为的对象是他人或群体。除此之外，纯粹生物性反射性行为、作用于具体物质对象的行为，均不构成社会行为。

二、社会交往（互动）与社会行为

交往这个术语，在马克思主义的著作中含义极为广泛。它包括个人、社会团体、许多国家的物质交往和精神交往，在某些方面，它甚至等于社会关系的概念。虽然如此，马克思主义对人们的社会交往还是作了极为明确的层次分析的。按照马克思主义的观点，人们的“物质交往——首先是人们在生产过程中的交往，乃是任何另一种交往的基础”。既然人们要活下去，首先要进行生产，那么生产过程中的交往是任何其他交往的基础，就是理所当然的了。而在物质交往之外，人们还有更多的交往活动。思想、观念、意识，也即是说，人们的精神交往，是人们物质交往的直接产物。这是马克思主义对众多的社会交往，特别是对物质交往和精神交往的一个最明确的最概括的说明。所谓社会交往是指个人与个人，个人与团体或团体与团体之间的交互作用、交互影响的方式和过程。社会交往具有以下特征：①社会交往必须发生在两个或两个以上的人之间，一个独来独往的人不能互动。②个人之间、群体之间只有发生了相互依赖性的行为才存在互动，并不是任何两个人的接近都能形成社会交往。③社会交往以信息传播为基础。④社会交往并不是非要在面对面的场合下才能发生。⑤社会交往总是在特定的情境下进行的，同一行为在不同的时间、不同的场合具有不同的意义。⑥社会交往还会对交往双方及他们的关系产生一定的影响，并有可能对社会环境形成一定的作用。

人与人结成一定的社会关系进行社会交往，同时也就有了各种各样的社会行为。社会行为是人类进行活动，认识社会、改造社会，满足人们日益增长需求的现实表现。社会交往是在特定的情境下进行的。情境不同，人们的交往方式往往不同，不同的情境、不同类型的交往在过程上会有千差万别，与社会行为之间有着密切联系。

首先，根据参与交往的人数的二人关系、三人关系、多人关系的划分进行分析。二人组中每一方仅需要同另一方有关系，所以会最为充分地考虑对方具体的需要、愿望和个人品质，由此两人关系可以获得在其他任何形式中不可能存在的亲密感情和独立性，从而产生一种排他的特征。但是，这种亲密性也会使两人的冲突更加强烈。三人组中，每一方都面对着两个人，都要考虑两个人的人格特征。这时要达到二人关系中可能具有的亲密性是不可能的。第三者可以在冲突的双方中自由地选择支持哪一方，因此他可以向他们提出某种要求作为提供支持的交换条件。在大型群体中，个人面对的不仅仅是其他个人，而是似乎超过了个别成员之上的客观结构。在正式组织中，往往会形成明确的分工和严密的组织规范来制约人们的交往。

其次，根据社会交往的方向、交往的程度、反映社会交往的范围、反映在一定时间内发生社会交往的频率及反映社会交往情感投入的强弱进行分析，形成竞争、冲突、强制、服从与顺应、合作等形式的社会交往，这些交往都在不同程度和角度上酝酿社会行为的形成，是社会行为的前期阶段。

不同方向的交往在模式上、结果上都大不相同，在一定条件下交往双方也可能发生变化，研究这种条件和机制是调节人际冲突的重要前提。交往双方利益关联的大小、情感投入的大小、交往延续的时间长短和交往规范的复杂程度等几方面也对社会行为的形成有一定的影响。社会交往的范围、强度和频率表明交往领域和结果的大小，会对社会行为的产生有一定的情境基础和一定的刺激条件。

总之，社会交往与社会行为都是在社会生活中形成的，而且它们都是个人的社会生活需要，是人类生存所必需的，都与所处的情境有很大关系。但不同的是社会交往所处的情境比社会行为形成的情境范围要宽。社会行为的形成还必须是遇到社会刺激后产生的，是一种反应性行为；社会行为具有明确的行为目的，是主体的选择性行为；社会行为本身还具有某种象征意义，是一种能够被别人理解的行为，即象征性行为。社会交往与社会行为可以是少数人的交往，也可以是多数人的交往，社会交往形式和内容都与社会行为有异同，但社会行为的形成和传播必须存在文化认同。

三、社会行为形成的条件

社会行为是在一定的社会情境中产生的自觉的、有意识的行为，它和一般生物性行为有明显的不同之处。发生社会行为的社会情境可以从三个方面加以分析：

（一）个人的社会生活需要

社会行为之所以产生，其根本原因是人们的社会生活需要。个人的社会生活需要是多方面的，多层次的。按照心理学家马斯洛的人类需要层次划分，可以分成七个层次，即生理的需要、安全的需要、归属与友爱的需要、尊敬的需要、求知的需要、美的需要、自我的需要。他认为在人们千差万别的需要表现形态中，存在着某些共同的需要，而这些需要是呈现层次分布状态的，人们必须在较低层次的需要得到基本满足之后，才有可能产生较高层次的需要，但是，如果满足了高层次的需要，却无法保障低层次的需要，这时人们会放弃高层次的需要，以谋求低层次的需要。正是因为社会成员的广泛需要才推动社会向前发展。

（二）社会刺激

社会刺激是引发人的社会行为的原因之一。这种刺激包括他人的刺激和群体的刺激。所谓他人刺激即指行为者在特定场合中交往对象的各种表现引起了行为者的内心冲动，从而激发行为者某种行为。所谓群体刺激，则是指某种群体的气氛对于行为者的影响，从而引起行为者的反应性行为。社会刺激有三种途径，即心理刺激、语言刺激和行为刺激。其中语言刺激对于人们的社会行为影响最大。社会行为中的极端形式——集体行为，大部是由语言刺激引起的，这是因为语言是人们交往互动的重要的、基本的手段之一，也是人们心灵沟通的基本媒介。因此语言刺激对社会行为的影响其社会价值极大。积极的语言刺激，可鼓励和动员社会成员表现出巨大的社会热情。

社会刺激作用于行为者有个先决条件，那就是行为者对这种社会刺激有所知觉，然后才能产生相应的社会行为。行为者对社会刺激的知觉，当然是基于行为者个体的生理感觉机能，但更重要的是行为者良好的意识和修养。无感觉机能或感觉机能缺陷，则不会作出相应的机体反应；有相应的机体反应，但无良好的修养意识，也不会引起相应的社会行为。

（三）特定的群体情境和文化认同

一个人或一些人的行为引起另一个人或一些人的行为，需要有特定的群体关系和群体情境。不同的群体环境会影响人们的某种行为。在同一个文化环境中的社会成员，通过其相互认同的象征符号系统才能够形成互动。而不同的文化环境，由于其特有的象征符号系统无法相互认同，则形成不了良好的互动，也无法影响或形成某种社会行为。我们所讲的象征符号是一种传播学中人类进行传播活动的要素，它能脱离参加传播关系的双方而独立存在。因此，一个团体、一个地区、一个国家的文化环境，只有在共同的文化习惯、风俗、规范、制度中，其成员才能相互交流，形成社会互动。社会成员之间的互动由此而形成了某种社会行为。

四、社会行为的方式

（一）暗示与模仿

暗示与模仿是人类最基本的社会行为方式之一。

所谓暗示，是指个人用语言、动作或其他象征符号把自己的意见传达给被暗示者，并引起被暗示者反应的一种行为方式。暗示是最基本的人际交流互动的形式。

暗示一般是在非对抗性态度的条件之下，用含蓄、间接的方式对人们的心理和行为产生影响，使被暗示者的思想、行为与暗示者的向往相一致，从而形成互动。在对抗性态度的条件下，这种暗示往往不能实现，其原因在于暗示的双方都没有产生互动的意念。暗示可以通过语言、动作或其他象征符号进行。

模仿是对暗示所传达的意向有意无意地做出类似反应或合意性反应的行为方式。模仿这种行为方式，实质上是一种文化样式的传播、流行的过程。某种现代的文化样式，无论是衣、食、住、行都是首先在一部分社会成员中流行、而后逐渐扩大的。它之所以得以流行，正是模仿在其中起作用。模仿也是一种社会学习的过程，通过模仿可以使社会所设计的某种榜样被社会成员习得，从而改善社会成员的素质。但不好的行为方式，也会导致一些是非不辨的人走入歧途。

（二）竞争与合作

竞争是指以超过对方取胜为动机，互相争胜的行为方式。一般来说它是社会团体中的成员相互之间激励、促进和比赛的现象。竞争是社会发展机制和人的内驱力、能力的反映，同时也是一种激发人的内驱力、锻炼人的能力的重要途径。社会发展机制总是不断激励人们创造发明，积极向上，呈现出比学赶帮的气象。人的内驱力是一种人的个性心理的重要特征，是由自我意识所推动的实现特定目标的一种动力。由人的内驱力驱使竞争，最终力图达到自我实现的满足感。

合作是指社会团体中的成员在完成共同目标任务中的相互配合和协作的现象。由于人的活动领域和能力有限，因此，人们在竞争过程中，为了获得更大的利益，往往要相互合作。

竞争和合作是对于社会中的个体而言，而众多的个体的竞争和合作，从整体上看便形成一股“社会力”即“社会能量”。

(三) 冲突与调适

所谓冲突即一种公开的对抗性行为方式。它是指两个或两个以上的个人或团体以压倒对方为目的的社会行为。

冲突与竞争的含义不同，冲突的特征在于双方必须直接接触，并带有情绪上的敌对，双方的力的作用是互相反对、彼此打击。而竞争的含义，尽管也是一种以取胜为目的，但并不要求直接接触，也没有情绪上的敌对，更不必彼此打击。冲突的产生是由于个人或团体间的利益、意见和态度方面存在根本对立。

冲突的社会功能具有两面性：一方面它是一种消极因素，是具有破坏性、相互损害的行为；另一方面，由于社会存在一定程度的冲突，以及冲突的潜在力量，就有可能使社会更好地调节不同群体、阶层之间的利益，经常地沟通意见，实行对话，避免矛盾的根本对立。

所谓调适是指一种个人或团体调整自己的行为以适应社会环境的过程。调适是由冲突而引起的，人们为了避免冲突建立比较安稳的社会环境，因而要求调适。

调适的种类有：和解、妥协、容忍和顺从。

(1) 和解。就是冲突双方不分胜负，但由于有了新的认识或经过第三者的调解，而改变了原来的敌对态度，停止冲突建立了正常关系。和解是解决非对抗性冲突的主要方式。

(2) 妥协。是指冲突双方由于势均力敌，双方消耗太大，不得不暂时偃旗息鼓，但敌对情绪仍未改变。妥协是一种有条件的、暂时的力量的平衡。妥协中的一方，如果经过休养生息，重新聚集力量，也可能破坏双方的协议，重新发生冲突。

(3) 容忍。是指冲突一方，采取克制的态度避免发生冲突。容忍是一种在特殊条件下调整自己的态度和行为，以适应冲突对方的要求的互动方式。“小不忍则乱大谋”则是容忍的必要性的最好解释。容忍是一种策略，在环境变化还未完全把握之前，采取容忍的态度，当事情明朗后再做出正确的行动。

(4) 顺从。是有意识地调整自己的行为以适应环境和习俗。

五、社会行为的类型

(一) 经济行为，政治行为，文化行为

1. 经济行为

经济行为是指人们表现在生产、分配、交换、消费等经济活动中的行为。它是人类最基本的一种社会行为。经济行为包括个人的消费行为和企业行为。

经济活动是社会活动中的重要部分，就社会成员个体来说，为了维持基本的生活需要，就必须实现消费行为。

2. 政治行为

政治行为是行为主体（包括个人和组织）对于某种政治情境的有目的的反应。人们的政治行为都是为了达到一定的政治目标而作的努力。

3. 文化行为

文化行为也可被称作“习俗行为”或“日常生活的常规行为”，它是人类社会中普遍存在的一种社会行为。文化行为的内容，按物质生活和精神生活两大类划分，可包括衣食住行的行为方式，以及婚丧嫁娶、节日盛典、人情往来的礼仪行为等。

人类的活动本身是在一定的文化规范下的活动，所谓文化规范，是一种在思想和行动上的固定方式，是一种日常生活中具有重要性的常规制度。因此；它是人类社会最早形成的范围最广的社会行为。这种文化行为的形成，基于一定的物质生活条件，受到社会的经济和政治发展的制约。

（二）从众行为，服从行为，互惠行为，侵犯行为

1. 从众行为

从众行为即是一种在一定的社会团体意见的压力下，个人放弃自己的意见而采取与大多数人一致的行动的行为。

产生从众的原因有：屈服于团体压力，不想犯错误。力求正确；试图按其他成员的期望行事以博得大家的承认等。影响个体从众行为的因素主要有：①团体人数。实验证明，团体人数在 7 ~ 8 人之内容易引发从众行为。②团体的吸引力。团体对其成员吸引力越大，成员越容易从众。③成员在团体中的地位。地位低的成员容易从众。④与自己类似地位的成员从众与否会直接影响个体的从众行为。⑤团体内他人的行为。周围人们的反从众行为则会抑制个体的从众行为。⑥个人的心理特点。重视社会评价，对舆论敏感，易激动的人容易引发从众行为；智力低，自尊心弱的人也容易从众。反之，强调自己独立见解以及有较强自尊心的人，则不易发生从众行为。

2. 服从行为

服从即是对权威的服从。权威则是一种制度化了的权力，它包括团体规范和领袖意志。所谓服从行为，也就是指行为者按团体规范行事，或按权威人物的命令行事。任何个人都是生活在一定的社会团体之中的。无论是家庭、学校、工厂以至于整个国家，都是各种职能和形式不同的社会团体，而任何社会团体都有一定的规范和纪律，要求大家共同遵守。作为其中成员的个人，也就必须遵守和服从这些规范和纪律。如果其成员遵守和服从了这些团体的规范和纪律，就会得到赞扬和肯定，反之就会受到团体的批评甚至处罚。

人类社会活动中，个人服从权威和团体规范，是十分必要的，它有助于团体的一致性以及社会的稳定。服从行为的反面就是一种不服从行为。不服从行为其实质是对团体规范和权威的蔑视、无视或者抗拒。不服从行为的存在会加剧团体内部的紧张度，也会造成人际关系不正常化以及团体程序的破坏，甚至于干扰社会秩序。

3. 互惠行为

互惠行为是一种自觉性的互动形式，行为者的这种行为是为了回报对方曾经给予的好处或方便而作的行为，同时又期待着对方以相应的方式给予报答。互惠包括互酬、互利，都是人类本性的反应，人与人之间的互惠基于一种精神的或物质的交换，没有这种交换，则不可能产生互动，也无所谓社会行为。互惠实质上是一种相互依存，意味着行为者之间的相互交换，包括感情、信念、财物等的交换。

互惠行为在人们的经济、政治、社会生活中到处可见，它是一种促进人际间互动的重要形式。当然不正常的互惠行为也会败坏社会风气，导致人际关系上唯利是图的倾向。

4. 侵犯行为

侵犯行为是一种侵犯他人利益，伤害他人身心健康的有意识的行为。行为者由于自我需要的某一部分未得到满足，因而产生了对妨碍他的这部分需要实现的他人的敌意心理，在一定的场合和条件下，进而发展成一种有意识的侵犯。因此，侵犯行为有着明确的意向性，侵犯的对象正是行为者所认定的妨碍他实现个人需要的人。无意识的冒犯他人并不构成侵犯。

（三）理性行为和非理性行为

1. 理性行为

经过行为者合理考虑之后，选择合乎自己主观要求并且可能实现的行为，即一种理性行为。理性行为的行为者一般有着较强的自我意识，能运用自己的知觉、经验以及对周围环境的判断、推理，做出既符合规范，又合乎个人目标的行为。理性行为在全部社会行为中占主导地位，它是现代化社会生活中，人与人之间理性互动的结果。

2. 非理性行为

非理性行为是一种由情绪行动引起的极端行为。行为者虽有常人的思维、判断能力，但对自己的行为缺乏合理考虑，或未及考虑，因而其行为目标不明，手段离奇，导致行为结果既不符合社会规范，也不合乎个人目标，非理性行为的产生除了一定的群体情景、社会刺激外，与行为者个人素质有很大关系。有良好的社会经历和自我修养以及社会道德意识的人，可能在行为的选择上更趋于理性化，遇到意想不到的烦恼之事，也能三思而行，尽可能克制自己的情绪冲动，使得某种矛盾可以合理地解决。反之，自我修养差，无视道德规范的人，甚至个性心理缺陷的人则易受情绪左右，从而引发非理性行为。

第二节　离轨行为

一、离轨行为的内涵

所谓离轨行为，是指偏离或违反一定社会行为规范的行为，又称为越轨行为或违轨行为。诸如在我国现实条件下的贪污、盗窃、走私、斗殴、赌博、抢劫、强奸、卖淫、行为不检、蓄意预谋、考试作弊、以权谋私等，都是社会生活中的离轨行为。这些离轨行为有的是违章，有的是违法，有的则是犯罪。犯罪是违法行为，但亦不是所有违法行为都构成犯罪。什么是犯罪呢？根据我国刑法规定，一切危害社会的行为，依照法律应当受到刑罚处罚的，都是犯罪，犯罪行为的基本特征是：第一，对社会具有较大危害性的行为；第二，受人的主观意志的支配，由故意或过失造成的行为；第三，依照法律应受到处罚的行为。

在阶级社会里，有不同性质的离轨行为，要作具体分析。一种是对社会共同生活和社会发展起消极和阻碍作用的离轨行为，如违法犯罪的离轨。另一种是对社会共同生活和社会发展起积极推动作用的离轨，如破坏落后的阻滞社会发展的陈规陋习的行为。这种离轨行为有的是自觉的，有的是不自觉的，它所采取的行为与旧的规范相违背，但如要社会承认，则需要经过一定的时间。社会改革和社会革命则是有计划有组织有明确目标的社会运动，它一方面破坏旧的社会规范和社会秩序，同时设计和建立一套新的社会规范和社会秩序，用以指导人们的行为。再一种是社会作用的方向性不明显的离轨行为。

二、离轨行为的种类

按离轨行为所背离的标准，可将离轨行为分为违法行为、违章行为和违规行为三种。

1. 违法行为

这种行为是违反法律条文的，它又可分为违法犯罪行为和违法但不构成犯罪两种。前者是指对社会具有较大危害性，且按照法律条文应当受到刑罚惩处的行为，诸如贪污、盗窃、生活腐化、冒犯国法等。后者则是指虽已触犯法律，但情节尚轻微，并未构成犯罪，可以从轻处理的行为，也包括那种已触犯法律，从犯罪客观条件方面看已构成犯罪，但犯罪主体是未成年人，没有责任能力，故不能给予刑罚处罚的行为。

2. 违章行为

即违反有关维护社会治安和公共秩序的规章条例的行为。这类行为虽不如违法行为对社会的危害强度大，但体现在许多法律不能管到的方面，因此，对实际的社会生活影响也很大。

3. 违规行为

也就是泛指一切违反既定的生活方式和风俗习惯、社会规范的行为。这些行为既不违法又不违章，但它以背离常人的生活习惯、办事规则为特征，以反抗社会认同的现实文化为本质。对这类行为一般的处理方法是通过舆论引导耐心教育。违规行为又可再分为失常行为、非从众行为和不适应行为三种：①失常行为。即不正常行为，主要指直接有损他人和自身的行为，如行骗、不道德、不诚实、陷害他人、自杀等。②非从众行为。即以破坏某些规范来表现自我，引起人们注意，并试图改变旧的规范的行为。③不适应行为。主要指生理上、精神上的缺陷而引起的不负责任、不遵守纪律以及无能的行为。

三、离轨行为产生的原因

在对离轨行为进行科学研究的100多年历史中，学者们有各种不同的观点和理论。西方学者100多年来对越轨行为进行的科学研究与探讨，积累了大量的材料，我们大致可从如下几个方面来加以评述。

1. 生理学、体质人类学、遗传学的观点

对越轨行为研究实际上总是在“环境——离轨者”的范围内展开的，但是在这两个因素中，哪一方面是主导的、起决定作用的呢？在对离轨行为进行科学研究的初期，即有两种极端对立的观点：一种是拉卡桑所持的观点，另一种则是生理学、体质人类学、遗传学所代表的观点。把这两种观点归结为一个方面，乃是由于它们都倾向于一种天生犯罪论，即认为离轨者之所以成为离轨者，乃是由于他们先天的生理结构、遗传因素与其他正常人不同。意大利犯罪学家朗普罗素可以说是最早从这一角度具体分析离轨行为的学者。他认为，离轨者本身即是越轨者行为的原因，即离轨者在生理解剖上的天生反常现象是决定他作出离轨行为的因素。朗普罗素初次系统地阐述他的立场是在1870年，自此以后的30多年中，他的观点一直统治着欧洲犯罪学界，而他本人则被称为是“现代犯罪学之父”。他认为：“所谓的犯罪原因经常仅指那些最终的决定因素，且主要是先天冲动的巨大力量。”

2. 心理学的观点

从心理学的角度来研究越轨行为正形成了心理学的一个专门分支。但是，即使在这一研究方向上，也存在各种不同的观点，在此我们主要介绍三种，即本能动力论的观点，挫折——侵犯论的观点和学习理论的观点。

（1）本能动力论。首先是精神分析学说对离轨行为所作的解释。作为一种本能动力论的观点，精神分析学说力图用人类先天的本能来说明人们离轨的冲动。这很容易让人把它和“天生犯罪论”混同起来。事实上，“天生犯罪论”是从人与人之间先天的生理差异来寻找离轨者之所以离轨的原因，而精神分析学说则认为人类无一例外地都有离轨的冲动，只是在后天的成长过程中，才形成了抑制这种冲动的机制。因此，前者直接面对和回答的便是离轨者为什么离轨的问题，而后者则首先回答的是为什么绝大多数人都徘徊于离轨的边缘但却做出了遵从的行为？精神分析论的离轨理论均以弗洛伊德的人格理论为基础。弗洛伊德把人格分为本我、自我和超我三个部分：本我是人格结构中最原始隐秘的部分，它接受肉体流入的本能能量，遵从快乐原则，盲目寻求满足；超我是人格中超个体的部分，包括良知和自我理想两个部分，体现的是文化传统的道德理想和伦理规范，超我遵从至善原则，观察和监督自我，奖励和惩罚自我；自我是从本我中分化发展起来的，是人格中管理和执行的部分，它依赖于知觉意识，遵从现实原则，约束和控制本我盲目流泻的能量，在本我、现实和超我之间周旋。弗洛伊德认为，人格的这种成分会有冲突，但绝大多数经历了健全的社会化过程的正常成人都会处理好这种冲突，协调这三种成分，因而他们的行为是正常的。只有少数人，社会化不健全，自我对本我的监督控制不强，于是本我中那些与社会规范不合的甚至冲突的本能冲动就释放出来。在弗洛伊德这种人格学说理论的背景下，后来逐渐形成了两套对离轨行为进行解释的弗洛伊德主义理论，即控制理论和防御理论，前者强调弗洛伊德关于超我控制的观点，后者则以他关于压抑和升华作用的观点为中心。控制理论主张，当超我控制失效，放纵人们依据社会不能认可的冲动行事时，离轨行为便出现了。既然弗洛伊德认为社会和人格都是以冲动控制为基础建立起来的，那么，能以一种为社会所认可的方式对各种冲动施加影响的环境就是极其有限的。虽然冲动的力量可能会因人而异，但每个人都可能有离轨行为表现出来的冲动。控制理论强调的是，冲动和控制生来就处于一种紧张状态之中。情境因素或加强冲动或加强控制，但最后的决心要由个人来下。当冲动的力量大于控制时，越轨行为就有可能发生。防御理论也认为人格是通过冲动和控制的动态紧张而起作用的。但它与控制理论的不同之处在于，他们认为，即使当不为社会所认可的冲动被压抑时，个人的行动仍然可能是越轨的。冲动虽然能被控制，但它们绝不会被清除。在防御理论看来，不为社会所认可的冲动即使得到控制，仍可能有犯罪感和焦虑。人们可以对付这种冲动和随之而来的犯罪感，其方式不是把这种冲动隐藏在与他们所激起的行为正相反的行为背后，就是把它转移到其他离轨渠道上去。控制论者认为，离轨是冲动的直接表现，而防御论者认为，冲动有可能被转移为其他形式的离轨行为。除了控制理论和防御理论之外，弗洛伊德的观点还产生其他一些对越轨行为的解释。但总的来说，按照精神分析论的观点，离轨始终是某种本能冲动驱动的结果。

（2）“挫折－侵犯”论。“挫折－侵犯”的理论实质上也是一种心理动力论的观点，与弗洛伊德和洛伦兹不同的是，后二者把那种心理动力归源于是先天遗传的本能冲动，而前者则把它归源于后天所受的挫折。这一理论最先于1939

年由美国心理学家人多拉德等5人提出，主要是想说明人为什么会表现出侵犯他人这样一种越轨行为。它的最初表现形式是：侵犯始终是挫折的一种后果，侵犯行为的发生总是以挫折的存在为先决条件，而挫折的存在也必然会导致某种形式的侵犯。也即认为挫折是侵犯的充分必要条件。但是，无论是根据常识经验还是从实验研究者，认为挫折和侵犯之间存在这样的关系都是难以令人完全赞同的。虽然挫折会引起侵犯行为，但并非在任何情况下都是如此。一个人的侵犯行为也并非总是受到挫折才产生的。正因为如此，挫折-侵犯假说从提出之始即处于不断的诘难和修正之中。N. E. 米勒在《挫折-侵犯假说》一文中就开始对假设进行修正。他认为："挫折可以产生引起一系列不同反应的刺激，其中之一就是引发某种形式的侵犯刺激。"即是说，挫折的存在未必一定导致侵犯行为。但这实际上只是修改了原有基本观点的后半部分，而前半部分即侵犯始终是挫折的一种后果，却未得到修正。后来，还有许多研究者也纷纷提出了修改挫折-侵犯理论的一些新见解，如认为挫折是否导致侵犯行为还依赖于挫折强度的高低、情境因素以及个体对情境因素的理解、个体的个性特点等。但总的来说，这些修正都是在原有假设的框架之内。应该说，挫折-侵犯理论对于解释某些特定类型的离轨行为——如暴力伤害罪、诽谤罪等，是有一定说服力的。一些实证研究确实也得出了有助于这一假说的结果。但这一理论所遗留下来的问题更是不少。如果挫折并不一定导致侵犯，那么它的心理能量会以其他什么方式来表现出来？如果侵犯并不一定由挫折引起，那么我们还应该研究其他的原因。更为重要的是，挫折-侵犯理论只论述了由于挫折而产生侵犯，而没有说明挫折是怎样产生的，即挫折的原因是什么？许多事实使我们相信，这种挫折-侵犯理论并不是一种站得住脚的一般性理论。

(3) 学习理论。学习理论对越轨行为的解释源于行为主义心理学理论。相对于本能动力论，它更重视个体在后天社会环境中获得经验的作用。如果说本能动力论认为一个人的离轨行为是先天的、生而具有的冲动，遵从行为是后天的机制的话，那么，学习理论则认为无论离轨行为还是遵从行为都是个体在长期以来受环境影响和自身因素的积累形成的。

以上这些理论虽然包含着一定的合理因素，但有一个共同的明显的缺陷，就是都只停留在表面现象的分析而没有揭露问题的实质，有意无意地回避资本主义制度是资本主义社会产生离轨行为的主要根源。社会主义也存在离轨行为。究其原因，有主观和客观的两个方面。主观原因是由于离轨者极端的个人主义、享乐主义、自由主义、意志薄弱决定的。从客观原因上看，由于社会主义从旧社会脱胎而来，不可避免地带有旧社会的遗迹，并且不可能在短时间内将这些遗迹消除掉。我国的改革开放是在资本主义的国际环境中进行的，不可能不受到外来腐朽思想意识的侵袭。我们的各项制度还不够完善。此外，各种不正常的家庭存在各种不良非正式组织的影响，人们经济收入的差距，各类各级教育的缺陷等也是重要的客观原因。

四、离轨行为的控制

离轨行为是一种违反社会规范的社会行为，是社会控制的主要对象。离轨行为有消极性、积极性和中性三种不同的性质，对这三种性质的离轨行为要作具体分析，进行不同程度的控制。

消极性离轨行为是一种对社会共同生活和社会发展起消极阻碍作用的离轨行为，它破坏社会运行的正常秩序，侵害社会有机体，应该进行严格控制。

首先，要充分掌握信息，对离轨行为作出科学预测。各有关部门和人员首先要有一个较强的信息观念，重视信息搜集工作，并建立专门的信息网络，使信息渠道畅通，以保证决策、预测部门及时准确地接收并处理有关信息。在掌握信息、进行分析的前提下对某一越轨行为的发展趋势、方向进行判断的过程，就是预测越轨行为趋势的过程。正确地预测趋势，可以有针对性地采取相应措施，使越轨行为发展的趋势控制在一定程度之内，这是离轨行为控制的重要一环。做好趋势的预测必须注意以下几个方面的工作：一是要针对突出的越轨问题确定一个预测项目，明确预测内容和预测目的；二是要尽可能全面客观地掌握与预测项目有关的信息情况，以便全面地分析问题，防止主观片面；三是对专业性较强的问题要聘请专门人员运用专门的知识；四是在上述各方面条件具备的情况下，对项目进行去粗取精的分析研究，并就发展趋势做出正确的判断。

其次，要控制离轨行为发展的局面。控制局面主要指通过各种可行手段使各类离轨行为以及导致离轨行为的条件控制在一定程度之内，以确保社会的稳定和正常运转。控制的常用手段：一是适当惩戒离轨人员，以儆效尤；二是通过建立各类防范措施，使他们的行为尽可能多地受到客观制约，使他们没有得逞的条件，这包括加强法制建设，强化道德舆论监督，完善行政经济等有关部门的管理，加强各种越轨犯罪用品、用具的保管等；三是消除社会污染，净化社会环境，减少导致离轨行为的消极诱因。

再次，实施改造帮教，帮助离轨人员消除离轨行为。实施改造帮教，就是对离轨人员进行改造教育和挽救。有效地改造帮教，能使离轨人员的离轨行为有所收敛，重新走上正确的人生道路。对大多数失足离轨人员来说，行为矫治主要是一种半强制性教育，其效果是良好的。

第三节　集体行为

一、集体行为的内涵

在通常情况下，社会成员所表现出来的社会行为都是在共同文化认同、行为规范制约下的正常的互动行为。即使存在一些脱离文化规范和行为方式的离轨行为，也仅仅是个别社会成员的行为。然而，在某些特殊的情况下，社会成员的行为受到具有一定规模的群体气氛的影响，会表现出具有类似性，甚至趋于一致的行为。而这些个人在群体中的行为与他们平时的习性很不一致，表现出异常激动，摆脱了在正常情况下所受的拘束，这就是集体行为。集体行为是指一种人数众多的自发的无组织行为。美国社会学家帕克在其 1921 年出版的《社会学导论》中，最早从社会学角度定义“集体行为”，认为它是“在集体共同的推动和影响下发生的个人行为，是一种情绪冲动。”

集体行为一般具有以下特征：①人数众多。它是同一时间内采取相同行动的许多人共同做出的。②无组织性。它通常是自发的、非理性的，它变化无常，很少处于均衡状态。③行为者相互依赖。集体行为中，个人都不是独立的行动，而是与他人相互依赖，相互影响。

二、集体行为的形成条件

1. 事件的突发性

集体行为之所以发生，其重要原因往往是某些突发事件。由于人们对突发性事件往往缺乏思想准备，而平时的经验和办法又不足以应付突然发生的事件，于是突发事件来临，便不知所措，在混乱中，人们相互寻求暗示，这时若是有一个人未经深思熟虑而采取某种行动，周围人便会不加思考地模仿照办，于是集体行为得以发生。

2. 情绪感染机制的确立

集体行为的一个重要特征是它的群体性，因此，当突发事件形成后，必须有一个特定的群体情境，使得众多的人的情绪能相互感染，这样才有可能形成集体行为。在人群密集的场合，情绪极易感染，其表现是一种循环或者连锁式的反应过程。行为的产生，往往是在这种情绪感染机制作用下促成的。

情绪感染的实质是相互模仿，用社会学家布鲁迈的话说，社会传染“吸引并感染了许多人，他们中许多人本来是超然的和无动于衷的观众和旁观者，开始时，人们可能仅仅是对那一行为好奇或者有些兴趣，当他们获得那种激动的精神，也就对那一行动更加注意了，同时也就更加有介入进去的倾向”。

3. 匿名效应

集体行为是众多个人集体促成的社会行为，在“集体心理场”的驱使下，个人的身份、地位随之消失，人们仅仅以集体的一分子投入其中。于是，人们的言行与自己原先的角色身份脱钩，变得狂热、亢奋，不负责任的言语和行为也随即出现。集体行为往往表现为破坏性行为，比如焚烧汽车、破坏公共建筑、阻断交通、殴打军警等。而这类行为在个人平时的常态行为中不至于出现，恰恰是在以“匿名效应”作为典型特征的集体行为方式出现，行为者个人由于没有明确的身份标志，也不必承担破坏性的后果，这就使行为者有了责任分散的感觉，使他们的社会约束力降低。

4. 必要的环境条件

没有一定的空间环境，群众就无法聚集，集合行为就不能产生，因此，一些公共场所如公园、广场、剧场、街道、体育场往往成为突发性集合行为出现的地方。

三、集体行为的主要表现形式

1. 骚乱

在人群密集地，由某一事端引起的爆发性聚众行为即行为骚乱。它是集体行为的典型形式。骚乱往往直接破坏正常的社会秩序，危害社会治安和公民的人身安全。

2. 商业恐慌

商业恐慌是指城市消费者急速地传播不可靠的商业信息，刺激不正常的购买欲望的一种集体行为。其特征是：蔓延范围广，速度快，可直接危害城市商业活动的正常运行。

3. 时髦

时髦是一种偏离传统行为的、新颖入时的时尚方式。它以在一段时间内某种生活样式在社会上特别流行，特别时兴为基本内涵。时髦现象既可发生在一些日常生活最普通的领域，如衣着、服饰、打扮等方面，也可以发生在社会交往，社会活动中，如语言、礼节、娱乐等方面。时髦现象是由模仿、从众心理以及自我表现欲构成的一种集体行为，它与人们基于好奇心理，追逐新颖事物的探索兴趣有关，因而传播速度快且变化多端，特别是直接影响青年人的行为趋向。在社会生活中的时髦现象极其多见，健康、积极的时髦现象可以引导新的生活方式、行为规范的传播，为新的文化样式的诞生提供契机；反之，不良的、消极的时髦现象，则破坏社会风气。

4. 谣传

谣传是一种较为特殊的集体行为，它不表现在参与者的具体行为上，而是以谣言的迅速传递，以及在传播过程中的任意歪曲、随意加工为基本特征的。谣传一般是通过面对面的传播方式加以扩散的。在谣传过程中信息来源往往变得无关紧要，甚至凭空捏造也会令人信以为真。特别是当社会处于某种紧张的危机气氛时，谣传常常起到蛊惑人心，动摇社会公众信念的作用，也可以利用谣传的手段直接影响大众意见。谣传的速度和广度则是以传播者对该谣言的内容及关注程度为条件的。

【复习思考题】

1. 什么是社会行为及社会行为形成的条件？

2. 什么是离轨行为及其形成原因。

3. 集体行为形成的条件和主要表现形式。

实训参考

【讨论】 作为现代社会的一员，你在学习、工作中如何协调同他人的竞争与合作的关系。

【录像】 观看电影《西安事变》，思考中国共产党在民族大义的前提下，是如何处理与国民党的竞争与合作关系的；并评价张学良所表现的强制与顺从行为。

【实践活动】

实践题目：对我市犯罪状况及犯罪成因的调查

实践目的：通过犯罪分子的犯罪成因了解离轨行为产生的原因

实践地点：本市监狱管理局

实践课时：2 课时

实践内容及过程：①确定调查提纲、调查对象、询问内容；②对几类重大离轨行为与监狱局协商确定调查对象，了解他们的案由及发案动机；③与罪犯对话，了解他们接受改造的心理状况和对犯罪行为的认识情况；④完成调研报告。

第十章　社会控制

社会控制是社会运行中必不可少的工具和过程。社会的正常运转和进步，都需要维持其秩序、规范和社会价值观念不遭破坏，也就是需要对社会群体、组织和社会成员实施社会控制。本章主要讨论社会控制的含义、功能、形式等。

第一节　社会控制的概念

一、社会控制的内涵

（一）社会控制的定义

社会控制是指社会组织体系或个人对社会成员（包括集体与个人）的行为和价值观念进行约束与调节，以维持社会秩序和社会规范的过程与机制。社会控制又有广义与狭义之分。广义的社会控制，是从总体上、宏观上对社会成员的社会行为及各种社会关系进行的指导、制约与调节，以维持社会的良性运作。狭义的社会控制，是指对社会成员中的越轨者施以社会惩罚和重新社会化。

社会控制理论本身有一个发展过程。早期的社会控制理论曾经受到达尔文生物进化理论的影响。现代社会学意义上的“社会控制”概念，最早是由美国社会学家罗斯（Edward. A. Ross）提出来的，主要体现在1901年出版的论文集《社会控制》中。自罗斯开始，社会控制概念已经被社会学界广泛引用并加以发展。社会控制理论也受到了现代科学理论如控制论、系统论、信息论等的影响，使其得到多方面的扩展和丰富，逐渐形成了现代科学的社会控制理论体系。

早期的社会控制理论主要强调维持传统的社会秩序与社会规范，现代社会控制理论则认为，通过社会控制，还可对传统的或现存的社会秩序和规范进行合理的调节与更新，或建立新的社会秩序与规范，以适应不断发展、变化了的社会状况，更好地维持社会秩序的运行和发展，推动社会的进步。

社会控制不仅具有制裁、约束越轨行为的作用，还具有奖励或激励遵从社会规范行为的意义。

（二）社会控制的特点

社会控制的总体目的在于维护或调节社会秩序，通过实施社会控制的手段的不同，以及从历史上不同的社会形态来看，社会控制具有阶级性、强制性、普遍性、统一性、多重性、可调性、动态性等特点。①

1. 阶级性

按照马克思主义理论，任何阶级社会，都存在着统治阶级与被统治阶级，两者之间在根本政治经济利益上存在着不可调和的矛盾与冲突，统治阶级为了维护自己的阶级利益和统治秩序，总是想方设法采取各种手段，来防止和镇压被统治阶级的反抗和破坏其统治秩序的行为，往往通过各种国家统治机器和设置，如法令、军队、监狱等来实施社会控制，以达到其目的。如中外历史上发生的诸多奴隶暴动、农民起义、市民斗争等，往往遭到统治阶级的残酷镇压。因此，在古代社会，社会控制具有明显的阶级性。资本主义社会，同样存在着资产阶级对无产阶级的统治与压迫。在早期资本主义时代，许多国家是通过国家法律和相应的工具，来强制实施对被统治阶级的社会控制的。如英国的圈地运动，就曾经由国家制定法令，对从土地上逃离或被赶跑而流入城镇的农奴，施以各种残酷的惩罚；19 世纪中期以后，欧洲发生的许多工人暴动和著名的法国巴黎公社斗争等，都遭到了统治者的残酷镇压。在当今资本主义社会，统治阶级通过各种政治、经济和法律手段，调节了阶级关系，在一定程度上缓和了以往十分紧张和激烈的阶级冲突，但总体上仍然存在着有产者和无产者、管理者和被管理者的利益冲突与矛盾，因此，社会控制仍然具有阶级性。

总体上说，在阶级社会里，社会控制是上层建筑的一个组成部分，其形式和内容主要体现统治阶级的利益和意志。这种社会控制虽然往往以全社会的名义出现，似乎代表了全体社会成员的共同利益，但并不能掩盖其维护特定阶级利益和阶级统治的本质。② 在社会主义社会，从理论上说，已经消灭了阶级统治，社会控制一般便不再具有阶级性，而是实行人民民主专政，只对少数反对和破坏社会主义制度、违反国家法律、扰乱社会秩序的势力或个人，实施惩罚改造和教育。

2. 强制性

社会控制往往要求社会成员必须服从统一的社会政治设施的规定和社会规范，并对违反者强制实行惩罚、教育和重新社会化等措施。在阶级社会里，统治阶级对于被统治阶级的反抗行为实施镇压，就是一种集体强制形式，社会控制以强制性为主要特征。在近现代社会，往往也通过政治控制和社会约束，强制人们遵从社会规范，违反者也要受到各种惩罚或被实施重新社会化。例如，如果学生旷课达到相当程度，或考试作弊，重者会被开除学籍。罪犯则会被送进监狱，在一定时期内剥夺其人身自由，并被强制接受改造和教育。如果没有强制性，社会控制就不能有效地实施，其维护社会秩序的目的也就无法实现。

---

① 此处所用名词术语大部系借自郑杭生主编《社会学概论新修》，中国人民大学出版社，2000 年 12 月第 2 版，第 457 ~ 460 页。

② 郑杭生：《社会学概论新修》，中国人民大学出版社，2000 年 12 月第 2 版，第 458 页。

当然，在现代社会，由于社会控制的法制化、制度化，通过社会化，多数社会成员一般都能自觉地遵从社会控制的要求，自愿服从社会统一的规范和价值观，在这种情况下，社会控制的强制性在程度上与以往有所不同，而越来越多的是通过社会总体力量，制约社会成员的行为，调节社会关系。

3. 普遍性

社会控制是维持与调节社会秩序的一种必不可少的机制，存在于任何社会和历史时期中。原始社会虽然不存在国家形式或阶级统治形式的社会控制，但社会成员之间往往也通过共同约定的生活与行为规则，来维系人们平等的关系与秩序，调节成员之间的矛盾和冲突，因此也有社会控制的需要。在中世纪，除了阶级统治机关——国家以外，还有宗教机构的思想统治，如西方的宗教法庭，来实施社会控制；社会成员之间，则主要通过宗法关系以及各种习俗，来达到社会控制的效果。现代社会，主要以法律形式来实施社会控制。虽然方式、手段不同，但社会控制是普遍存在于任何社会体系中的。

4. 统一性

社会控制必须使社会成员遵从统一的准则、（在同等条件下）采取统一的控制手段，并适用于同一社会范围内。例如，现代社会的法律是对任何社会成员平等对待的，要求人们服从统一的法律规定，不能对不同的社会成员（在同等条件下）适用不同的法律。当然在阶级社会里，并不能真正实现这一点，因为在古代社会所制定的法律和法令本身，或社会规范，对不同阶级或等级的成员有不同的规定和要求，存在着阶级压迫与歧视。如古代印度的种姓制，就将社会成员按其种姓和社会地位的不同，分成婆罗门、刹地利、首陀罗、吠舍等几个等级，分别实行不同的规范与日常生活规则，不同等级的成员之间的权利、义务及其社会地位具有显著的等级差别。这是现代社会所不许可的。

5. 多重性

社会控制的手段是多种多样的，既有法律规定，又有社会规范和社会习俗的制约，而这些往往对同一受控制对象同时加以实施和影响。如一个学生，在必须遵守国家法律的同时，还要服从学校的规定，在社会上要遵从公共道德，不然会受到惩罚或批评、教育。

6. 可调性

社会控制要维护和调节社会秩序，这个目的本身就决定了必须有可调性。这种可调性有两个方面的含义：一是，社会控制在实施过程中，必须根据其效果和反馈，进行调整与变化。例如，某项政策实施以后，起不到应有的作用，就要根据反馈的信息，加以研究，进行调整；二是，社会处于不断发展、变化当中，新的问题与新事物不断出现，社会控制手段和内容等就需加以合理的调整。例如，中国实行改革开放以后，原来计划经济体制下的某些法律、法规，就要根据时代的发展变化，进行修订。也就是说，社会控制体系本身具有自我调节和修正的功能特点。

7. 动态性

与社会控制的可调性是一致的。我们知道，社会系统本身就是动态性的，它无时不在发展、变化之中，因此随着社会的变迁，社会控制的方式、手段、内容和目的，都会发生不同程度的调整，以适应新的社会进展，更好地维系社会的运行。换言之，社会控制不是固定不变的，而是动态性的。

二、社会控制的功能

社会控制的功能或作用，要服务于其目的。在不同的社会体系中，社会控制的功能虽有所差异，但基本的功能是共同的。概括言之，主要有以下几个方面。

（一）维持社会秩序，保障社会稳定

维持社会秩序的稳定，是社会控制总的和第一位的功能。作为社会最高控制者——国家来说，保障国家政局的稳定是首要任务。普通社会成员在通常状态下，也希望保持社会安定，生活秩序良好。但是，从古到今，绝大多数社会都出现过或存在着社会秩序不稳，发生动乱、暴力冲突和战争，以及部分社会成员越轨、破坏社会秩序、扰乱社会生活的事件和行为。这恰好表明，任何社会都需要社会控制。但是，对于历史上造成上述现象的原因，我们需要具体分析，社会控制的性质、形态的不同，会造成不同的社会后果，其对于不同阶级或阶层的社会成员的影响存在着重大差异，因而也具有不同的社会意义。

社会控制要发挥维持社会秩序稳定的功能，具体可分为政治控制与社会约束两个方面。

政治控制。指统治阶级或执政者用政权、法律、法令、政策以及军队、警察、监狱等工具和手段，惩治社会越轨行为，控制与调节社会运行，维持社会秩序。

从历史发展来看，政治控制是社会控制的第一个形式。前已述及，社会控制本身具有阶级性。在原始社会，社会成员之间是平等的，还谈不到政治控制。只有到了私有制、阶级、国家出现以后，为了防止和镇压被统治阶级的反抗，维护统治阶级的利益和统治秩序，才有了以国家为社会控制机关进行的政治控制。这种社会控制往往是强制性的、惩罚性的，而且多以暴力形式进行。在阶级社会中，社会成员总体上存在着统治阶级与被统治阶级的分野。一般而言，被统治阶级属于社会中的弱势群体，占有很少的社会资源；而统治阶级作为一个整体，则属于社会中的优势群体或强势群体，他们占有雄厚的社会资源，社会控制的主导权也被其占有，因而易于造成社会不平等，产生利益冲突。在这种情况下，被统治阶级往往奋起反抗不合理的社会控制，如历史上发生的起义、革命等。这些事件本身在客观上自然是对社会秩序的破坏，会在一定时期内造成社会的不安定，但其原因是社会控制的不合理。因此，我们对于社会控制的功能，要结合具体情况具体分析，并不是说任何形式的社会控制都必定对社会是有利的，有时则会产生负面效应。但是，我们并不能因此而否定社会控制本身。尤其在现代社会，大规模的激烈的社会阶级冲突越来越趋于减弱，对社会进行有利的调控，保证社会良性运行，是有积极意义的。

社会约束是指用各种政治与文化工具或通过社会规范，约束、限制、指导和调节社会组织与个人的社会行为与价值观念，以使其遵从社会规范，维持社会与组织的良性运行。社会约束在古代社会多以宗教、社会习俗等形式来实现，到了近现代社会，则主要通过政治、法律手段，使社会约束制度化、社会化，以合理地调解社会矛盾与冲突，使社会成员能够自觉地接受约束，也就是通过社会化，将社会认可的规范和价值观念“内化”，成为自觉的行为。正如美国社会学家庞德（R. Pound）所言，“在近代世界，法律成了社会控制的主要手段。在当前的社会中，我们主要依靠的是政治组织社会的强力。我们力图通过有秩序的和系统的适应能力，来调整关系和安排行为。”① 这种社会控制也有一定的强制性，但大多数则体现为社会成员的自我约束或社会周边环境的制约。

政治控制与社会约束既互相区别，又互相联系，是现代社会进行社会控制不可或缺的两个方面。

（二）提供统一的社会规范与价值观念准则

社会控制要有效地发挥作用，首先必须提供一套系统的社会规范或准则，否则，就无法实施。这种统一的社会规范或准则，包括法律、公共道德体系、良好的习俗与文化价值系统等。如上所言，不同的社会体系中，会提供不同的社会规范和准则。在阶级社会中，统治阶级往往把他们的规范强加于整个社会，而忽视弱势群体的地位和要求，因而这种社会控制的规则具有不合理性。在现代社会，不同的社会体系中，也具有不同的社会规则，但共同的情形是，越来越将全体社会成员同等对待，并为之提供一整套统一的更加合理的社会规范和准则，以有效地调节社会关系，达到社会控制的良好效果。

（三）调节社会关系，保障社会良性运行

社会控制除了具有政治控制、社会约束的功能之外，还有动态地调节各种社会关系的功能。在任何社会体系中，社会成员之间都会发生利益、价值观念的不一致或多样性，因而造成社会冲突是不可避免的。这就需要社会控制发挥其调节功能，以适当地、合理地、因时制宜地调节各种社会关系，以保证社会的良好运行。我们看到，在阶级社会中，虽然存在着整体上的阶级压迫，但为了保证统治秩序的稳定，统治者往往软硬兼施，在暴力镇压弱势群体反抗的同时，往往也会采取措施来调整阶级关系，缓和阶级矛盾，否则就会被推翻。另

① 庞德：《通过法律的社会控制》（中文版），商务印书馆，1984年版，第10页。

一个方面是，统治阶级内部往往也存在着利益冲突或价值观念不一致的情形，尤其在社会转型时期，统治阶级中的部分成员，会加入到弱势群体的反抗行列中，或要求改革，或成为革命的领导者。这时社会控制会发生重大的调整。在现代社会，这种调整多以和平有序的政治或法律措施来进行。

（四）促进社会发展与进步，实现社会目标

社会控制仅仅发挥维持社会秩序稳定的功能是不够的。人类社会总体方向是越来越趋于进步的，它不仅要求社会安定，而且还要进一步向前发展。现代社会无时不在变迁之中，新的社会现象和价值观念在不断地冲击传统的社会秩序和规范，社会成员越来越要求社会控制接受新的规范和价值准则，这就要求社会控制发挥其调节功能，建立新的社会秩序。因此，促进社会的进步与发展，也是现代社会控制不可缺少的功能。

第二节 社会控制体系的结构

社会控制是一种过程和机制，具有一整套体系，存在一个总体结构。简单地说，社会控制体系的总体结构是由社会控制的主体、社会控制的客体、社会控制的手段三个要件构成的；完整地说，应该是包括社会控制的目的（或目标）、结构、功能、过程、运行方式、效果等各因素组成的有机统一体。此处仅按前者加以说明。

一、社会控制的主体

社会控制的主体是指实施社会控制的承担者，一般为社会组织、群体及管理体系，社会或组织成员个人有时也担当这个角色。其中国家政权是最高的社会组织与管理体系，由其实施对全社会的控制，在整个社会控制体系中居于主导地位，对于社会控制的客体最具权威性和影响力，对于社会的运行与发展，具有决定作用。它所控制的对象是全体社会成员，从而构成最庞大的、系统的社会控制体系。次一级的社会控制主体有国家政权次级及各层机关、受其控制或指导下的社会团体或管理体系，如警察、军队、党团组织、文化管理机构等。其所控制的对象也具有全社会性。再往下为一般社会团体、群体及一般管理体系，如各种协会、民间团体、工厂、公司、医院、家庭等。但其控制对象一般仅限于内部成员，或某行业联合内的成员。一般社会成员成为社会控制的主体，有三种情形：一是任何社会控制的具体实施，往往是由个人去执行的，不过这个个人是由其角色所规定的，一般不能代表个人作为社会控制者。例如，一个交通警察执勤时，有权制止司机或行人的违章行为，或给予处罚，这是由他的角色——警察的职责所决定的，而不是他这个个人的行为。二是以个人身份联合或单独实行社会控制。如一个小偷被人发现后，现场的个人或许多人会单独或联合起来，将其抓获。不过这种控制行为的发生，要取决于环境及成员个人的自愿。三是以某种集体行动或个体行为自下而上地对社会组织（包括国家政权机关）进行监督或评价，作为社会控制的一种反馈，发挥调节功能。

二、社会控制的客体

社会控制的客体即接受社会控制的对象，包括组织、群体、个人及其社会行为。任何社会群体或社会成员都有自己的利益要求和价值追求，因此其社会行为都会对社会造成一定的后果和影响。我们常说，要对个人的行为负责，这就是说他的个人行为往往会对社会或其他社会成员带来正面或负面的影响。社会控制对控制客体的影响就是要使其纳入社会的规范，防止或惩罚其越轨行为，保障或激励其遵从规范、实施有利于社会的行为，以实现社会控制的目的。

三、社会控制的类型与手段

（一）社会控制的类型

社会控制的类型可从不同的角度来划分，主要有以下几种：

按社会控制的属性来划分，可分为政治控制、经济控制、思想文化控制；按社会控制的对象划分，可分为对社会组织的控制与对社会成员的控制；按社会控制的范围，可分为全社会控制与局部控制；按社会控制手段的性质，可分为强制性控制（通过政权、法律、纪律、政策等方式）与非强制性控制（道德、习俗、宗教、舆论等），或称为硬性控制与软性控制、刚性控制与柔性控制；按社会控制的具体手段与效果，可分为积极性控制与消极性控制（简称为奖惩控制）。也有的将社会控制总分为内在控制（内化）与外在控制（外在压力），其中外在控制又可分为正式社会控制（负有专门责任的社会机构及其角色担当者实行的正式制裁，如警察机构及警察）与非正式社会控制（由初级群体或个人施加的非正式制裁，如家庭、同伴的反应）两种形式。①

（二）社会控制的手段

对于社会控制的手段或方式、形式，社会学者的概念归属也不统一。如罗斯将社会控制的手段分为伦理的控制手段（指舆论、暗示、个人理想、社会宗教、艺术、社会评价等感情力量的作用）和政治的控制手段（指法律、信仰、礼仪、教育和幻想等）。② 中国学者有的将其划分为组织控制手段（指包括国家、村庄在内的各种组织运用组织指令和规章进行的组织内的社会控制）、制度控制手段（指国家以政权与法律方式实施的全社会控制）、文化控制手段（指伦理道

---

① 戴维·波普诺：《社会学》（第十版，中文版，李强等译），中国人民大学出版社，Prentice thall出版公司，1999 年版，第 208 ~ 210 页。

② 罗斯：《社会控制》（中文版），华夏出版社，1989 年版，第 313 页。

德、风俗习惯、信仰信念、社会舆论等);① 有的则直接分为习俗、道德、宗教、纪律、法律、政权、社会舆论等社会控制手段。② 此处借鉴中外学者的经验，将其归纳为政治控制、规范控制、舆论控制和心理控制几种形式。

政治控制。国家政权凭借国家政权力量，建立政治制度，制定、颁布法律、政策，以全社会的名义实施社会控制；有一套完整的、分工明确的执行和负责机构分别或联合加以实施，如政府首脑、各级政权机关、司法部门、执法部门(警察、监狱等)、军队等。这种社会控制手段是建立在合法性力量的基础上，要求全体社会成员必须遵从、不得侵犯的，具有强制性和全局性。实施政治控制的主要目的是维护政权和制度的安全、巩固，保障社会秩序的稳定及社会的有序运行和发展。

规范控制。可以看做是社会约束的价值基础。规范包括法律、制度、规程、程序、纪律，伦理道德、宗教信仰以及社会或组织认可的行为模式、习俗等。这种控制的程度从强制到限制，从处以惩罚到指责、规劝依次减弱；其控制范围从全局性到局部以至社会环境制约或个例影响。它是实行其他社会控制的价值基础。例如，罪犯违背了法律并依法定罪，会受到强制性惩罚，被判处徒刑或死刑；但若某人仅仅扰乱治安，够不上判刑，可能被处以劳动教养、拘留等；一个职员违背了工作纪律，可能被单位内部批评、降职、减薪；司机驾车闯红灯，会被处以违章记录、罚款等。社会实施这些控制，都是以某种规范为依据的，否则就无法进行。除法律系列以外，伦理道德对社会成员的约束力最强。如果违背了公共道德，会受到社会舆论的谴责或自责。宗教教义也是一种规范，在有些国家甚至成为国家根本大法或制定一切法律的基础（如某些伊斯兰国家)。风俗习惯，对人们的行为也有较强的制约力，它虽然不是制度化的，是约定俗成的，但对人们行为及心理的影响是很深的。在某些部族中，甚至成为强制性的控制力量。

第三节 舆论控制和心理控制

一、舆论控制

社会舆论是一种独特的社会控制力量。舆论是指社会成员中相当一部分人（公众）在一定社会范围内，对某一社会问题、事件或人物作出的带有倾向性的反应（议论、评价），并造成一种环境氛围，对社会全局或局部及当事方产生一

---

① 郑杭生:《社会学概论新修》(修订本)，第463~468页。

② 吴增基，吴鹏森，黄振芳:《现代社会学》，上海人民出版社，1997年版，第326~333页；北京大学社会学系社会学理论教研室社会性学教程编定组:《社会学教程》，北京大学出版社，1987年3月第一版，第188~193页。

定压力和影响，从而发挥社会约束作用，或称之为舆论控制。

（一）舆论控制的特点

1. 大众性

少数人的意见或情绪，不会形成社会舆论。舆论的产生必然是社会成员中相当多数人的意向或价值评判的合流，或称之为一种集体意识的表达。当然，舆论有全局性与局部性之分。对于某些热点问题，往往会形成全社会性的舆论，如工人下岗、医疗事故、频发的矿井事故等，虽然未必对人人都有直接利益关系，但因有关社会全局或公民人身权利等，故能引起全社会的关注。有些局部性的问题，仅限于一定范围内（如某个行业问题）或某组织内（如某公司内员工待遇问题、学校内某项改革措施），虽说不上是全社会的问题，但却与该范围内多数成员利益直接相关，从而引起议论纷纷，也是一种舆论。

2. 传播性

某种舆论只有在全社会或一定范围内广为流传，才能形成。传播的方式有口头传播、大众媒体传播等。两者对于舆论的形成会产生同等重要的作用。当然，全社会性的舆论现在越来越以大众媒体传播的方式进行，如电视、报纸、电台广播、互联网等。尤其互联网在制造、传播舆论方面，起到越来越重要的作用，因为它时效性强、传播速度快、涉及面广，越来越成为人们喜爱的新式大众媒介。但是，与其他媒体相比，互联网的内容缺乏权威性、可靠性，以及受众面小，还难以取代其他传统媒介的舆论作用。

3. 实效性与现实性

某种舆论往往在一定时期内形成，经过一定时期便会消失。人们所关注的问题往往是即时产生的社会问题或现象，但如果在很长时期内得不到解决，往往会一直成为社会舆论的中心，如工人下岗问题。但经过一段时期，人们关注的程度，会有所降低，当然也可能会有反复。

4. 自发性

某种社会舆论的形成，往往是在相当一部分社会成员中间有意或无意地酝酿而产生的，难以发现真正的源头（某些谣言除外），但却会迅速地在社会中间广泛传播，正如我们常说某种消息“不胫而走”。这是舆论控制与其他社会控制相比，一个突出的特点。当然，由社会控制主体自上而下进行的有意识、有目的的舆论控制，则不是自发性的，但这种方式一般在社会舆论中不占很大比重。

5. 两面性

社会舆论对于社会的影响并非全是有利的，有时还会带来负面影响。例如，有的谣言也会形成一种舆论，广为流传，结果可能会使社会上人心惶惶，严重影响人们的日常生活和社会秩序。西方某些国家中的排外主义，也会形成相当大的舆论，其负面影响则是显而易见的。

6. 非强制性

舆论对于社会的影响力虽然是巨大的，但如果没有合法、真实的社会支持力量，就不会产生多大的社会控制效果。也就是说，舆论控制不具有强制性。

（二）舆论控制的功能

舆论控制虽然具有非强制性、自发性等特点，但其对社会的影响力却是巨大的。主要有以下几个方面的作用或功能。

1. 社会导向

社会舆论往往是一种社会集体意识或公意的自我表达，并带有鲜明的价值倾向。一般而言，它代表社会正义和社会责任感，是公共自由空间的一种主要表现形式。因此，易于为社会成员所接受或受其驱动，使之自觉不自觉地卷入这种意识流之中，从而在社会上发生巨大导向作用。尤其那种自上而下进行的舆论控制（如宣传），对于整个社会的导向作用，更具有决定性的影响。在这种导向下，决策者会加快对舆论所指向的问题的解决步伐，或引起其重视；一般受众会逐渐确定其价值取向，对自己的社会行为采取负责任的态度或意向。如美国政府也通过教育系统、公共关系、大众媒体等进行宣传，以加强美国社会占主导地位的政治价值观。①

2. 社会约束

由上面所说的情形所决定，舆论往往会对社会环境、当事者或一般社会成员形成巨大压力或一种特定氛围，使某种不正当行为或越轨者受到威慑而有所收敛或中止其行为，从而达到社会约束或控制的效果。“过街老鼠，人人喊打”，就是这种社会约束的形象说明。另一方面，是自下而上的社会监督功能。例如，对于行政官员贪污腐败的舆论监督，就是一种强大的社会控制力量。

3. 社会变迁

强大而持续的社会舆论，往往是社会变革的前奏。中国的改革开放，正是在广大民众迫切需要改变现状，使人民生活得到改善，国家走向富强，与世界同步发展的强大舆论推动下发生的。任何社会革命和变革，事前往往都伴有日益强烈的社会舆论，包括社会各阶层对于现状的不满言论和情绪、新的思想代言人、思想理论的出现等。社会舆论能够揭露旧制度的弊病，反映对于新社会的渴望或设想，从而引起社会成员的支持与推动，促使革命的发生或变革的到来。

当然，舆论控制也不是全能的，它除具有非强制性和两面性的弱势外，还要有政治控制作支持，规范控制作基础，才能发挥实效。例如，社会舆论对某一社会问题虽然强烈关注，但若上升不到国家决策层面，或有关职能机构执行不力，效率低下，就得不到很好的解决。

二、心理控制

心理控制是社会控制的另一特殊方式，指社会组织、管理体系、社会群体

① 戴维·波普诺：《社会学》，第610页。

或个人对社会成员、群体成员以及个人社会行为的内在动机、态度、情感、倾向等心理机能的控制。

任何一个社会都需要有一种良性运行机制，而社会成员是十分复杂的。因为每个人都有自己内在的需要、愿望，如生存、求知、事业心、成就感、自尊、安全感等，当他们在环境、生活或工作中遇到困难，难以实现自己的需求或愿望时，就会产生挫折感或其他心理反应，并外化为社会行为，如冲动、破坏性行为、犯罪或参与群体行动。社会成员的这种外在行为，往往会对社会秩序产生一定影响，严重的会扰乱社会，危及集体或他人，这就需要社会控制包括心理控制。

心理控制的目的是使社会成员能够遵从规范、防止越轨和走向犯罪，维持社会的良性运行。

心理控制可分为外部控制和内部控制两种类型。外部控制是指社会力量对于个人心理行为的影响和约束，内部控制即个人心理自我调节和约束。

实施心理控制的方式有多种多样，主要为以下几种。

1. 法律途径

法律作为一种社会控制的合法有力的手段，其重要作用之一就是通过制裁破坏法律的行为和个人，对当事者本人或其他有此动机者受到心理上的威慑，迫使其停止犯罪行为或犯罪动机。由于法律是向全社会公开的，全体社会成员无一例外地要受其约束，因此实施法律控制，能使全体社会成员自我约束，养成遵从观念，克制自己的行为，防止犯罪发生。这种影响是全社会性的。虽然并不是所有社会成员都会自觉地遵从这种社会控制，部分社会成员走向犯罪也是常见的，但对于绝大多数成员来说，因知越轨会受到制裁而预见到自己行为的后果而不敢越轨。可见，法律可以使人们在心理上养成一种遵从的习惯，对自己的社会行为有一种责任感。

2. 教育、宣传

教育包括正规的学校教育和社会教育。学校教育对于培养社会成员的遵从观念是最为重要的，是人的社会化的最重要的渠道。我们常说“教书育人”，主要就是指受教育者在学校环境中，在学习知识的同时，培养自己的公民意识，包括遵从规范和公共道德，养成一种健康的个人心理，知道要对自己的行为负责。社会教育不是正规教育，而是通过各种社会手段来进行的，其中宣传就是一条重要的途径。社会宣传可以在全社会范围内进行，也可以局部进行。通过宣传可以在全社会创造一种氛围和压力，迫使人们调节自己的心理动机和情绪、态度、价值取向等，对自己的行为负责。

3. 舆论和社会环境

舆论作为一种强大的社会控制力量，可以对社会成员在心理上造成重大影响。人们的行为动机、价值取向等往往在舆论的影响下，自觉或不自觉地发生调节，自我检验、自我约束，并对自己的行为取向做出选择。当然，在一种不良社会心理环境影响下，往往会发生意想不到的后果。例如，某些邪教组织就是利用人们生活或心理上的缺失（挫折、失望及困惑）等，有意制造一种要人盲从的社会心理环境，而诱导人们加入的；而从众心理、偏执心理、逆反心理等也助长了成员的不良心态，使之深陷其中不能自拔。这是心理控制的一种反面作用。

4. 社会关系

人在社会中自觉和不自觉地要处于一种社会关系网络中，如同事、同学、家人、亲戚、朋友、战友等，这些社会关系会形成一种经常性或偶然性的心理氛围，关系网络中每个成员的行为取向、情绪、态度、意见、观点等，对其他关系成员心理上的影响更为可靠、直接。我们常说“近朱者赤，近墨者黑”，就是如此。如有的青少年结成越轨团伙，其中有的严重者犯法被劳动教养，就会使其他同伙受到威慑而停止自己的不良行为。

5. 个人自我控制

一般而言，这属于个人的心理控制。我们常说的健康，不仅意味着没有疾病，还应当是一种身体、精神和社会生活的健全状态，也就是要有一种健康的心理。这就需要把个人的心理因素、社会因素与健康联系起来。注重心理卫生不仅有助于保持身心健康，而且有助于防止疾病。另外，据研究观察，许多疾病大都与社会心理因素有关。生理环境的突然变化，如离婚、失去亲人、家庭冲突等，都会对当事人的健康有很大影响。研究表明，25～34 岁丧偶者的死亡率比未丧偶者高；心肌梗死或冠心病患者，在发病前 6 个月内一般都经历过重大生活变故。对于中学生来说，一般存在下列心理问题：①逃避心理。如学习逃避、考试综合征等。②人际关系中的挫折心理。如孤独症、与同学闹别扭、家庭不和等。③青春期卫生心理。如性心理上的困惑。④越轨心理（或逆反心理）。如喜好冲动、打架斗殴、故意违纪等。另外，严格管束会引发反抗性焦虑症、癔症等。⑤危机心理。如厌世心理、极度失望或自杀倾向等。⑥成瘾心理。如电脑（网络）综合征、游戏机综合征、吸毒、赌博等不良习惯性心理。⑦变态心理。如窥视癖等。⑧因身体缺陷或严重疾病、慢性病等引起的失望、绝望、极度挫折感等心理。要正视并解决这些问题，除了家庭、学校、社会的关心外，作为当事者个人也需要进行自我心理控制。例如，为什么经历同样生活事件的人有些人能相对维持健康的心态，而有些人则会得病或发生越轨行为，这就需要个人的自我心理调节和约束。作为学校，当然应当依据心理学的原理原则研究教学过程，以保证学生的心理健康，尤其要注重研究学校、班级等特殊的组织和群体对其成员心理和行为的影响，在师生之间、学生之间，维持一种良好的交往关系，这对于形成一种健康的心理氛围是十分有益的。

6. 心理咨询

心理咨询在心理控制中对于个人所起的作用是最为直接、有效的方式。现在社会上除了医院、独立心理咨询机构外，各学校也已经普遍设立或正考虑设立心理咨询设施或开设心理课程。咨询机构之所以会起到越来越重要的作用，是因为它具有一种以客观的、第三者的身份出发的心理评测机制，而且从业人员往往具有专门的心理学知识、医学知识和社会经验，因而更加科学、理性。当事者会从中受到启发、暗示、引导，而易于进行自我心理调节，恢复心理平衡状态，达到心理康复的目的。

总之，对于社会来说，要善于调节各种社会关系，形成有利于社会公正、维持社会成员心理平衡的人文环境，缓解社会压力；对于个人来说，要学会科学地、理智地看待问题的健康心态，注意调节自己的情绪和行为取向，防止出现心理偏差或越轨心理，这对于促进整个社会的良性运行、对于个人生活的顺利进行，都是十分重要的。

【复习思考题】

1. 社会控制的含义和特点是什么?
2. 社会控制具有什么功能?
3. 社会控制的总体结构是什么?
4. 社会控制的形式有哪些?
5. 大致了解舆论控制的特点和作用。
6. 何谓心理控制？一般有哪些方式或途径?

实训参考

【讨论】 中国与西方国家在社会控制手段上的异同点。

【录像】 观看中央电视台《中国质量万里行》节目录像，思考舆论控制在打假中的作用。

【实践活动】

实践题目：①考试心理控制能力测试；②人际关系心理控制测试

实践目的：通过实践，了解心理控制的作用和意义并锻炼一般社会调查能力

实践地点：学校、班级（最好是非自己所在班级）

实践课时：2 课时

实践内容：选择一个班级或几个班级抽样调查。

实践过程：①设计问卷；②个人或合组调查；③统计数据并撰写调查报告。

第十一章 社会变迁与社会现代化

社会变迁与社会现代化是现代社会学的研究重点和核心内容之一。社会变迁，实际上是社会运行过程中的基本现象。人类社会自诞生以来，就处于不断的变化之中。从社会变迁角度来研究社会运行，就是动态地和相对静态地考察社会发展变化的规律，以推动社会的进步。

第一节 社会变迁的概念

一、社会变迁的内涵

人类社会无时不在变动之中，社会上的事物及个人，也无不与时俱动。从总体上来看，人类社会是由低级到高级，不断向前发展和进步的过程。但是社会的发展并不是直线进行的，中间充满矛盾与冲突、进步与倒退、渐变与剧变，总之，是沿着曲线螺旋式上升的。社会学用“社会变迁”这一概念来描述这种社会的变化。

社会变迁指的是社会发展过程中带有结构性的社会变化，包括社会变化的过程与结果。其内涵可从以下几个方面来理解、把握：

(1) 社会变迁指的是重大的社会制度、社会结构的变革以及这种变革所带来的整个社会系统的变化。虽然这种变革有时是局部地、渐渐地发生的，但总能预示社会结构的整体变革即将发生。例如资本主义制度代替封建主义制度，就是一种社会根本制度的变革，随之而来的整个社会系统也发生相应变化；但是资本主义生产关系的萌芽，是在封建社会的母体内孕育的。随着整个社会系统的变化，社会面貌、社会生活方式，也都发生新的变化。但是一些局部的些微变化，对社会全局或局部影响不大、没有带来新的信息的变化，不能称之为社会变迁。例如，今年流行一种新的服装式样，与去年不同，但不会引起社会变迁；然而，辛亥革命时期，人们普遍地剪辫易服，则是一种非常明显的社会变迁，它给社会带来了一种新的信息，预示着社会生活方式的重大改变。

(2) 社会变迁中所指的社会变化，是带有质变性的，即同先前的社会体系相比，具有新的结构性因素，能给社会带来新的信息，并能预示新的社会体系即将出现。否则，就谈不到变迁。

(3) 社会变迁中既包括进步的变迁，也包括倒退的变迁。社会学上的“变迁”一词本身是中性的，可以用来描述社会的发展进步，也可用以描述社会的迟滞和倒退。

(4) 社会变迁不仅指人类社会自然或有计划发生的变革，也包括某些因自然因素而导致的重大社会结构、社会生活的变革。如一次大地震或大洪水，可能会毁灭古代某个文明。但必须指出，即使有自然发生的剧变，甚至会给某地居民带来灾难性的打击，但如果并未因此而对社会体系发生多大结构性影响，那么这种纯粹的自然灾害影响，不能称之为社会变迁。

(5) 社会变迁不仅指社会宏观结构上的变化，也指微观上的结构性变化、社会各要素的质的变化等。

二、社会变迁的类型

我们可以从不同的角度，将社会变迁划分为以下几种类型。

1. 渐变式社会变迁与突变式社会变迁

或称之为进化与革命。此为依据社会变迁的性质或方式而作的划分，是社会变迁的两种基本形式。渐变式的社会变迁是社会原结构基本保持不变之下，社会系统中的某些结构或因素渐渐地发生了质的变化，并日益增长，积累到一定程度，会冲击原有社会系统，从而引起社会体系的局部或整体的变革。这种渐变一般指社会改良，与社会革命相对称，主要指变化的方式是平和地累积进行的，而不是突然发生的，当然其中并不排除某些社会因素的突然发生。任何社会都处在不断变动之中，其中大多是我们觉察不到的渐变，但这种渐变却往往预示新的社会变革的到来。例如，中国的农村改革，就是从安徽省凤阳县一个地区的几个小村庄的试验开始的，后来竟引起全国性的变革。所以这种渐变是带有质的变化的，而不是量变。当然有些质变是经过量变而引起的。渐变式社会变迁，主要有三种情形：①新的结构性因素在原社会体系母体内慢慢地、自然地孕育、生长，而使社会结构慢慢地发生质的变化，积累到一定程度，会对原社会体系发生冲击，产生出新的社会信息，从而使社会结构发生局部的质变。如资本主义萌芽就是通过在封建社会母体内慢慢孕育、生长，从而逐渐改变封建社会结构的（局部的或多方位的）。②上述质变通过量变积累，达到一定程度，会使原社会体系不能再容纳下去，发生冲突与矛盾，但在社会秩序基本稳定的前提下，社会最高控制主体采取适宜的合理的措施调节社会关系，容纳新的社会因素加入社会体系，那么新的社会秩序便会和平地和相对稳定地产生，从而实现渐变式社会变迁。这种情形在历史上不常见，可以参照加拿大、澳大利亚等国的社会变迁方式。③通过激烈的社会突变之后，再用和平的改良或改革措施，建立全新的社会秩序，并加以巩固，那么新的社会结构和社会体系也就形成了。这种情形是历史上最常见的。如封建主义代替奴隶制，资本主义代替封建主义，社会主义代替资本主义。渐变式社会变迁过程中往往还是会发生激烈的冲突和暴力的，尤其近代以来资本主义制度建立以后，新的社会矛盾和社会冲突日显激烈、紧张，主要体现为无产阶级和资产阶级的斗争，结果大多数以和平的、合法的方式，使两大对立的阶级继续并存于资本主义社会体系之下。社会主义制度建立之后，也是通过和平的方式变革与调整生产力和生产关系、经济基础和上层建筑之间的矛盾关系，从而能维持社会根本制度的存在和持续发展。

突变式的社会变迁是革命性的变革，指整个社会结构、社会体系的根本性质的“飞跃”式变化。原有的社会结构和社会体系因内部新的因素的急剧增长或外部体系的激烈冲击，而遭到彻底的崩溃，不得不为新的社会体系所取代。这是社会变迁的主要形式。例如，1789 年的法国资产阶级大革命，就使得法国中世纪社会制度彻底解体，而为资本主义制度所代替，并进而引起欧美一系列国家社会制度的根本变革。按照马克思主义原理，生产力与生产关系、经济基础与上层建筑之间的矛盾，发展到原社会体系不能相容的情况下，社会的统治阶级不能再继续维持旧的社会体系，被统治阶级也不能继续在旧社会体系内存在下去，这时社会变革就会来临；而旧的统治阶级往往不会自动下台，放弃对社会的统治权和特权，因此只有被推翻，为新的社会阶级统治和新的社会制度所取代，这就是社会革命。资本主义推翻封建主义，社会主义推翻资本主义，绝大多数是通过这种方式进行的。突变式社会变迁往往是通过暴力夺取政权实现的。有时人们也把其他社会结构和社会要素的根本变革称之为革命，如工业革命、技术革命等等，但这些都不能与社会根本制度的革命同日而语，也很难用渐变或突变来描述它们。例如，电的发现和使用，就是人类科技史上的一种重大变革，但不一定会对社会结构产生根本的影响。第二次世界大战后日本实行的民主改造，则是在当时世界形势下，由美国独立占领制控制下发生的革命性变迁。社会变迁的发生，必然使原社会体系下的社会结构、社会因素也随之发生质的变化，社会的政治、经济结构，以及人们的日常生产生活方式和精神面貌、价值观念，也会或快或慢地发生新的变化，这都属于社会变迁的内容。例如，通过中国改革开放前后的对比，我们很容易发现，中国人的生活方式以及价值观念都发生了巨大变化，人们的精神世界也变得丰富多彩。

渐变式社会变迁与突变式社会变迁都是对生产力与生产关系、经济基础与上层建筑之间矛盾关系的调整，只是二者的手段不一致。究竟采取哪一种方式，往往不是由人们的主观意志所决定的。也就是说，这要取决于社会的性质、社会矛盾的紧张程度、对立的社会关系方面的力量对比和价值取向、主观努力，以及其他多种主客观因素的综合影响。

突变式社会变迁与渐变式社会变迁又是相辅相成的。渐变式社会变迁往往是突变式社会变迁的前奏和准备，突变式社会变迁又常常是渐变式社会变迁的必然趋势和结果。例如，社会主义主义制度的建立，是经过长期的无产阶级革命斗争的最后结果。

2. 整体社会变迁与局部社会变迁

此指社会变迁的规模。整体社会变迁指的是整个社会结构、社会体系的根本性变迁，使社会的整体面貌和社会基础都发生不同以往的质变和量变。社会体系中的各个因素都会随之发生变迁。例如，新民主主义革命在中国胜利以后，建立起一种全新的社会制度，即人民民主专政的政治制度和新民主主义的经济体制。这种新的社会体系与国民党统治时期相比，整个中国的社会面貌都发生了天翻地覆的变化。这是一种整体的社会变迁。局部社会变迁，指的是社会体系中的某些结构的功能发生了新的转变或发生了结构增减，以及社会因素的变化，但依然保持在原有社会体系之中。这种局部的社会变迁，可能会影响或冲击原社会体系，但不一定引起整个社会系统彻底崩溃。例如，中国改革开放以来，社会各个方面都发生了新的变化，但整个社会主义制度并未解体。

3. 进步的社会变迁与倒退的社会变迁

指社会变迁的方向。前已述及，社会变迁概念本身就含有进步与倒退两个互相对立的方面（当然在用这个词时并非一定要同时提及这两个方面）。社会变迁的方向是进步的还是倒退的，站在不同的立场或从不同的角度考察，可能是见仁见智的，但是，一些共同的判断基础还是存在的。进步的社会变迁，就是通常所说的社会进步，一般而言，能够促进整个社会系统的良性运行，或均衡调节社会关系，缓和矛盾与冲突，给社会成员带来新的利益和信息，更加充裕的公共自由空间，更加便利、舒适的生活设施和服务，人们的社会行为更加文明的社会变迁，就是进步的。反之，使整个社会长期处于动荡不安之中，社会秩序紊乱，社会矛盾与冲突紧张，绝大多数社会成员的利益得不到保障或日益减损，公共自由空间更加紧缩，社会生产力处于破坏性萎缩当中，社会文化遭到毁灭，那么，这种社会变迁就是倒退的。当然，人们在具体判断哪一种社会变迁是进步的还是倒退的时候，其标准是难以把握的，也因判断者所处的阶级地位、民族特征、价值观念、文化背景以及角色的不同，而会得出不同甚至相反的结论。而且，进步性的社会变迁与倒退性的社会变迁往往是同时发生的，这就要求我们具体问题要具体分析。另外，通过变迁的具体表现及社会效果，以及依靠科学、合理的调查研究，搜集准确的统计数据等，也有助于我们更客观地加以评析。例如，俄国十月革命胜利后建立了世界上第一个社会主义国家，当时绝大多数俄国劳动人民以及其他国家的工人阶级是拥护的，认为是一种社会的进步，但欧洲资产阶级则认为是历史的倒退，视之为洪水猛兽，这自然与其所属的阶级性质直接相关。再如，18 世纪发生的工业革命，首先使欧洲的社会结构、社会生活都发生了巨大变革，极大地促进了社会生产力的发展和科学技术的进步，给人们带来了现代文明，因而从总体上看是进步的社会变革，但是，随着都市化的发展和工厂制度的建立与扩展，在一段时期也加剧了社会的动荡，激化了阶级矛盾，并且曾经严重地破坏了自然资源和环境，带来了人们意想不到的负面效果，这其中就含有倒退的社会变革的因素。

4. 自发的社会变迁与有计划的社会变迁

指人类参与社会变迁的程度与控制而言。从总体而言，社会的发展变化是不以人的意志为转移的，这就是说社会发展有它自身的规律。因此，社会变迁往往是自发的。自发的社会变迁，是在人类对社会发展规律认识不清、无从把握的情况下，无法主动地指导、控制社会的运行，缺乏社会发展目的、计划和策略，任其自由生存、演变下去。这种情形，一般在原始社会阶段及古代社会的某些时期、某些地域，最为常见。近现代社会，人们更加自觉地、主动地探索和把握社会运行规律，目的性、计划性更加明确，但社会的变迁还是伴有自发性的。尤其某些自然因素引起的社会变迁，人们还难以准确地预料到，也就难以控制它。不过，在社会现代化进程中，随着科学技术水平的提高，人类积累了更加丰富的经验和知识、信息及其手段，对社会运行的规律有了更好的认识和把握，因此，有目的、有计划地参与和控制社会变革，已成为现代社会变迁的主要形式。有计划的社会变迁，可以改变自发式社会变迁的盲目性、不确定性和负面效应，更加科学、合理地调节各种社会结构、社会关系，安排社会生产生活秩序，提高社会生产力，促进社会进步。

三、社会变迁的根源

（一）社会变迁的根本原因

社会变迁为什么能够发生，或到底是什么因素推动了社会的发展变化？宗教教义往往说成是上帝的旨意，历史上的哲学家和历史学家往往单纯用人类意识或意志的主观作用来解释，或者陷入历史循环论的逻辑中去。这些都不能科学地解释社会变迁的根本原因。

马克思主义用唯物史观和辩证法，第一次科学地做出了回答。按照马克思主义原理，社会变迁发生的根本原因在于生产力的发展以及生产力与生产关系之间的矛盾运动。马克思、恩格斯指出："社会的物质生产力发展到一定阶段，便同它们一直在其中活动的现存生产关系或财产关系（这只是生产关系的法律用语）发生矛盾。于是这些关系便由生产力的发展形式变成生产力的桎梏，那时社会革命的时代就到来了。随着经济基础的变更，全部庞大的上层建筑也或慢或快地发生变革。"[①] 也就是说，生产力的发展，要求生产关系与之相适应，当社会的生产关系与社会生产力水平相适应时，就会促进生产力的发展；而当生产力发展到一定阶段时，又会与原有的生产关系发生矛盾，当这种矛盾发展到一定程度，旧的生产关系已经严重束缚生产力的发展时，社会的经济基础和上层建筑之间的矛盾就会激化，这时旧的生产关系就成为生产力发展的障碍，

---

① 《马克思恩格斯选集》第二卷，第82页。

迫切地需要生产关系也发生相应的调整，即旧的社会结构和社会体系需要做根本的变更。这种情况下，社会变迁就必然发生。社会变迁的方式可以是渐变式的，但多数情况下是以突变为结果的。这是因为，在阶级社会里，生产关系的主要表现形式是阶级矛盾和阶级斗争，而阶级矛盾是难以用和平手段从容调和的，结果只能以革命的方式解决。

但是，社会变迁并非只以上述方式发生，其他社会或自然因素也会单独或综合发生作用，导致或促使社会变迁的发生，如人口因素、自然环境、文化与价值观冲突以及外部因素的影响等。

（二）社会变迁的因素

马克思主义理论为我们揭示了社会变迁的根源，但具体哪些因素导致或促使社会变迁的发生，还需要我们分别或综合地加以研究考察。主要有以下几个方面。

1. 制度变迁

制度变迁指的是社会政治制度的根本变革，社会统治者权力地位的变换，以及由此带来的社会整体结构、社会体系的全方位变革。政治制度变迁对于社会变迁的推动作用最为巨大、深刻和明显。政治制度的建立与维持、调整的主体是国家政权，也是最高社会控制主体，建立、维护与调整社会秩序、社会规范和一整套价值体系。因此，政治制度的变迁，对社会成员的社会行为、思想观念、生活方式影响最大。我们常说“新旧社会两重天”，就是指新旧社会制度的根本变化及其所引起的全方位的社会变迁。

2. 环境变迁

这里的环境指的是自然环境，包括未经过人类改造的天然环境和物质存在，以及人类改造过的自然环境。自然环境和自然资源是人类赖以生存和发展的物质前提，自然环境的变化，对人类的影响已经有目共睹。其中天然的自然环境的突变，对社会变迁的影响最为巨大。例如，一次火山的爆发，可能会使该地区居民原有的社区关系不复存在，而被迫分别迁居到其他不同地区。全球范围内整个大气环境的突然变冷或变热，可能会危及整个人类的生存。古代希腊、印度的某些文明的突然消失，也很可能与自然灾害直接相关。经过改造的自然环境的变迁，对人类的影响巨大。森林的滥伐、河流的污染，已经日益严重地影响到该区域人民的生产、生活方式，甚至影响到社会的经济结构的变化和人类的可持续发展问题。这些是自然环境的变迁，但其影响却很深远。现在大气环境的变暖，会引起什么样的社会变迁，已经成为世界性焦点问题。

3. 人口变迁

人口变迁，指的是人口的出生率、死亡率、增长（减少）率，人口的数量、质量、结构、分布、流动等的变化。人口的变迁，已经成为制约社会发展的重要因素。人口数量的增、减，都会对社会发展带来积极或消极影响。人口数量太少，社会生产力资源紧缺，难以维持发展；人口数量过多，则会过多、过早地消耗自然资源，不利于社会的可持续发展；会加重社会负担，严重影响社会运行和人们的生活质量。人口素质低，则会阻碍现代化的进程。人口结构不合理，会影响到社会发展体系和社会成员关系，如男女比例失调、人口老龄化等。人口分布不合理，也是如此。例如，城镇人口过于集中，会加重城市负担，带来社会关系、社会秩序、生活质量等一系列社会问题；农村人口普遍文化素质低，已经严重影响到农村社会经济的发展和进步，造成城乡发展的不平衡，成为中国现代化进程中的主要障碍。人口流动已成为现代社会人口变迁的重要方面。合理的人口流动或迁移，会平衡地区发展，调节人力资源；盲目无序的人口流动，则会使社会秩序紊乱，影响社会发展。可见人口变迁对于社会变迁的影响是直接的。

4. 文化变迁

或称非物质文化因素。指的是社会规范、民族传统、价值观念、思想理论、宗教、习俗、生活方式的变迁。文化变迁与制度变迁往往是互为因果的。社会制度的变迁，往往以社会的价值系统、思想文化等的变迁为前导和舆论准备，而社会制度的变迁，则提供意识形态上的变革，并影响及社会成员的价值观念、生活方式等。在西方，许多社会革命往往伴随宗教的改革而起。马克思·韦伯则将宗教伦理与资本主义制度的运转紧密联系在一起。外来文化（或称异质文化）对于文化变迁的影响最为巨大。

5. 科技变迁

科学技术已经越来越成为社会变迁的重要推动力。历史上每次科技变迁，都会对社会结构、社会生活带来深刻的影响。工业革命的发生，带来了城市化运动的兴起；交通工具的发达，则促进了社会交往。互联网的兴起，使信息传递方式发生了根本变革，甚至已经极大地改变了某些社会成员的生活方式。信息产业（IT）的兴起，将给社会带来新的生产部门，为社会成员提供新的就业门路和社会经济增长点。现代生物学尤其基因技术的开发应用，将会给社会经济与社会价值观、伦理观念，带来不可忽视的影响。科技的发达程度，已成为现代国家现代化程度的重要标志之一。当然，科技的发展应用也会带来负面影响。如克隆技术。

6. 经济变迁

社会经济的发展是社会存在的物质基础。经济变迁，包括社会生产力、劳动生产率的变化，社会经济结构、部门、布局的变化，利用科技的程度，就业水平与失业比例，以及经济活动方式（包括经济体制、组织方式、管理技术与方式等）的变化，经济发达程度等。经济变迁直接影响到社会财富的增减，国力的强弱盛衰，以及社会生活秩序问题。

7. 信息交换

这里的信息交换是具有特定含义的，指不同社会体系之间的信息交流、冲突与融合等外部影响。自古代起，世界各地区之间就存在着各种形式的交往与交流。其中大部分是通过战争征服随之带来的。如中东地区，就曾经过希腊文化、罗马文化的侵略性交流；古埃及文化对西方文明的影响也是深远的。有些则是经过和平的交流或贸易、宗教活动等实现的。如佛教传入中国，中国四大发明传入印度、中东、西方等。这些不同社会体系之间的信息交往活动，极大地影响到区域文明的变迁，会给他们带来异质社会因素，引起经济结构的变化、农作物品种的输入以及生活方式、文化传统的变迁等。这说明自古代起，不同社会体系之间就存在着交流。近现代社会，西方文明对其他区域的冲击最为巨大，直到今天仍然是人们争论最激烈的焦点话题。这种异质文化、信息的交流与影响，有多方面的作用。积极的方面，可以相互促进，扬长避短，更新社会价值观念，加快社会进步；消极的方面，会引起社会价值观的混乱和社会冲突，甚至引起社会动荡、社会危机，传统文化的毁灭、消失；中性的影响，使原社会结构、社会体系、社会经济与社会生活方式发生重大变迁。如伊斯兰文化的兴起，使整个北非、中东地区的社会面貌发生了历史性变迁。近代西方文明的东侵，使日本发生了“明治维新”，中国发生了“戊戌变法”、洋务运动直至辛亥革命；马克思主义在中国的广泛传播和运用，则直接造就了中国共产党的诞生，社会主义在中国的胜利。这说明，现代社会不可能封闭发展，而必须同世界联系起来，同步发展；另一方面，文明之间的冲突与融合，直接影响到社会变迁的过程和结果。

第二节　有计划的社会变迁

有计划的社会变迁已成为现代社会变迁的主要形式。主要包括社会发展计划与社会运行评价两个方面的内容。

一、社会发展计划

有目的、有计划地促进社会的变迁，其重要手段就是制定、实施社会发展计划。社会发展计划包括社会发展目标（指标）、内容、手段、战略、步骤、效果及其评价，可分为社会经济发展计划、科学技术发展规划以及社会进步指标（社会物质财富的增长、社会福利、国民教育水平与科学素质等）等几个方面。

社会发展计划的目标，可分为长期、中长期与短期目标，都要有一系列具体指标予以确定。与此相应，发展战略也有长期、中长期与短期的阶段性计划。

社会发展计划的内容，应该既包括社会经济的发展计划，也应该照顾到社会的整体发展、全方位发展和社会进步问题。当然，在不同的时期，其侧重点也有所不同。

按照社会制度的不同，有社会主义的计划与非社会主义的计划，在性质、内容、方法、步骤上都有很大差异。过去中国曾经实行过苏联式的计划经济模式，建立了社会主义的经济制度，发挥过积极作用。但是它的弊端也是突出的，主要是违背经济发展规律，不利于调动社会积极性，提高社会生产率，不利于社会的协调和全面发展。自改革开放以后，中国已经实行有科学计划的国民经济与社会发展计划，取得了阶段性成果，促进了国民经济的发展和社会的进步。

资本主义国家在第二次世界大战之后，借鉴社会主义的计划经济思想，也实行了一系列社会经济、社会福利及科学技术方面的发展计划，如英国、法国、日本等，但其内容、方法与社会主义国家有着很大不同。

社会发展计划，应该借鉴不同国家的先进经验，取长补短，并建立在调查研究以及科学、民主决策基础上，协调、有序地进行。

二、社会运行评价

从整体上来说，一个社会是不是健全的社会，社会运行状况如何，是良性的、协调的，还是中性的、恶性的、失调的；另外，社会变迁的结果如何以及是否发生了变迁，人们可以感觉得到，但是，如何来看待这种变迁，对社会的影响如何，是进步的社会变迁还是退步的社会变迁，是全局性的还是局部的社会变迁，等等，都有一个需要评价的问题。

对社会运行的评价，可分为定性、定量两种方式与效果。定性评价，主要判断社会运行状况的优劣、社会进步或倒退、社会发展计划实施的效果以及如何改进等。定量的评价，是建立在一系列数据和指标体系基础上，更加科学、准确、客观地对上述定性评价予以确认、评测或否认、修正。当然，在实际运作中，定性与定量两个方面往往是互相联系、不可分割的。总的是要在进行多方面社会调查、取得一定数据的基础上，以一定的社会学知识和理论系统，进行综合的研究，最后得出结论，提出建设性意见和建议、对策。

与此相适应，人们对社会评价的方法和手段也不一致。定性的评价一般采用观察方法、调查研究与理论分析法，定量的评价则需要采集数据、建立指标体系，最后提出社会报告。现代社会学者一般采用定量的方法，建立并运用理论模型，作定性的评价。如指标评价法、投入－产出分析法等。民意测验也是一种常见的社会运行评测方法，但一般只针对某个社会热点问题进行即时的调查，时效较短。

社会运行评价的内容则丰富多彩，涉及社会体系的各个方面；既有宏观的社会评价，也有微观领域的社会评价，或中观评价。

一般来说，有社会总体评价、局域评价（行业、地区、部门）、基本社会单位评价、居民生活状况（生活质量）评价等各种类型。也可分经济运行评价与非经济社会评价。

整个社会运行的总体评价，一般以国内生产总值（GDP）、国民生产总值（GNP）及人均GDP、GNP为主要标准。其他有社会经济增长率、劳动生产率、就业与失业率、商品及服务种类、数量及增长率等。但这只是就社会运行中的物质的量的增长或减少状况的评价，而整个社会运行评价体系中的指标体系，则涉及社会生活的各个领域（包括人口系统、健康与安全、舒适度、社会成员的思想状态、倾向、价值观等）。对此，国际组织及各国有关部门、机构和学者，都提出了各自的标准和项目划分，其中许多是相似的、一致的，有些则出入甚大。

西方经济与合作发展组织的社会指标体系分为15大类（共33个量化指标）——寿命、生活健康状况、教育设施的利用、文化程度（扫盲率）、就业机会、工作生活质量、时间利用、收入、财富（分配份额）、住房条件、服务设施、环境公害、社会现象（自杀率）、危险事故、受到威胁（担心安全）。其中含有正的方面，也有对负面因素的考察。

1970年联合国社会发展研究所提出了从7个方面——营养、居住、健康、教育、休闲、安全、环境——考察不同生活水平（赤贫、贫困、小康、富裕）的一些指标和标准。

一般可分以下几个类型来考察：人口、家庭、住房、收入、交通、教育、医疗健康、安全、环境污染、服务设施、商品供应、犯罪及其他严重越轨行为等。

采用量化的指标体系，可以更加科学、客观地反映社会现实，排除人为臆测因素，同时可以对社会运行状况进行监测、对比和预测，以更好地指导社会运行，有计划地促进社会变迁。

第三节　社会现代化概述

一、什么是社会现代化

（一）社会现代化含义

社会现代化是现代社会变迁的主要方式、内容和过程。所谓社会现代化，是与传统社会相对比而言的，是一种距离我们生活时代最相近的一种新型的或特殊的非传统性社会变迁。一般说来，社会现代化是建立在工业化经济基础之上的、具有理性与科学的社会规范与价值观念的全新意义的结构性社会变迁。简单言之，即由农业文明向工业文明转变。我们可以从以下方面理解和把握社会现代化的含义。

1. 必须与传统社会相对比，否则无所谓现代化从经济上说，传统社会也称为前工业社会。其特点是，农业经济在社会经济中占主导地位，并且以自给自足为特征，商品经济不发达；生产方式以粗放型、分散型手工生产为主，以人力和畜力为动力源，没有机械作业或仅有极简陋的机械使用；社会分工不全面；城市不发达（规模小、数量少、人口比例小、功能少）。从社会制度上说，传统社会的政治制度一般以专制为特征；社会关系上，传统社会以封建宗法关系、血缘家族关系为基础，社会阶级或阶层分野严格；家庭人口多；角色关系以血缘、感情、先赋型等级地位为基础，社会互动范围狭隘。相应地，社会规范也以浓厚的宗法制度、等级制度、宗教制度和风俗习惯为基础，缺乏平等，充满神性或迷信色彩；价值观念上人格独立性差，以强制服从和尊卑贵贱观念为特征。当然从总体上说，社会生产力水平低、劳动生产率低、效率低，社会产品不丰富，社会财富增长慢，普通社会成员生活水平普遍低劣，生活质量差。还有更重要的是，社会成员教育机会少、受教育人口比例甚低，科学技术知识及其应用十分缺乏；参与社会事务少。社会现代化，则以建立在新式能源基础上的机器工业经济作为社会经济的主体，依赖普遍建立的完备的商品货币体系进行经济活动；农业经济在社会经济中所占比重很小；城市化成为社会生产生活的主导方式；科学技术日新月异，并成为促进社会经济发展、社会变迁的重要推动力。社会规范以建立平等的法律体系为主要准则，以世俗化、理性化，尊重科学与知识为价值趋向，以尊重个人、平等、民主为角色体系的基础。社会成员越来越享受到更加平等的教育机会，科学文化素质普遍提高，社会交往的范围更加扩大，互动方式多样化、信息化等等。同时，我们应该看到，虽然随着现代化的发展，传统因素日益减少，但社会现代化并不意味着要全部消灭传统文化。

2. 必须了解社会现代化的历史进程

社会现代化的历史是从何时开始的呢？从经济结构的变迁上说，应该以14、15世纪西方资本主义的萌芽为源头。当时在意大利地中海沿岸的一些城市中，就开始了城市化及日益发达的商品经济和货币体系的运作，城市中的市民意识、市民政治运动已经萌发。但是，这仅仅是社会现代化的一个开端。从社会制度和文化观念变迁上说，是从14至17世纪的欧洲文艺复兴运动和17世纪中期英国的资产阶级革命为开始的标志，以18世纪法国资产阶级大革命及欧美资本主义社会制度的普遍建立为一段落。文艺复兴运动倡导人的解放，宣扬以人性取代神性；从克伦威尔开始，就在传播资产阶级的价值观，如平等、民主、自由、幸福等；法国大革命则以理性取代神性的宣言，埋葬宗教统治的历史地位。然而，社会现代化的强大推动力和重要标志，是18世纪下半叶开始的工业革命（或称产业革命）。工业革命使现代工业制度取代了传统的经济模式，推动了城市化运动、大规模人口变迁，极大地改变了传统的社会经济结构和生活方式。到19世纪，工业革命已经在西方取得了彻底胜利。欧美各国已经进入了现代化社会。在东方，日本、俄国也从 17、18 世纪开始学习西方，中国则从 19 世纪开始这一进程。第二次世界大战后，第三世界国家也先后步入现代化的历史进程，到今天尚未完全完成。

3. 必须全面理解社会现代化的内容

社会现代化虽以经济上的工业化和都市化为重要基础标志，但仅仅有此两点，还不能说就是现代化。社会现代化应以社会全方位的变革为判断标准，包括社会规范、文化价值观念、人口素质等各个方面。如有的国家可能因为某种特殊的原因，城市化十分发达，但人们的价值观念、生活习俗仍然是落后的传统形式，就很难说得上是实现了现代化；有的国家城市已经很发达，但绝大多数居民是传统型的农村人口，也不能说是实现了现代化。

4. 必须了解社会现代化发展的非同步性与同步性

前已述及，由于历史及其他因素，西方国家早先进入了现代化进程，其他地区则迟延了几个世纪才发生，因此，从全球范围来看，社会现代化的进程并不是同步进行的，一般来说，第三世界各国都是步西方的后尘而来，不可能与之完全同步进行。也就是说，现代化的社会变迁是不平衡的。由此也决定了不同地区、不同国度，现代化的起点、途径、速度、程度是不一致的，在考察现代化的程度、内容时，应针对各国的具体情况和历史传统区别对待。在某些国家中，可能只实现了局部的现代化，也就是说已经步入现代化进程并取得了相当的成绩。我们也要看到，现代世界各国，不论情愿与否，都已经与整个世界联系在一起，闭门造车、固步自封，已经没有出路，因此，只有与世界同步发展，直起猛追，加快国内的改革开放，才有前途。

（二）社会现代化的特征和内容

社会现代化的范围十分广泛，是社会经济、政治、文化、人口等各个方面全方位的变革，因此其特征也应该体现在多个方面。

1. 经济上的现代化

这是社会现代化的物质基础和主要特征。它体现在机器化大生产基础上的工业化，工厂制度代替传统社会中的手工工场作业，工业生产在社会经济中的比重居绝对统治地位，农业生产所占比重很小。同时，商品经济、市场经济成为现代化经济制度的基础。其次，在经济活动中，管理更加科学化、科层制化；科学技术成为经济发展的主要推动力。可以说，工业化是现代社会经济结构最主要的社会变迁，没有工业化为基础，就谈不到社会的现代化。

2. 社会结构的现代化

首先表现为城市化。城市化指的是城市人口在全社会总人口中的比重占绝大多数，城市数量增加，规模扩大，更重要的是城市成为社会经济、文化和生活的中心，在社会变迁中起主导作用。其次是社会分工和角色关系的变化。社会成员的角色地位主要取决于正式的职业和自我努力，而不依赖于家庭出身、血缘关系或等级关系；职业和财富越来越成为社会分层的主要依据，社会成员的阶层流动更加平易（指从一个阶层转变为另一阶层）。家庭结构也发生显著的变化，特点是家庭规模越来越小，核心家庭成为主要的家庭结构。

3. 社会规范及文化价值观的现代化

体现为法制化、理性化、世俗化、民主化；尊重个人、科学与知识；社会成员享有更广阔的公共自由空间；国民教育普遍化、平等化、平民化。尤其重要的一点，就是妇女社会地位的提高。现代社会提倡男女平等，女性享有与男性同等的参与社会事务的机会和权利，例如接受正规教育、有正式职业、参政，自主婚姻，经济地位提高等。社会成员之间基于理性互相尊重、宽容，并具有开放的心态，乐于接受新事物，注重文化知识修养，讲求竞争、效率、进取。总之，社会现代化离不开人的现代化。

4. 社会交往与社会生活的现代化

与传统社会相比，人们的社会交往活动更加广泛、开放；信息交流手段多样化、便利化。如互联网提供了传统社会所不具有的新的信息平台，使社会互动更加非地域化、开放和自由平等。人们的社会生活方式，也更加丰富多彩。人们有了更多的闲暇时间和自由空间。各种自主生活方式也日益被社会理解、宽容和接纳。

社会现代化的内容与上述现代化的特征是一致的。即包括社会经济的现代化、社会结构的现代化、社会规范和文化价值观的现代化、人的现代化、社会交往和生活方式的现代化等。

二、社会现代化理论

关于社会现代化问题，中外学者从不同角度出发提出了自己的理论模式。这些理论探讨的问题主要有：为什么现代化首先从西方发起并取得了成功？第三世界或发展中国家走向现代化的途径或模式是什么？二者之间在实现现代化过程中有何异同之处？现代化的标准是什么？现代化的障碍是什么？等等。

在这些现代化理论中，有的学者偏重于从精神层面（信仰、文化价值观）来解释，有的侧重于物质技术因素的作用，有的从社会内部来探讨，有的则强调外部因素的作用。我们主要介绍几种主要的现代化理论观点。

（一）马克斯·韦伯的宗教伦理和理性论

主要体现在1920年的《新教伦理与资本主义精神》一书中。韦伯认为西方国家的资本主义模式与宗教伦理观念之间有着紧密的联系。他所指的宗教是一般的宗教，而是西方自近代以来就发生的宗教改革后的新教或清教徒精神，即主张节俭、控制欲望，从而使人们将更多精力和金钱花在事业上，这是西方资本主义取得成功的内在原因。同时他强调理性化的思维代替感情，成为人们在考虑成本和利润时的价值取向。这种理性化首先体现在经济领域，然后向社会其他领域扩展，使整个社会趋于理性化。显然这种理论偏重于从人们的宗教信仰和文化价值观方面，解释西方社会现代化成功的原因，忽视了其他社会物质因素及内外环境因素的作用。

中国学者也有人支持韦伯的理性论。[①]

（二）现代西方现代化理论

现代西方的现代化理论起始于20世纪50年代，至今主要形成三个派别：经典现代化理论、依附论和世界体系论。

经典现代化理论兴起于20世纪50、60年代的美国，是现代化理论学派中的“主流派”。其主要理论观点为：①现代性等于资本主义性：现代社会与传统社会作为两种决然不同的社会形态，分别代表着先进的现代性和落后的传统性，现代性在本质上就是资本主义性。②现代化就是西方化、资本主义化：现代化是传统社会向现代社会的过渡阶段，其本质是资本主义化；西方发达资本主义国家的早期现代化模式就是现代化的普遍模式，包括经济上的工业化、政治上的民主化、社会领域的城市化、文化上的理性化等。[②] ③内因论发展观：国家是现代化社会的基本单位，一国内部的制度体系、社会结构、历史文化传统等是决定其现代化进程的主要因素。

依附论是一个与经典现代化理论针锋相对的学派，被称为“非主流派”。代表人物有英国经济学家J. A. 霍布森等。它与现代化理论的主要理论分野在于它注重国际性研究，主张外因论的发展观，认为第三世界国家的落后、欠发达是西方发达国家利用不平等的国际经济、政治关系（殖民主义）对之进行剥削和控制的结果；在这种国际政治经济关系不平等的条件下，世界日趋两极分化，形成核心—边陲的依附格局；边陲国家的现代化不能走西方化的道路，只能通过“脱钩”谋求自身发展。

这两种社会发展论的对立是冷战意识的体现。经典现代化理论站在发达国家的立场上，依附论站在不发达国家一边，从不同的研究目的和不同的研究对象出发，考察现代化问题，但其理论观点都有片面性。前者过分强调内因的作用，忽略了外部因素对于一国社会变迁的影响，而且主要是从西方角度，以发达资本主义国家的现代化模式为考察标准的，与第三世界不发达国家的国情不相适合；后者则过分强调外部因素的影响，忽视了社会内部政治经济结构变迁的需要，而且片面强调国际关系中的负面因素，没有正视其正面的影响。

世界体系理论是对上述两种现代化理论的反思和融合，也是冷战格局即将变化的反映。它产生于20世纪80年代，其主要代表人物为沃勒斯坦。80年代

---

① 参见吴忠民：《社会发展与现代化研究述评》，《中国社会学年鉴》（1992.6—1995.6），第49，50页。

② 西里尔·E. 布莱克：《比较现代化》（杨豫，陈祖洲译），上海译文出版社，1996年版，第136～139页。

以来，东西对峙开始缓和，冷战意识趋于弱化，经济竞争加剧，国际政治经济关系发生新的变化；进入 90 年代以来，以信息、高新科技为纽带的资本主义经济体系开始渗透全球，经济一体化成为不可逆转的历史趋势，由沃勒斯坦开创的世界体系理论正适应并体现了这种时代发展的需要。

这种理论一方面对资本主义体系的剥削本质和国际不平等进行了更加深刻的批判；另一方面，又承认资本主义的发展带有历史必然性，实际肯定了资本主义模式的现代化。显然存在自我矛盾之处。

（三）马克思主义理论

马克思通过对资本主义发展的历史过程及其规律的研究，提出资本主义生产方式的变革及工业革命发生的根本原因，在于社会内部生产方式的变革。他指出，欧洲的迅速发展，包括欧洲资产阶级本身，是欧洲历史长期发展的产物，是生产方式和交换方式（即生产关系）的一系列变革的产物。他阐述，美洲的发现，东印度和中国市场的建立，使商业、航海业、工业空前高涨，以前的封建的或行会的工业经营方式已经不能满足新市场出现而增加的需求了，于是工场手工业代替了这种经营方式。随着市场的扩大和需求的增加，工场手工业也不能满足需求了，于是蒸汽机引起了工业生产的革命，现代大工业代替了工场手工业。这样，市场、交通、工业在相互促进中获得了迅速的发展。与此同时，资产阶级也迅速发展，把中世纪遗留下来的一切阶级都排挤到了后面。社会生产的不断变革，引起一切社会关系不断的变动，导致社会全面变革的发生。

马克思主义理论既肯定了社会内部生产方式变革的主因，又考察了资本主义发展历史中外部因素的作用，因此科学地解释了资本主义和工业化产生与发展的根本原因。同时，我们也认为，其他社会学家关于现代化的各种理论，也有一定的道理。有的则是对马克思理论的进一步发挥或更细致化、具体化的阐释，虽然其出发点和立场不同。现代西方社会学家也大都承认，他们从马克思那里了获得了极为重要的思想源泉，吸取了马克思社会发展理论中的某些成果。

关于第三世界或发展中国家的现代化问题，主要是关于其障碍问题。即第三世界国家为什么落后？是什么因素阻碍它们实现现代化？现代社会学家主要将其归结为两个方面，即外部因素和内部因素。外部因素，主要是指西方发达资本主义国家的经济侵略（殖民主义）和不平等的经济贸易关系，内部因素主要体现为“文化滞后”，即这些国家虽然在政治体制和经济制度上都已经按西方模式成功地建立、运作，但整个社会仍然是在传统社会模式控制下运行，社会规范和文化价值观中传统社会的因素仍然大量保留或居社会主导地位，因此难以与社会现代化的要求相适应。例如，印度的种姓制，落后国家人口的持续增长等。

中国的现代化学者以历史学家罗荣渠为代表。其现代化思想主要体现在两部著作《现代化新论——世界与中国的现代化进程》（北京大学出版社 1993 年

10 月出版）与《现代化新论续篇——东亚与中国的现代化进程》（北京大学出版社 1997 年 5 月出版）中。他用历史唯物主义观点阐释现代化概念，指出现代化是一个世界历史范畴，广义上是指自工业革命以来现代生产力引发的社会生产方式与人类生活方式大变革，是以现代工业、科学和技术革命为动力，从传统农业社会向现代工业社会的大转变，是使工业主义渗透到经济、政治、文化、思想各个领域并引起社会组织与社会行为深刻变革的过程；狭义上的现代化则是指第三世界经济落后国家和地区采取高效率途径，通过广泛的经济技术改造与社会改革，迅速赶上先进工业国和适应世界新环境发展的过程；现代化的核心内容是工业革命或工业化，但现代化不等同于工业化，其涵盖面超过工业化；现代化同样不等于“西化”、“资本主义化”，因为追求工业文明是全球现代历史日程的共同特征，并非仅仅与资本主义相联系。同时，他提出了“一元多线”理论。“一元”是指社会发展的物质基础是社会生产力，推动社会发展的根本力量是经济力的变革；“多线”是指相同性质与水平的生产力在不同的自然条件、历史条件和社会环境下，可与多种生产关系相结合，形成不同形式的生产关系和不同的发展道路。例如，小农经济和独立的手工业生产，在从原始公社解体后的各种社会经济形态中都是存在的。同样，现代工业生产方式既可与资本主义生产关系相结合，也可以适应于社会主义生产关系。

第四节　中国的现代化

一、中国的现代化探索

中国的现代化进程开始于 19 世纪 60 年代的“洋务运动”，是由清朝统治阶层自上而下推行的引进西方机器生产，制造军事器械的工业运动。随后开始了民用工业和民族资本创建近代企业的时期。这标志着中国从物质技术上学习西方，开启了近代工业化的历史。但是，由于清政府不想进行社会制度的改革，难以取得成效。甲午战争失败后，洋务运动也宣告破产。随后发生的“戊戌变法”，是中国资产阶级进行社会制度变革的一次尝试，结果也以失败而告终。1911 年辛亥革命推翻了封建君主专制制度，试图在中国建立真正的资产阶级民主国家，但是随后却陷入北洋军阀混战的时代，1927 年后又进入了国民党统治时期，重演军阀混战惨剧。中国的制度变革没有成功。虽然如此，自近代以来，西方的资产阶级文化（包括政治、科技、经济、法律、文化价值观等）开始传入中国，并被部分有识之士所接受，西方文明开始在中国落脚，中国的社会风气也趋于开放，社会结构发生变迁。但总体来说，中国近代的现代化没有取得成功。

1949 年中国新民主主义革命成功之后，建立了人民民主专政制度，进而进入社会主义社会。中国的社会制度发生了根本变迁。在新中国成立前夕中共就提出了要在相当长的一段历史时期内，实现中国的工业化，变贫穷的农业国为富强的工业国，也就是要走向现代化之路。1954 年周恩来在第一届全国人民代表大会第一次会议上作的《政府工作报告》中说："我国的经济原来是很落后的，如果我们不建设起强大的现代化的工业、现代化的农业、现代化的交通运输业和现代化的国防，我们就不能摆脱落后和贫困，我们的革命就不能达到目的。"这是第一次提出"四个现代化"（内容与后来不同）。1953 年到 1956 年，通过对农业、手工业和资本主义工商业的社会主义改造，在完成制度变革的同时，也初步建立了民族工业体系。1958 年，中共八届二中全会提出要尽快地把中国建设成为一个具有"现代工业、现代农业、现代科学文化的伟大社会主义强国"的口号。1963 年，周恩来提出："我们要实行农业现代化、工业现代化、国防现代化和科学技术现代化，把我们祖国建设成为一个社会主义强国，关键在于实现科学技术的现代化。"1964 年，国务院总理周恩来在第三届全国人民代表大会第一次会议上代表中共中央提出，"在不太长的历史时期内，把我国建设成为一个具有现代农业、现代工业、现代国防和现代科学技术和社会主义强国"，确定了实现"四个现代化"的目标。同时，他还提出了现代化两步走的设想。第一步，建成一个独立的比较完整的工业体系和国民经济体系；第二步，在本世纪内，全面实现农业、工业、国防和科学技术的现代化，使我国经济走在世界的前列。这些也是毛泽东的主张。1975 年周恩来在全国人大四届一次会议上，重申四个现代化的目标。

1978 年十一届三中全会以后，实行改革开放政策，重新启动现代化进程。1982 年中共十二大重申："中国共产党在新的历史时期的总任务是：团结全国各族人民，自力更生，艰苦奋斗，逐步实现工业、农业、国防和科学技术现代化，把我国建设成为高度民主的社会主义国家。"邓小平在致开幕词中提出，我们的现代化建设，必须从中国的实际出发，把马克思主义的普遍真理同我国的具体实际结合起来，走自己的道路，建设有中国特色的社会主义，这是我们总结长期历史经验得出的基本结论。也就是要走有中国特色的建设社会主义现代化的道路。大会还确定，分两步走，在本世纪末实现工农业年总产值翻两番的目标。改革开放以来，先后进行了农村、城市经济体制改革，如农村实行联产承包责任制，发展乡镇企业，沿海地区对外开放，建立经济开发区、特区，使部分地区社会经济结构发生重大变迁；城市则重点进行国企改革等，也使城市面貌为之一新。同时，根据邓小平的设计，中共十三大确定了中国基本实现现代化分三步走的战略目标；中共十四大正式确立建立社会主义市场经济体系。2001 年 12 月中国正式加入 WTO，就宏观角度而言，加入 WTO，为加快我国的现代化进程提供了一个难得的发展机遇，这些机遇包括：加入 WTO，为我国营造了一个更为宽松的国际环境，促使我国进一步完善市场经济制度，为我国创造了快捷多元的发展途径，为我国提供了打造各类人才群体的巨大舞台，等等。只要我们能以充分的准备抓住这些机遇，积极利用国际合作与国际交流，就能够加快推进我国现代化的进程。

二、中国的现代化特征

由中国的社会制度和国情所决定，中国的现代化建设具有以下特征。

(1) 社会主义的现代化。从世界各国实现现代化的途径、性质和模式来看，主要有三种类型：西方欧美式的资本主义现代化模式；中国及苏联等国的社会主义模式；混合模式。中国要走的是具有中国特色的社会主义现代化道路，即在中共领导下政治上实行社会主义制度，经济上以公有制为主体，多种经济成分并存；以按劳分配为主，其他合法分配方式为辅；思想文化以马克思主义、毛泽东思想、邓小平理论为指导。

(2) 共同富裕。在初级阶段，鼓励一部分人通过诚实劳动和合法经营先富起来，最后实现全体劳动者共同富裕的目标。

(3) 物质文明与精神文明同步现代化。目标是建设成为一个高度文明、民主、富强的现代化国家。

(4) 工业化不以剥夺农民、牺牲农村为代价。不能走西方资本主义国家资本原始积累时期掠夺本国人民（尤其农民）的老路，而是要在保护农民利益的前提下，实现国家的现代化。

(5) 城市化的模式以发展中小城市为重点。不以人口大规模流向大城市为主。

分阶段分步骤进行。中国现代化的第一步目标是实现“小康”，然后是达到世界中等发达国家水平，即基本实现现代化；之后才是完全实现现代化。而且，中国的现代化建设要根据中国国情，不能盲目急进，而应分阶段按步骤一步步实施。

(6) 与世界同步发展。现代世界发展日新月异，全球一体化的步伐在加快，国际社会的变迁也必将带有新的时代特征，中国的现代化建设必然要适应新的变化，增添新的内容和目标。如中国已经提出要有“信息技术现代化”、知识经济等。

三、社会现代化实现的标志

一个国家或社会怎样才算实现了现代化？或者说社会现代化实现的标志是什么？

国际上有两种有代表性的观点：一种是直观的标准，以是否加入“发达俱乐部”（OECD）即“世界经济合作与发展组织”为标准。另一种标准是美国社会学家英格尔斯提出的由10个方面的量化指标构成的标准：①人均年收入3000美元以上；②农业产值在GDP（国内生产总值）中占12%～15%；③非农业就业人口占总就业人口70%以上；④服务业产值占GDP的45%以上；⑤城市人口占总人口的50%以上；⑥人口识字率达80%以上；⑦受高等教育的青年占适龄组青年总数的30%～35%；⑧平均寿命在60岁以上；⑨至少800人有1名医生；⑩人口自然增长率在10‰以下。

英格尔斯的十项标准是在20世纪80年代提出的，虽然现在情况已经发生了很大变化，而且各国情况也不一样，但是毕竟为我们提供了一个基本的考察标准。

按照上述标准，世界上已有60多个国家和地区实现了现代化，包括发达国家和中等发达国家或地区；有的已经进入第二次现代化阶段。

中国参照国际上的情况，确立了自己的现代化目标，但是并没有像国际上那样精确地制定实现现代化的微观标准，只是大体确定了宏观上的实现现代化的战略目标和步骤。

从宏观目标上来说，早在20世纪80年代以前，中国已经提出了实现现代化分两步走的战略设想，也就是初步目标，第一步在1980年前建成一个独立的比较完整的工业体系和国民经济体系，这一目标，到1979年新中国成立30周年的时候，中共中央宣布如期实现了；第二步就是到20世纪末，实现四个现代化。这个目标没有达到。邓小平认为，20世纪末实现四个现代化，是“开了大口”，“后来改了个口，叫中国式的现代化，就是把标准放低一点”，“所谓四个现代化，就是要改变中国贫穷落后的面貌，不但使人民生活水平逐步有所提高，也要使中国在国际事务中能够恢复符合自己情况的地位，对人类作出比较多一点贡献。”可见，四个现代化只是宏观上的战略设想，其实是中国对于迅速改变贫穷落后面貌、进而实现现代化的一种愿望的概括。

邓小平将中国现代化称为中国式的现代化，不是西方那样的现代化，而是“小康之家”，具体地概括为“翻两番、小康社会、中国式的现代化”。1987年，邓小平首次完整地阐述了中国现代化分三步走、基本实现现代化的发展战略：第一步在80年代人均国民生产总值翻一番；第二步是到20世纪末，再翻一番，人均达到1000美元；第三步，在21世纪用30到50年再翻两番，大体上达到4000美元，中国达到中等发达国家的水平，即基本实现现代化。这是中国基本实现现代化的总体设想和实施步骤。

经过40多年的改革开放，中国已经实现了从温饱向小康社会的跨越，原定的到2000年国民生产总值比1980年翻两番的现代化的第二步战略目标到1995年已经实现了，国民生产总值达到58260亿元人民币，提前5年实现。现在正在为实现第三步战略目标奋斗。中共十五大确定全面实现第三步发展战略的具体目标是：第一个10年实现GDP比2000年翻一番，使人民的小康生活更加宽裕，形成比较完善的社会主义市场经济体制；再经过十年的努力，到建党100周年(即2021年)的时候，使国民经济更加发展，各项制度更加完善；到21世纪中叶新中国成立100周年（即2049年）时，基本实现现代化，建成富强民主文明的社会主义国家。

在前一阶段发展基础上，1996年八届全国人大四次会议又确定了2010年国民经济和社会发展主要目标：实现国民生产总值比2000年翻一番，使人民的小康生活更加宽裕，形成比较完善的社会主义市场经济体制。经过几年实践，到2000年止，社会主义市场经济的体制已经初步建立，经济市场化的程度达到50%~60%。GDP年均增长9.8%，总量已经居全世界的第7位，人均GDP年均增长8.4%，由1978年的233美元，增加到1997年的734美元。1亿多贫困人口解决了温饱问题；人均寿命增加了10岁，达到68岁。

当然，按照国际标准衡量，目前中国还没有实现基本现代化的目标。总体上来说，中国已经建立了独立的工业体系，根据2005年的统计数据，全国还有74471万农业人口，占总人口的57.01%，城镇的人口56157万人，占总人口的42.99%，城市人口比重仍然很小；农村经济大部分仍然是小农经济，没有实现商品化，因此，从全国来说，还没有完全实现工业化的基本目标。而工业化、城市化、商品化经济体系，是现代化社会经济结构的基本标志。除了识字率、寿命等少数指标外，其他诸项尚未达到国际标准。

但是应当看到，中国已经走上了现代化之路，从大中城市的发展情况和部分发达地区农村的社会变迁来看，可以说已经局部地实现了现代化，为全国现代化的实现确立了良好基础。

【复习思考题】

1. 什么是社会变迁？如何理解其含义？
2. 社会变迁有哪几种类型？发生社会变迁的因素是什么？
3. 大体了解社会运行评价的方法。
4. 如何全面理解社会现代化的含义？你对中国实现现代化有何考虑？
5. 简述现代西方现代化理论中依附论的主要观点。

实训参考

【讨论】 为什么世界上许多国家没有实现现代化？

【录像】 观看电视连续剧《一年又一年》、大型电视文献片《解放》，思考中国社会成功转型的经验。

【实践活动】

实践题目：①从衣食住行的变化看农村的社会变迁；②改革开放以来城市居民的观念变化（可选择某一方面）

实践目的：把握社会变迁的含义

实践地点：①可选择家乡一个乡镇或一两个典型村（来自农村的学生）；②可选择某一城区或社区，某一年龄组居民

实践课时：2 课时

实践内容：在调查基础上，结合本章所学理论分析中国社会变迁的意义。

实践过程：①设计问卷；②利用假期亲自调查；③统计数据并撰写调查报告。

第十二章　社会问题

在社会运行过程中，由于社会系统的复杂性和人类活动的复杂性，不可避免地会产生许多社会问题。为保证社会的良性运行，就必须研究社会问题产生的原因和解决问题的途径。

第一节　社会问题的概念

一、社会问题的含义

社会问题是一种普遍存在的社会现象，当社会内部的矛盾发展到一定程度，成为一种明显而又普遍的现象时，就会产生社会问题。人类社会是一个由小到大的有机系统，在各种复杂的社会矛盾的综合作用下，不可避免地会产生一些病态现象，这些社会病态现象不仅侵蚀社会有机体且妨碍社会良性运行，还有可能导致社会解体，使社会陷入恶性运行状态。社会学的产生是与社会问题的复杂化和人们寻求解决这些问题的努力分不开的，而社会学的发展和它被社会所认可的程度，也与上述努力密切相关。社会学的研究任务之一，就是要对社会病态现象（也就是社会问题）进行诊断，捕捉社会病态信息，预测社会病态对社会运行可能造成的危害，寻找社会病态现象产生的社会根源，进一步提出诊治社会病态的建议。可以说，没有哪一个学科像社会学这样关心社会问题的研究，以至于有的人认为社会学就是研究社会问题的学科，这说明社会问题在社会学研究中的地位。

社会问题是社会学研究的一个极其重要的领域，其关注点是被社会中的相当部分人群认定有停于理想标准或有修于现实规范的行为、事端和现象的结合体，这个结合体必然有下述两个相互关联的特性：第一，社会中的相当部分成员的日常生活受到了负面的影响；第二，社会中的相当部分成员认定必须采取一定的措施和手段来消除那种负面影响。

关于社会问题的定义，社会学家们历来有许多种不同的说法和表述，但上述关注点却是所有各类定义所不可缺少的。一般来讲，社会问题被看成是社会运行和发展过程中出现某些偏差的表现，这在社会结构发生急剧变化且社会经济体制发生急剧变革时期尤为突出。

我国社会学家孙本文在《现代中国社会问题》一书中，归纳总结了当时国内外社会学家对社会问题的种种理解，他认为这些理解可以归纳为四种。第一种是从社会变迁和文化失调的角度来解释社会问题的产生；第二种观点认为，社会问题并无特殊内容，无论什么社会情况，只要引起社会上多数人的注意，并且需要社会集体采取行动来调整和补救的，就是社会问题；第三种是社会学中的社会心理学派的观点，认为社会问题不仅是一种见得到的现象，而且主要是人们的一种心理状态，是一种价值判断；第四种是孙本文在总结他人观点基础上提出的自己的见解，他认为社会问题就是社会全体或一部分人的共同生活或社会进步发生障碍的问题。因此，社会问题是对社会正常状态的背离，对于社会进步来说是一种消极现象。

总的来说，社会问题有广义与狭义之分，广义的社会问题，泛指一切与社会生活有关的问题；狭义的社会问题特指社会的病态或失调现象，即在社会运行过程中，由于存在某些使社会结构和社会环境失调的障碍因素，影响社会全体成员或部分成员的共同生活，对社会正常秩序甚至社会运行安全构成一定威胁，需要动员社会力量进行干预的社会现象。

一种社会现象能否成为社会问题，应有一些必备的条件。20 世纪 60 年代以来，社会学家越来越重视对社会问题构成要素的分析。默顿曾提出一种二维分析法，认为社会问题从类型角度可分为社会解组与社会越轨，从表现形式角度可分为外显性社会问题与潜在性社会问题。与此同时，也有一些社会学家认为社会问题的核心是破坏性或紊乱性，而不在于主观、客观或外显、潜在这些条件上，因此，社会问题的构成要素包括三条：社会性、紊乱性和破坏性。

中国社会学家大多从四个方面来考虑社会问题的构成。有的学者以两级标准来区分社会问题，提出了四类模型，即社会问题在大类上可以分为四类：第一类指自然环境问题（包括资源利用和保护、公共卫生等），第二类指人口问题（包括人口、数量、移民、农村人口减少、都市拥挤、种族、健康等），第三类指社会组织问题（包括贫穷、犯罪、儿童教养、失业、娱乐、教育等），第四类指社会理想问题（包括劳资关系、社会改革等）。墨顿和尼斯比特对当代社会问题的分类也是两级模型，他们把社会问题分为两类：第一类指反常行为（包括犯罪、精神病、吸毒、自杀、娼妓等），第二类指社会解组（包括人口危机、种族关系、家庭解组、工作方面的解组、社区解组、交通拥挤问题、灾害等）。运用两级模型的分类还有五类说：第一类指个人适应的失败（包括精神病、心理病、自杀、性犯罪、药物沉溺等），第二类指社会结构的缺陷（包括边际人、种族、男女平等、娼妓等），第三类指个人的制度适应失败（包括青少年犯罪、成人犯罪、转型期的家庭、青少年危机、正式教育），第四类指政治与经济问题（包括劳工的生活与工作、世界人口），第五类指社会政策中的制度落后问题（包括自然资源的保护、工业社会的老人、战争与和平、健康与长寿、社会福利、计划和政策的制定）。

有的学者认为，应从发生情境、失调现象、产生缘由和解决方式等四个方面来判定一种社会现象是否成为社会问题；有的学者主张社会问题的构成应考虑它的形成原因、影响范围、问题性质和社会后果等四个方面。一般认为，社会问题由下述四个要素构成：①必须有一种或数种社会现象产生失调情况；②这种失调影响了许多人的社会生活；③这种失调引起了社会多数成员的注意；④这种失调必须运用社会力量才能予以解决。

社会学研究社会问题的目的有四个方面：第一，科学解释社会问题。主要是阐明社会问题是一种什么社会问题，有什么特征，其本质或实质是什么；为什么会产生社会问题现象等。第二，引导对社会问题达成共识。主要是阐明观察、认识社会问题的科学方法；提供有关社会现象的资料；引导对社会问题的社会关注及形成对待社会问题的正确态度。第三，寻求对社会问题的对策。主要是分析对社会问题的消除或解决的社会条件；研究和说明消除和解决社会问题的一般社会原则；动员和解决社会问题的社会力量，研究和提供解决社会问题的对策方案。第四，引导和加强对社会的认识。这也是社会学研究社会问题的根本目的。

二、社会问题的特征

一般地说，社会问题的特征主要表现为：普遍性和变异性、复合性和周期性、破坏性和集群性。

1. 普遍性和差异性

社会问题的普遍性是指社会问题无所不在、无时不有的特性。社会问题的普遍性具有两层含义。第一，指社会问题是近代社会普遍存在的社会现象，社会问题现象普遍存于社会生活的各个领域；第二，指任何一个具体的社会问题都是一定时期中、一定地区范围或社会范围内普遍存在的现象。社会问题无所不在是空间上普遍性的表现，即社会问题在任何社会、任何民族、任何国家或地区里都是普遍存在的。社会问题无时不有，是时间上普遍性的表现，即从人类社会诞生之时起，社会问题就始终伴随社会的运行与发展，一刻也没有消失过。

社会问题的差异性是指社会问题在不同地区、不同民族和不同时间里各具特点的性质。空间上的差异性表现为在不同的地区、民族或社会里，社会问题的表现形式和性质各不相同。时间上的差异性表现为在不同历史时代里，各地区、民族或社会的社会问题的表现形式和性质各不相同。社会问题的差异性表现在：第一，存在形式的差异性，即社会问题的表现形式发生变化；第二，存在范围的差异性，即社会问题波及的地域范围和社会范围发生变化；第三，社会影响程度的差异性，即社会问题对社会的影响广度和深度发生变化。但所有这些社会问题的表现形式和性质是普遍性与差异性的统一。社会以及各社会形态里，社会问题不仅普遍存在而且其表现形式和性质也是各不相同的，这是社会问题在时间上普遍性与差异性的统一。

2. 复杂性和周期性

任何社会现象都不是孤立存在的，社会问题也同样是一种复杂的社会现象。社会问题的复杂性是指社会问题的产生原因、表现形式以及社会后果等方面的复杂性质，即社会问题是由多种因素复合而成的，常常是几种社会问题同时并存，并引起一系列破坏性的社会后果。社会问题的复杂性表现为社会问题是由多种复杂的社会因素复合而成的，这使得社会问题产生的社会根源更加扑朔迷离。社会问题的复杂性表现在：第一，社会问题产生的复杂性。社会问题产生不仅原因多样，许多社会问题都不易认识其所产生的原因；而且诸多原因交织在一起，不易认识每个原因因素所起的具体作用，特别是难以发现那些间接的原因、社会历史性的原因、隐性的原因；第二，社会问题的本质是社会失调内容和形式的复杂性；第三，社会问题的社会关注的复杂性；第四，社会问题解决条件的复杂性。社会问题的周期性是指社会问题在一定时期内反复出现的特性。社会问题的周期性表现为社会问题在一定时期内反反复复出现，危害社会运行安全，这使得解决或缓解社会问题成为十分艰难的工作。复杂性源于社会系统的复杂性。社会运行是多种社会力量叠加、复合、交融的过程，也是多种社会矛盾相互冲突而保持动态平衡的过程。在这一过程中，各种社会力量和社会矛盾既有相互协调的一面，也有相互冲突的一面，前者是推动社会运行的力量，后者是阻碍社会运行的因素，也是导致社会问题的根源。如果能有效地调解这种冲突，则有可能将阻碍社会运行转化为推动社会运行。因此，我们可以说，解决社会问题的实质就是调解社会冲突，化不利社会运行因素为有利社会运行因素的过程。没有社会冲突也就不会有社会运行。正因为如此，经过调解的社会冲突会在一定程度上得到缓解，但在一定时期内又会凸显出来，只不过是以另一种形式出现而已。当社会冲突激烈到一定程度时就表现为社会问题。也就是说，社会问题常常有一个潜伏期，当某种社会冲突得到解决后，社会问题也就暂时潜伏下来，一般不为人们所注意。一旦该社会冲突再次激烈时，相应的社会问题也就从潜伏期转为活跃期肆虐社会，危害社会运行安全。

3. 破坏性和集群性

社会问题的破坏性是指社会问题对社会运行和人们的社会生活具有威胁、损害的破坏性作用。社会现象很多，许多不具有破坏性，但社会问题作为一种社会现象却是破坏性的，可以说，破坏性是社会问题最基本的特征。量多、面广的社会问题的破坏性作用，正是引起社会多数成员普遍关注的主要根源。

社会问题对社会运行的破坏作用还表现为集群性。集群性是指社会问题往往不是单个独立地出现，而是成群成串地出现，这使得社会问题的破坏性作用更大。众多集群出现的社会问题往往有一个或数个核心，其他社会问题都是核心社会问题所引发、所衍生的。

4. 客观性和社会性

社会问题的客观性是指社会问题的存在，是不以人们的意志为转移的，不论人们是否承认，社会问题总是存在的。社会问题的社会性主要表现在三个方面：第一，社会问题的产生具有社会性。任何社会问题不是由个人或少数人所造成的，是由整个社会结构失调而引起的，违背了人们公认的社会规范和价值准则。而个体或局部所出现的问题，不能构成社会问题。第二，社会问题所造成的后果也是社会性的。它总是直接或间接地威胁或触犯了社会相当多甚至全体成员的正常生活，从而给社会带来危害或负担。第三，社会问题的解决是社会性的。社会问题的解决或消除不是个别人或少数人能做到的，要依靠政府部门组织社会力量齐心协力妥善解决。

三、社会问题的类型

社会发展日新月异，伴随着社会发展而出现的社会问题也层出不穷，纷繁复杂，因此，对社会问题进行科学分类，对于我们正确认识和解决社会问题，具有重要意义。

（1）按社会问题产生的范围划分，可以将社会问题分为全局性社会问题和局部性社会问题。一切由社会制度所引起的社会问题，往往是全局的甚至是全球的。就某个国家而言，某些社会问题是局部的，如我国西部的生态问题。全局性社会问题和局部性社会问题的划分具有相对性，某个国家或地区的社会问题在全球范围是局部的，而在本国或本地区中则是全局的。

（2）按社会问题的内容划分，可以将社会问题分为人口问题、婚姻家庭问题、就业问题、犯罪问题、贫困问题、环境保护问题等。

（3）根据社会问题的涉及的社会结构划分，可以将社会问题分为经济问题、政治问题和大众文化问题等。

（4）按照社会问题产生的原因划分，可以将社会问题分为制度性社会问题和行为性社会问题，制度性社会问题是由于社会无组织状态而引起的，如偏见与歧视问题；行为性社会问题是由于异端行为而引起的，如暴力问题等。

总之，不同的分类方法将社会问题分成众多具体问题，各种类型的具体社会问题都集中体现在社会关系上，社会关系是复杂的，因此，必须从不同角度去认识社会问题，全面、深入地把握社会问题。

第二节　社会问题的产生与治理

一、分析社会问题产生原因的意义

1. 可以帮助我们认识社会问题现象的规律性

研究社会问题现象产生的原因，就是从事物联系普遍性方面探索社会问题现象产生或形成的可能性和必然性规律。首先是认识构成社会问题的各种要素形成的条件，即这些要素与其他社会现象之间的联系。其次是认识社会问题作为一种社会现象产生的整体环境，即一定社会环境诸方面与社会问题现象之间的联系。

2. 有助于我们深入认识社会问题的一般特征

社会问题现象一般特征的许多内容与社会问题的产生有关，因而探究社会问题产生的原因，就可进一步深入认识这些一般特征。

3. 进一步帮助我们认识社会问题的各种类型

社会问题现象的许多类型也与社会问题的产生原因有关，因而分析社会问题现象与其他社会现象的具体联系、产生的具体原因和过程，就可以进一步认识社会问题为何表现出各种不同的类型。

4. 有助于我们认识解决社会问题的社会条件

社会问题的解决是一个复杂的过程，达到解决这些问题的目的，不仅取决于人们的主观活动状况，也取决于制约社会问题的产生、存在和发展的各种要素或是社会条件。其中首先是直接导致社会问题产生的那些因素的变化状况，同时也加强了对各种社会现象之间相互联系、乃至社会整体的认识，特别是对一定社会历史时期中社会具体状况和特征的认识。

二、社会问题产生的一般原因

1. 社会生产力落后，是产生社会问题的根本原因

由于生产力落后，社会总供给不能满足社会总需求，导致贫困成为传统社会、发展中国家社会问题的总根源。因贫困而造成文化教育落后、科学技术落后、上层建筑不完善，往往形成恶性循环，社会问题层出不穷。

2. 社会关系的失调是社会问题产生的重要原因

社会是人们在生产、生活和社会活动中形成的社会关系的体系。在这个关系体系中，人们互相依赖、协调共生，使社会得以正常地运行。然而，实际上，人们之间的关系并不总是那么协调，这种不协调状态的恶化必然导致社会问题的产生。大致说来，社会关系的失调表现于如下几个方面。

（1）群体利益的冲突以致对立。社会依据不同的标准被划分不同的阶级、阶层。这是一些大的利益群体。由于资源匮乏等原因，这些群体之间会就利益分配展开竞争，更有甚者，会以剥削和压迫的手段强行分配利益资源。阶级、阶层、利益集团之间的利益冲突破坏了协调的社会关系，阻碍了社会的正常运行和社会进步。

（2）群体间价值观念的冲突。各群体间价值观念的不同使得它们在判断评价某些社会现象时发生明显差异。使得不同群体之间互相指责、互相攻击乃至

互相敌视，并将导致他们行为的不协调，以至冲突，从而产生社会问题。

（3）社会结构失调。在一般情况下，社会各部分之间有其相对协调的结构关系，其中包括各部分在规模上的合理比例，在地位上的相对稳定，社会力量上的相对平衡等。社会各阶级、阶层、社会群体在上述诸方面的巨大差异，使得社会各部分在结构上不相协调，从而滋生社会问题。

（4）社会解组。健康、稳定的社会是组织起来的社会，社会各阶级、阶层、社会群体按照一定的规则相互连接和互动，使社会呈现出有组织状态。社会解组是社会上原来通行的社会规范、社会制度失效、社会松散、秩序紊乱的现象。原有的规则失效、新的规则还未建立起来，社会在无规则情况下运行，发生社会问题。

3. 政策失误等人为因素也将导致社会问题的出现与加剧

我国的人口问题和环境问题就是这样产生的。政策失误或不足一般都是人为造成的，只要我们以科学的态度对待政策的制定，就会避免这类问题。

另外，洪水、干旱、地震等自然灾害，有时也会导致社会问题的产生。

三、社会问题的预防与治理

社会学研究的目的在于促进社会的良性运行，因此，特别重视对社会问题这一妨碍社会良性运行症结的预防和治理。

1. 社会问题的预防

所谓社会问题的预防，就是通过社会科学的超前研究，对可能出现的社会问题采取预先防范的措施，阻止社会问题的发生与恶化。采取预防措施，把社会问题发生的范围、程度都控制在最低限度内，可以减少社会问题的消极后果。

社会问题的预防包括社会问题预测和社会问题防范两个方面。首先要对社会问题进行正确的预测，没有预测就谈不上防范。做好对社会问题的预测工作，应该从以下三个方面着手：一是基础理论准备。理论是行动的指南，只有掌握人类社会发展的基本规律和基本趋势，才能在预测社会问题工作中找准方向。二是探索出现何种社会问题的可能性。各种社会形态的不同发展阶段，都会存在不同的社会问题，通过比较研究，我们可以发现最有可能出现的社会问题是什么。三是预测各种社会制度实施后可能产生的各种消极影响。任何社会都要颁行各种具体的社会制度、政策、法律等，对它们进行负功能的研究，可以及时、准确地预测社会问题。

2. 社会问题的治理

研究社会问题还涉及的一个关键因素就是社会问题的治理。在不同经济发展阶段，在不同政治体制和文化传统的社会里，对社会问题的治理具有不同的原则、方法和措施。因为人们对社会问题的性质、范围和程度的定义不同，这往往取决于如下若干因素：第一，在特定经济社会结构中，社会问题的性质、范围和强度会有所不同；第二，各个社会的公众在对待同一种社会问题的看法上，存在着较明显的距离，如安乐死问题、人工流产问题、失业问题等对公众的切身利益和社会公众准则的影响在各个社会中是不同的，因而就会引发出不同的观点；第三，各个社会解决社会问题的经济基础、体制成熟度和技术手段之间的差异也是很明显的。

社会问题的治理一般要通过以下途径：首先，必须大力发展生产力，在发展中求得社会问题的解决，这是治理社会问题的根本途径。其次，改革与完善经济、政治等社会的制度，是治理社会问题的必要途径。再次，加强宏观调控，提高管理水平，在管理中求得社会问题的解决，是治理社会问题最直接的途径。

通过抓主要问题，实施综合治理，是我国目前治理社会问题的重大举措。综合治理概念是我国在20世纪70年代末80年代初，针对青少年犯罪问题提出来的。1979年3月，《中国青年报》发表社论，呼吁学校、机关、工矿企业、街道、文化、劳教等各个部门、各个方面的同志们，都来出主意、想办法、下决心、花力气，积极做好失足青少年的转化工作。1983年5月，《人民日报》发表社论，对社会治安的综合治理进一步作了全面阐述。综合治理已经成为我国在解决青少年犯罪问题上一条成功的经验，同时成为解决重大复杂的社会问题的一条基本原则。

对社会问题的综合治理包括三个方面的内容：第一，综合运用治理力量。即动员全社会的力量参与治理社会问题。就像对青少年犯罪的综合治理一样，依靠各个部门和各个人民团体，依靠全社会的力量，发动和组织亿万群众关心和参加。第二，综合运用治理方法。要把解决社会问题的各种手段和各种方法都使用出来，包括思想的、政治的、经济的、教育的、文化的、行政的、法律的各种方法和手段。根据社会问题的不同性质，有针对性地综合运用。第三，努力实现综合治理目标。治理社会问题要治标又治本，要从全局出发，纳入国家社会发展计划，使一个社会问题的解决有助于其他问题的治理，从而收到社会问题综合治理的良性循环效果。

我国在解决许多重大社会问题上有综合治理的成功经验。例如，我国在解决人口问题上，建立了全国性的计划生育专门机构，把计划生育确定为我国的基本国策，发动全社会做计划生育工作，各级政府都把计划生育工作当作考核干部的重要指标，通过综合治理，计划生育工人落到了实处，在实行计划生育政策的前20年里，中国减少出生人口数达3个亿，人口问题得到有效解决。

四、社会问题与社会发展

社会问题是社会的病态，但存在社会问题又是社会的常态。社会问题的存在不利于社会秩序的稳定和社会发展，但解决这些问题又为社会发展开辟了道路。因为社会就是在解决问题的过程中不断发展的。

1. 社会问题障碍社会发展

社会问题是由于人文环境失调造成的。这种现象给人们的正常生活、社会的稳定和发展带来不利影响。

首先，社会问题加大了社会运行的成本，造成社会资源的浪费。社会运行是在配置和使用社会资源的过程中进行的。这里的社会资源既包括社会的、人的力量，也包括物的资源，还包括其他可以用来推动社会发展的各种因素。社会是在各种社会力量相互作用，向着它们的合力方向发展的。而且合力的大小决定了社会发展速度的快慢。社会问题、社会各种力量之间的相互冲突减弱或抵消了推动社会发展的合力，也造成了社会资源的浪费。

其次，社会问题直接给社会成员的正常生活以威胁，以致造成痛苦。社会问题直接冲击了正常的社会秩序，轻者给社会成员的生活带来不便，重者使社会成员的正常生活难以维持，带来痛苦。还有，社会问题给社会的进一步发展设置了障碍。社会问题出现是一定范围内社会状况恶化的反映。这种状况不但不能给社会发展以直接的推动，而且要消耗一定的社会资源。这样，社会问题的出现就实际上为社会的发展设置了种种障碍，是影响社会进步的不利条件。

2. 社会通过解决问题不断发展

社会问题是社会的病态，它与社会进步、社会发展是相悖的。但是，社会问题在人类社会的发展过程中也有其“积极作用”。

（1）社会问题的出现有利于对社会发展规律的认识。社会的发展并不是一帆风顺的，在这一过程中有许多曲折，社会问题正是这种曲折性集中和突出的表现。社会问题的出现，可以为人们正确认识社会发展过程提供警示，对正确认识社会发展规律提供了条件。

（2）社会问题的解决为进一步推动社会发展积累了经验。社会问题的出现是必然的，任何一个社会都不可能完全避免社会问题的发生。社会问题发生后，人们可以通过解决社会问题，对社会问题产生的原因及其内在机制有更加明确的认识，对于预防和解决社会问题积累经验。从这一角度来看，解决社会问题对推动社会发展的意义是重要的。

第三节 我国现阶段主要社会问题

一、人口问题

我国是世界上人口最多的国家，人口问题在现在和将来相当长的一段时期内是中国社会问题的核心，是我国社会运行和发展的一大障碍。有许多其他社会问题，如住房问题、劳动就业问题、交通拥挤问题等都与人口问题有直接或间接的联系。多年来，人们为了摆脱人口问题的巨大社会压力，提出了许多建议与对策，全社会也为此做了大量艰苦的工作。社会学者在这一过程中也积极地参与研究人口社会问题，人口社会学作为社会学的一门分支学科已经形成。

人口问题对社会运行和发展的影响，一般可从人口数量问题、人口质量问题、人口结构问题三个方面进行考察。

1. 人口数量问题

人口数量问题是指人口数量过于庞大对社会运行和发展造成阻碍作用的社会问题，人口基数庞大、育龄人群比重高以及在此基础上人口数量过速增长是当代中国人口问题的主要表现。这是与我国国情基本相吻合的人口基数。由于对人口问题认识的偏差，没有采取控制人口增长的政策，致使此后人口迅速增长。60 年代时我国政府虽曾号召实行计划生育，但由于没有采取有效的措施，计划生育工作收效甚微。从 70 年代初开始，我国政府认识到了人口问题的重要性，将人口计划纳入国民经济发展规划，在全国城乡大力开展计划生育宣传教育。1978 年以后，我国将计划生育定为基本国策，规定了明确的人口目标，建立健全了各级计划生育工作机构，从此，计划生育进入了一个新阶段。实行计划生育 20 余年来的成绩是巨大的。根据有关人口专家的推算，如果中国不实行计划生育，近 20 年中至少还要多增加 3 亿多人口。庞大的人口基数使我国人均资源占有量位居世界落后水平行列，而人口数量的过速增长，则给我国人民的就业、教育、住房、交通、医疗保健、社会福利等方面也造成很大压力，成为其他社会问题的根源。人口的过速增长，还直接影响资金的积累，每年新增长的国民收入，有相当大的部分被新增加的人口消耗掉，从而制约了经济的发展速度，影响人民生活水平的提高。

2. 人口的质量问题

人口质量是指人口在质的方面的规定性，又称人口素质。它包含思想素质、文化素质和身体素质。人口质量问题，是指人口在质的方面的欠缺和不足，不适应社会现代化的发展要求，对社会运行和发展造成阻碍作用的社会问题。

人口质量是由社会生产方式决定的，随着生产力的发展生产关系的变革而有不断提高的趋势。但我国人口质量仍有不尽如人意的地方，仍然不适应我国社会主义现代化事业发展的要求。主要存在以下问题：

第一，人口的思想素质有待提高。人口思想素质的核心和主要组成部分是人生观，即人们对人生目的、意义、态度的基本看法。由于十年动乱的影响，以及改革开放以来我们曾经忽视了社会主义精神文明的建设，各种腐朽的封建残余思想又沉渣泛起，封建迷信活动死灰复燃，封建宗法势力重新抬头，同时，西方资产阶级的某些不健康生活方式也侵入我国，“及时行乐”和“一切向钱看”的错误人生观大行其道。所有这些，不仅不利于我们继承和发扬光大中华民族的传统美德，也不利于我们建设社会主义精神文明。社会现代化的核心是人的现代化，没有人口思想素质的提高，无论物质生活怎样地富足，也只能是一个畸形发展的社会。

第二，人口的科学文化素质有待进一步提高。新中国成立以来，我国制定了一系列发展教育和提高人民文化水平的政策和措施，大力开展扫盲运动，取得了举世瞩目的伟大成就，15 岁及 15 岁以上人口中的文盲半文盲占总人口的比例从第三次人口普查的 34.49% 下降到第四次人口普查的 15.88%，1995 年，这一比例又下降到 12.01%。但是，人口的科学文化素质的现状与社会主义现代化建设的要求还是很不相称、很不适应的。全国总人口中 1.45 亿文盲半文盲，实在是一个不容忽视的惊人数目。许多研究都表明，科学文化素质的高低对人们的价值取向和行为方式有着密切的相关关系。

第三，要进一步做好优生优育工作。据第四次人口普查统计，中国内地各类残疾人总数为 5164 万，其中聋哑人 1770 万，痴呆人 1017 万。每年出生的婴儿中，有 85 万存在先天性生理缺陷。这些身体素质有缺陷的人口，对个人是一种痛苦，对社会则是一个沉重的负担。对那些后天原因造成身体素质缺陷的人，社会应该关心和帮助他们，尽可能地使他们康复并恢复正常的社会生活。对那些先天性生理缺陷的人口，则应着重做好预防工作，尽量减少这类人口的出生率。其具体方法就是做好优生优育工作。要开展广泛的社会教育，进行优生方面的生活指导；要进行家系调查和婚前检查；做好遗传咨询和产前诊断服务；做好孕产期和婴幼儿的保健工作，等等。优生工作于个人、家庭、社会都是十分有益的工作，是一项造福子孙的工程，我们应该常抓不懈，并予以制度化，切实保证我国新增人口有良好的身体素质。

3. 人口结构问题

人口结构，又称人口构成，反映的是一定地区、一定时期内人口总体内部异质成分间的数量比例关系。人口结构问题，是指由于人口结构中的某些部分比例失调，对社会运行和发展造成阻碍性作用的社会问题。人口结构问题包含的内容很多，对当代中国社会运行与发展影响较大的有人口老化问题、出生性别比失调问题。

人口老化问题，指老年人（60 岁及以上的人口）占总人口比重过大，对社会运行和发展造成一定不利影响。新中国成立以后，由于医疗保健事业的发展和人民生活水平的改善，我国人口寿命不断延长，死亡率一直在下降，出生率也呈不断下降的趋势。1953 年与 1964 年人口普查，我国 65 岁以上人口分别占

4.4%和3.6%，0~14岁人口占36.3%和40.7%，当时我国人口属于年轻型人口。由于70年代以来计划生育政策的推行，1982年我国老年人比例上升青少年比例下降，老龄化开始加快。1987年，我国65岁及以上老人占全国总人口5.5%，按照《2000年的中国人口和就业》的中位预测，65岁及以上老年人人口占总人口的比例将由1982年的4.9%上升到1990年的6.6%、2000年的6.9%、2010年的7.9%、2020年的10.6%、2030年的17.4%。按照联合国公布的7%的老龄化标准，我国在本世纪末接近老年型人口年龄结构，2030~2040年进入世界老龄化的前列，我国社会经济的发展将受到严峻的挑战。人口老龄化进程加快，还表现在老年群体的结构近年来发生了显著的变化，高龄老人比重增加，离退休孤老增加，依靠本人收入作为养老经济来源的老人逐年增加。解决人口问题要做的工作很多，主要有：

第一，大力发展经济。解决人口问题的积极办法就是大力发展经济。在促使生产资料与生活资料在数量上与人口数量需求相适应的同时，相应调整产业结构，发展新的行业与职业，是解决大量绝对过剩人口与结构性失业人口的出路。另一方面，经济水平的提高也使由于日益老龄化所导致不断增加的社会保障得以缓解甚至解决。

第二，控制人口。它可以减少经济用于新增人口上的消耗资金，从而形成经济的良性循环，解决或减轻衣食住行等方面的问题。同时使有限的教育资金转用到提高人口素质上去。所以控制人口还可以刺激经济与人口的协调发展。

第三，发展教育。发展教育提高人口的文化素质也会加强人们优生优育观念，提高民族健康素质。

二、环境污染问题

在社会学的视野里，环境问题属于最典型的社会问题，环境问题的生成、演变和解决几乎与社会结构状态和运行的每一个环节密切相关。人都生活在特定的环境之中。环境与社会发展有着直接的关系，因此越来越引起社会学家的重视。

广义的环境是指在一定空间关系中，从物质上、精神文化上或制度上影响人们，并构成其存在条件的物质实体和各类现存的外在因素，它是由两种形态共同构成的，即社会环境和自然环境。我们所说的环境特指自然环境。环境问题，即工业生产发展带来的环境污染和社会公害的问题，开始列入各国政府的议事日程。1972年6月，联合国在瑞典的斯德哥尔摩召开了人类环境大会，通过了《人类环境宣言》，号召开展广泛的国际合作，世界所有国家共同对人类环境承担保护义务。会议还把每年的6月5日定为世界环境日。我国也于1973年召开了第一次全国环境保护工作会议，当时考虑问题的范围和角度已从工业扩大到农业，从城市扩大到农村，从环境扩大到人民健康。但是，由于种种原因，环境破坏问题并未得到有效控制，事态反而越来越严重。为此，在1983年第二次全国环境保护工作会议上，国务院宣布保护环境是我国的一项基本国策。

环境问题是一个世界性的社会问题，西方发达国家在公众舆论的压力下率先重视并致力于解决环境问题。正如联合国环境署1992年环境状况报告指出的那样，60～70年代，工业界倾向于把环境关怀看作一项无关紧要的麻烦事，尽可能设法避免。但到了90年代，许多公司在制定环境政策上变得积极起来。自20世纪70年代末，世界上第一个“环境标志”在当时的联邦德国诞生以来，加拿大、日本、挪威、瑞典、法国、瑞士、芬兰、澳大利亚等西方国家陆续开始实行“环境标志”制度。所谓“环境标志”，是指由政府的管理部门依据有关标准、规定，向某些产品颁发的一种特殊标志。它标明该产品从生产到使用乃至回收处置的整个过程符合特定的环境保护要求，对生态环境无害或损害较小，并利于资源的再生回收。申请和获得该标志需要经过特定的审批程序，使用后还要定期接受检查。“环境标志”制度所显示的是人类认识和解决环境与发展问题的一个巨大进步。至1992年为止，德国已对3600多种产品颁发了“环境标志”，日本对2350种产品授予了这一标志。从发展前景看，“环境标志”制度将向各国一致、无差别和相互承认的方向发展。

发达国家的环境问题主要是工业化的副产品。中国的环境问题源于急剧推进工业化和日益增长的庞大人口。主要表现在以下几个方面：

1. 水土流失，耕地减少

我国耕地主要受到五方面的冲击：第一，人口增长过快，人均耕地减少；第二，农村产业结构调整，发展乡镇企业和小城镇，挤占了大量耕地；第三，城乡基本建设和交通运输的发展，占用大量耕地；第四，土地生态系统承载能力超负荷，耕地质量在逐渐退化；第五，植被破坏和各种自然灾害致使水土流失严重，损坏了肥沃土层。

2. 森林减少、草原退化、沙漠化加速

2005年，我国森林覆盖率仅相当于世界平均水平的61.52%，居世界第130位。全国人均森林面积0.132公顷，不到世界平均水平的1/4，居世界第134位。因此，我国森林资源总量不足。目前，有1010.68万公顷林地被改变用途或征占改变为非林业用地，林地流失形势非常严峻。部分地区超限额采伐问题依然十分严重，全国年均超限额采伐达7554.21万立方米。林木过量采伐、森林经营水平普遍不高、森林抚育不及时等原因，使得我国森林问题尚未根本改善。造林保存率低和林业管理上的失误，我国森林资源逐年递减。我国草原可利用面积为33.65亿亩，占世界7.1%，人均水平仅是世界水平的三分之一。而且草原在不断退化，目前年退化面积为2000多万亩。毁草造田、水力侵蚀、风力侵蚀、冻融侵蚀也十分严重，此外草原还受到鼠害、畜疫等威胁。因此我国草原在草畜不平衡的同时，正面临枯竭的危险。中国的戈壁、沙漠与沙化土地面积占国土的15.5%。达149万平方公里，其中沙化土地面积与潜在沙化面积分别为17.6万与158万平方公里。目前中国沙化土地以年1560平方公里的速度扩展，使耕地、草原资源大受影响。干旱和半干旱地区40%的耕地已经在不同程度地退化。同时，受到不同程度的污染的耕地约有1000万公顷之多，耕地被侵占的情况依然存在。生物多样性的局面也出现了严重问题，4000多种被子植物、433种脊椎动物面临生存的威胁。如不采取特殊措施，到2000年又有7.53万平方公里国土沙化，因此对人类不合理过度利用自然资源现象必须予以限制。

3. 污染日益严重

2008年，全国废水排放总量571.7亿吨，比上年增加2.7%，其中，工业废水排放量241.7亿吨，占废水排放总量的42.3%；42%的城市饮用水源受到严重污染；63%受到不同程度污染；82%的河流受不同程度污染。近年来，水体污染日益严重，使传染病与污染事件屡屡发生，直接威胁人民身体健康。2000年全国大中城市废气排放量为11.5亿标准立方米。全国36个代表性城市四项代表性污染物监测表明，降尘、颗粒物普遍超标，多数城市二氧化硫浓度在二级标准附近波动，氮氧化物虽未超出二级标准，但也呈上升态势。酸雨污染明显的区域由1983年的两个发展到四个。作为工业化加剧的又一个产物，目前废渣年生产量也已超过5亿吨，处理能力赶不上排放量，积存量逐年增加。城市生活垃圾为60万吨/年，比十年前增一倍，三分之二的城市处于垃圾包围之中。除了城市严重环境污染外，乡镇企业大批崛起使农业污染由过去的化肥与农药污染加入工业污染，而且由于技术落后和短期行为，同类工厂污染比城市尤为严重，且面积呈扩大趋势，严重危害了人民身体健康。

4. 水资源日益短缺

我国地表水资源不断减少，由于水土流失河道淤积严重，黄河甚至成了名副其实的地上河。同时湖泊面积不断减少。地表水资源在地区、时间分布上十分不均，往往造成严重旱涝灾害，许多城市也缺水严重。同时，由于水体污染，地表淡水资源中饮用水日益减少，转而采取地下水，使地下水位下降、水源枯竭、地面下降。造成一系列严重问题。生活污水及生活COD（废水中的化学需氧量）排放量首次超过工业废水及COD排放量。水质污染有逐年加重的趋势。现阶段中国环境问题的严峻程度通过环境污染所带来的经济社会后果反映出来，其根本却是经济增长以环境质量的下降为代价的发展模式难以摆脱。据中国权威经济学家们的判断，中国目前还处于工业化前期阶段。从环境问题层面着眼就会发现，在这个阶段上，由于产业结构、技术水平、资金短缺等因素的限制，造成了环境质量快速而严重下降的三个主因：第一，以自然资源的大量消耗为前提的产业占据产业结构的中心位置；第二，大量的高污染型产业（如重化工业、冶金等）迟迟不退出产业舞台；第三，对污染的预防和治理缺乏战略上和制度上的设计和安排。

经济增长已经成为中国各级政府的首要目标，这一目标的实现与环境保护之间的关系往往成为各级领导人和企业家感到困惑不解的问题，在实践中也出现各种充满矛盾的行为选择。增长的实现无碍于环境质量的维持或提高是一种人们共同乐意接受的关系形式，但这种关系实际上很少成为现实。于是，人们期望增长的实现较少地对环境质量的维持或提高产生负面影响。从1986年开始，环境保护目标被列入国家的和各级政府的经济与社会发展计划中，其表述均反映了这种期望。

首先，环境质量问题已经直接造成了对公众健康的损害，其后果之严重，超出预料：在经济层面上，政府或个人不得不为健康受损而支付更多的医疗费用，企业在各种强大压力之下不得不为减少或根绝污染源而增加支出或减少利润收入（如被下令限产或停产），政府税收因而受到很大影响。各种直接间接的经济损失更是惊人。到1998年，中国荒漠化土地占国土面积的27.3%，相当于14个经济最为发达的广东省，每年造成540亿元的直接经济损失。在社会层面上，严重的污染事件或现象，越来越多激起各种形式的集群抗议行为，其直接目标是政府或污染的制造者；那些被下令关停并转的污染型企业被迫裁减工人，形成失业人群，加剧人心不稳定；环境质量恶化现象持续加剧，使公众对生活质量提高的期望屡受打击，影响到一般的社会评价倾向。

其次，环境质量的下降给未来的社会经济发展和人们生活状况的改善造成了极其不良的后果，这一点也被越来越多的人所意识到。在一些地区，环境污染严重破坏了公众的生活基础条件，新出生婴儿的致畸率在重污染地区居高不下，人口体质难以改善，严重影响到合格的劳动力的产出；一些地区对地面地下资源（森林、水、矿等）的胡乱开采，造成该地区缺乏持续发展的基本资源基础。这些现象正在引起警觉。

环境问题与公众的最直接相关点集中在生活品质方面。在现代社会中，公众的各种需求总要得到充分调动和发挥．其中最基本的需求除了衣食住行之外，就是健康、安全和对未来的美好期盼。环境质量的好坏对公众这方面基本需求的满足与否，具有越来越重要的决定作用，尤其是在他们的环境意识不断觉醒、生活质量观念不断强化的情况下。资料表明，在中国，大部分公众对环境问题的关注程度、对环境保护活动的参与，与他们对健康与安全的新理解有关。

我国之所以产生一系列的生态问题，究其原因主要是，第一，人口增长快、人口数量大；第二，粗放的经济类型和资源的严重浪费；第三，能源消耗结构以煤炭为主，利用率低、排放粉尘和废气多；第四，经济和技术落后，保护和治理环境的资金不足；第五，环境保护政策和管理措施有失误，法制不健全；第六，科学文化落后、人口素质不高，环境意识薄弱。

严重的生态问题直接干扰甚至威胁着人类目前及将来的生存条件，并将产生政治、经济、社会等诸方面的一系列后果。全力争取与保护生存条件和生存空间并对此不断予以改善，是坚持经济持续增长、提高全球生活质量的必要条件。人口与生态的现状要求我们解决环境污染问题，采用共同的行动，向未来投资。为此必须以下列原则为行动指南：

（1）振兴经济发展。贫困是环境恶化的一个重要根源。为优化生态环境，必须促进经济发展，尤其是发展中国家的经济发展。无论是发展中国家还是发达国家都需要增加环境投资。

（2）改变发展质量。必须处理好环境与发展的关系，资源与发展的关系。首先，在决策过程中，就应该而且必须使环境与经济目标互相加强；其次，技术发展的方向也必须更加重视环境因素；最后，各国都必须严格制订和执行环境法规，治理"三废"，保护清洁的空气、水、森林、土壤等环境资源以保证"持续发展"的目标得以实现。

（3）保护资源和改善环境。保护资源必须加速提高生产效率。减少人均资源消耗，采用无污染产品与技术。严格执行环境法规，提倡低废技术，预测新产品、技术和废物的影响。

（4）保持能持久的人口数量。人口激增给优化环境带来了不利影响，所以有效地控制人口、使人口与环境、资源与发展相协调，是维持生态平衡的关键。

（5）改变技术发展的方向。技术革新尤其是发展中国家的技术革新需更重视环境因素。新技术的应用必须预先进行评估，环境与发展的决策应更多吸收公众参加，并且在决策中协调环境与经济关系。

（6）改善国际关系，加强国际合作。优化全球生态环境仅靠个别国家和地区是很不够的，必须制定全球防治战略，建立区域性甚至全球性的机构，制定并实施有关环境的国际法，建立综合监测系统，加强环境保护领域的国际合作。提高全人类的环境意识，使保护环境成为各国人民的自觉行动。

人能利用、改造自然，也能战胜自然。人在解决生态问题上已由被动走向主动。在克服人口、生态与社会各自困难与问题的基础上，合理利用人口在其中的能动作用，就可取得事半功倍的效果。使人口、生态与社会在动态中稳步协调前进，正是我们人类的根本目标所在。

三、失业问题

当今世界，无论是发达国家还是发展中国家，都不同程度地受到失业问题的困扰，失业是当今世界最大的社会问题之一。如何减少失业成为1995年3月在丹麦首都哥本哈根召开的联合国社会发展世界首脑会议的主要议题。据德国《时代》周报报道，全球28亿有劳动能力的人中约有30%的人失业或不能充分就业。失业正在成为侵害我们社会的一种癌症。

理论宣传和劳动管理部门原来不承认我国社会存在着失业现象，正式承认失业的存在是在1992年邓小平南方谈话、党的十四大、十五大以后。我国传统的政治经济学认为失业是由制度决定的，失业是资本主义制度特有的产物，因为相对资本需要过剩的人口，由相对过剩的人口而形成的产业后备军是资本主义生产方式存在和发展的必要条件。在社会主义制度下，由于消灭了资本，生产方式不再以产业后备军的存在为条件，因而具备了普遍就业的社会经济条件，社会不再存在失业现象。“人人有饭吃，个个有事做”被认为是社会主义制度的优越性。在十四届三中全会通过的《中共中央关于建设社会主义市场经济体制若干问题的决定》中，我党以现实主义的态度第一次正式指出中国也有失业人员。1994 年 2 月国家公布的 1993 年度我国国民经济与社会发展公报第一次使用了“失业率”指标，替代历年来使用的“待业率”指标。事实上，失业一直是存在的。在高度集中的计划经济体制下，政府对劳动力资源的使用实行全面控制：在城市，劳动者的就业安排完全是由国家一手操办，企业用工规模和用工数量完全有政府部门规定；在农村，人民公社这一高度集中统一的组织体系使劳动力不能流动。失业问题被严密的社会控制、社会生产的低效率和分配制度上的平均主义所掩盖。

另外，现在我们经常提到“下岗”这个词，它是由于种种原因，在职人员离开了自己的工作岗位。下岗和失业有一定的区别，失业不仅包括下岗工人在内的城镇事业人口，还包括企业的冗员和农村剩余劳动力；而下岗是特指离开了国有企业工作岗位的人员，现在还包括事业单位竞争上岗和优化下来的人员。

作为经济问题的失业现象，在进入改革开放时期不久就出现了，最初的原因有两个：一是届时从初中或高中毕业进入劳动年龄的青年，在人数上剧增，1977 年前后宣布的加快经济建设的庞大计划（后来被称为是“洋跃进”，以与 1958 年“大跃进”的冒进特性作映照）并没有很快创造出多少新的就业岗位以容纳这些新生的劳动力。二是在 20 世纪 60 年代末以后 10 年左右的时间内被动员到乡村的上千万城市知识青年逐渐以各种方式返回城市，首先面临的，就是要求有就业岗位；相对于这一正当要求，城市就业机会短缺的现象一下子浮出水面，成为一种难以摆脱的制约。这样，返城青年中的相当部分变成了待业青年。那一时期，以返城待业青年为主体的聚众行动在全国各大中城市屡见不鲜，其中提出的很多要求（如解决户口回迁、子女安置等），其核心就是要求就业，这显然关系到这上千万青年的未来人生与家庭的出路。这是我国出现的最早的失业现象。起初，严峻的失业现象（当时称为待业现象）还被放到政治框架中来理解，对失业者的安置工作被赋予两个方面的政治功能：维持即时的社会局面稳定和体现社会主义制度无失业现象的优越性。有学者指出，由于劳动就业不仅仅是个经济问题，还是个很敏感的社会问题，失业人员过多和失业率过高，不仅会影响经济发展，而且会给社会稳定带来威胁。随后，经济体制改革不断深化，致使失业（待业）现象成为一种普遍的问题，并且与最初政府关于失业现象的解释正相反。失业在中国正在演化成为一种体制性问题。政府终于意识到并公开承认，失业现象在中国这样的社会主义社会中是不可避免的，将在相当长时期内存在下去。在政府文件上、在媒体上，“待业”概念终于被“失业”概念取代，城镇登记失业率开始每年向全社会公布，治理失业现象的一系列法律法规和政策措施不断被制定、颁布和实施。以行政力量与市场化手段相结合的途径来治理失业问题的思路也基本确定下来；用一定规模的失业后备军来构成对现职劳动力的压力以促使其提高劳动积极性和劳动效能的政策建议，也在公开场合发表。

2000 年“五普”调查时我国的失业人口总数约是2640.4 万人（长表数据抽样比 = 长表总人口/计算机汇总总人口 = 9.50%），由此计算出全国的失业率是10.4%，失业问题相当严重。2008 年 12 月 16 日，中国社会科学院在其发布的《社会蓝皮书》中公布城镇失业率为9.4%。2009 年 3 月份国家人力资源和社会保障部公布去年城镇登记失业率为4.2%。登记失业率是以城市常住人口为统计对象的，它并不包括正在转化为城市人口的农村剩余劳动力。据保守统计，我国农村剩余劳动力约 2 亿多人，隐性失业率约为 37%，城市的巨大诱惑和管理上的松动，使农村剩余劳动力以每年约 2000 万的惊人数字由农村向城镇转移，从而加大了城市的就业压力。但是，作为社会问题的失业现象的出现而被人们所意识到，还是在进入 20 世纪以后的事情。当时，针对劳动效率低下和纪律松弛的现象，结合严重的劳动力供大于求的现实，有学者提出了“需要强调失业的压力作用”的大胆构想。主要是由于市场化进程的前延，企业体制的改革力度逐渐加大，劳动力市场化的速度也在加快，使得失业问题具有了全新的社会特性。其主要表现是:

第一，失业人群已经成为具有特定社会特性的庞大人群，在诸多社会群体中居于特定地位，由于失去工作岗位而变得生活来源无着落、社会地位悬空，他们成为社会群体序列等级阶梯中的下层人群。到 21 世纪初，城镇登记失业率首次突破 3%。失业者的生活水平居于整个社会各人群之下层，其对社会秩序与社会公正与正义的看法也正在发生急剧的转变，他们中的相当部分人或是情绪低落，深有被社会主流排斥在外的严重失落感，或是以越轨手段来谋生或与现行秩序相对抗，表达对社会现实的不满。

第二，失去劳动岗位正在带来一个人的人生境遇的转折性变化，这既包括稳定的收入来源的断绝、职业理想的丧失，也包括对个人发展前景信心的失落。更为重要的是，以业缘为纽带的人际关系的断裂以及家庭因失去必要的经济基础而处境困窘。氛围趋冷，因为失业因素而导致的家庭失和与冲突事件在增加。失业对一个人具有的全部消极后果，因为社会保障体制（特别是失业救济制度、医疗保障制度等）尚未彻底改革，也因为劳动力市场的不健全和社区服务系统的不完善，而变得更加严酷和难以忍受。政府采取的过渡性失业措施及社会保障措施也在极力解决这一问题。

第三，失业现象涉及更广泛的社会经济政治领域的问题，除了上面提到的社会保障领域极端落后、劳动力市场在规模与管理方面存在显著的欠缺之外，社会的就业教育培训体系因其严重不完善而不能吸纳更多的人以强化其就业竞争力，就业辅导机构的缺失导致失业者获得就业信息极为困难，或无法对各种机会做出正确的选择，社区服务系统和其他社会服务系统的不足，使其无法起到帮助失业者解决家庭问题、安排闲暇时间、排遣心理苦闷、沟通人际关系等方面的作用。也就是在失业现象开始制度化初期，上述问题不可能获得及时或完满的解决，尤其是中国现阶段的许多体制因素和观念因素依然深受曾经数十年起作用的计划经济的影响，无法在各个层面上对失业现象给出系统的判断和有实效的实践措施。也正因为如此，作为社会问题的失业现象的许多消极后果表现得尤为充分，这些后果对社会正常秩序和运行机制的形成又不断产生牵制作用。

失业现象在现阶段中国的出现，其必然性已广为社会各方面接受，但对失业现象的社会成因如何进行分析，则仁者见仁，智者见智。有人认为劳动就业问题源于劳动力与生产资料比例关系的失调。这种失调在不同社会、不同地区表现形式不同。它作为社会问题，主要指人口过剩及经济发展缓慢或停滞，造成劳动人口失业或待业现象。中国的劳动就业问题，首先表现为就业不充分；还存在现有从业人员冗员严重、生产率低下、就业及待业人员素质低下等问题。就业问题的社会后果，一方面妨碍了人民生活水平的提高，从而诱发社会动荡及社会犯罪；另一方面，不利于社会经济的协调发展，进而威胁整个社会结构的稳定性。在现阶段的中国，失业问题的社会后果既是弥散性的，也是突发性的。既与市场化改革初期的一些初始条件的确认有关，也与对一系列政策和政策实施过程及其结果的确认有关。对失业的政策性原因探究无一不涉及长期以来各个领域政策的基本导向，被大多数学者提到的有低工资政策、不允许流动的政策、不发展私人企业的政策、结构调整政策、体制改革政策以及与宏观经济政策走向有关的经济周期的出现等。从总体上看，中国是一个人力资源丰富的社会，绝对意义上的劳动力短缺在中国社会从未出现过，相反，整个经济发展常常受困于劳动力过剩的客观事实，这种情况在近年来越显严重，以至于成为严峻的社会经济难点。

在现阶段中国社会中，劳动力过剩演变成对我国经济社会发展形成的失业问题主要经历了以下过程：

第一，技术进步、管理水平的提高导致了劳动生产率的提高，对劳动力的需求增长出现了极限。虽然在20世纪70年代末，整个经济释放了巨大能量，增长势头前所未有，但这种增长对劳动力的需求在经过20世纪80年代的急剧膨胀以后开始明显下降。这加剧了劳动力绝对过剩的局面。

第二，产业结构的调整在20多年时间里被作为经济发展的重要指针，在政府导向和市场力量的双重驱动之下，产业结构的调整出现了突破性进展。

第三，国有企业与集体企业改革力度的加大，将原来隐含着的冗员现象暴露出来，这有赖于企业还原于最大限度地实现利润的本质而讲求经济效益。为此，要对企业的成本与收益关系进行核定。在这一方面，企业冗员就成为首先要解决的问题。在越来越严厉的市场力量约束之下，企业越来越倾向于清除这些富余人员，以形成企业运行的最优状态，这一行动的直接后果就是造成失业人数的增加，其中多为下岗形式。

最严重的问题是，进入改革程序的许多国有企业和集体企业所面临的，不是通过清除冗员来使企业轻装上阵以增强竞争力，再造一个成功的企业，而是在产业结构调整和市场竞争中居于不利者或落败者地位，实在无力维持生产经营而不得不陷入停产半停产的困境，以摆脱困境的策略中，都有一个如何清退企业员工的选择。这样也使大批员工失去工作岗位，沦为失业者。事实上，这些富余人员虽然与企业的生产经营过程没有有机的联系，却是企业所肩负代表的福利保障系统的一分子，同时又没有进入独立于企业的社会保障系统，或者进入的是不完整的社会保障系统。企业可以以特定标准，使用特定手段将他们从生产经营过程中剥离出来而不影响企业的正常运行，却无法将他们驱逐出那个社会福利保障系统而不招致严重的社会问题，其中最主要的就是失业而无足够的救济和无新的就业机会。这就是说，企业清除冗员的行动有其经济上的合理性（可能是现时的和局部的），其客观结果就是造成一大批新的失业者，加剧了失业现象的严重后果。

第四，在劳动力绝对过剩的宏观格局下，还出现了劳动力相对过剩的情况，由此而形成的失业现象也是不能忽视的。这种情况既显现于上述的产业结构调整过程之中，也表现在因为就业观念的变化而做出的主动性失业选择方面。在前者，主要是产业结构的变动使得许多旧产业失去了重要性，或者在对劳动力吸纳需求的同时，还创造出需求大量劳动力的新产业。在后者，主要是劳动力主观上对就业岗位的理想程度做出判断以后采取了拒绝就业的选择，对就业岗位理想程度判断的依据，主要是个人根据自己的能力、志向和兴趣爱好，认为理想的就业岗位就进入，认为不理想的，就不进入。这实际上是人们自愿选择了“边缘者”地位：不进入的岗位被认定为是不理想的就业岗位，而理想的就业岗位一时还没有找到，这也就是在实现就业方面无所依归。这两种情况均不是由实际就业岗位稀缺所造成的，一是劳动力绝对过剩情况下的合格劳动力的稀缺，这造成岗位的富余，它排斥了不合格劳动力的进入，间接使失业人数增加；一是绝对劳动力过剩情况下劳动力意识中理想就业岗位的稀缺，这造成劳动力不进入实际的就业岗位，直接使失业人数增加。

在社会学的视野里，失业问题最严重的后果莫过于出现了一个庞大的失业人群，这些人之无所依归还表现在心理上和社会关系方面，这是一种对失业者个人和对整个社会更具威胁的现象。失业就意味着工作群体的解体，无疑会导致典型结果："社会或团体的成员之间，功能的关系出现崩溃，导致成员的统合性丧失，无法正常执行所给予的目标，在目标达成上受到阻碍的状态"。曾经通过职业关系与社会融为一体的社会成员，如今因为失业而被"剔除"出社会生活的主流，个人目标的逐渐丧失聚合起整个失业人群的目标丧失，他们的地位和利益所求与最广大的社会成员的地位与利益所求之间开始出现巨大的断裂，摩擦与冲突就难以避免。这会对社会的稳定与发展构成极为巨大的威胁。失业现象对中国社会的影响是全面的，而且其后果正在逐步地显露出来。人们最初是从如下角度来认识这一点的："隐蔽失业公开化速度太快，社会是难以承受的"。

失业已经成为中国突出的社会问题，为了实现充分就业，在现阶段我们需要考虑到的两个方面是：

第一，产业政策的选择。以容纳大量劳动力为主要特征的劳动密集型产业，在20世纪80年代初期成为率先实现经济较快速度增长的东部南部地区的主导型产业，如乡镇企业、"三来一补"企业等，均以劳动密集型为生产要素的组成特征。除了提高特定产品的市场竞争力之外，这些产业还吸纳了大量的劳动力，为城镇和部分农村地区剩余劳动力的转移和实现就业提供了最主要的渠道。随着经济的不断发展，劳动密集型企业的竞争优势正在逐渐丧失，企业管理者的反应是改变生产要素的配置方式，以提高资本、技术等要素的比重，相形之下，劳动力被替换的趋势开始出现。这其中的要点就是在符合经济发展大方向（无可争议地提升产业结构中技术、资本等要素的比重）与选择最符合中国国情（如因劳动力资源过于丰富而时刻面临着创造就业岗位的艰巨任务）发展路径之间的关系。发展第三产业是能够达成上述关系平衡的一个基点，20多年来，第三产业创造就业岗位的速度远远大于第一产业和第二产业，城乡劳动力严重过剩的局面由此而稍有缓解。

第二，平等就业权利的保障。这指的是为有就业需求且素质合格的劳动力提供平等的就业机会。充分就业作为一个原则，在劳动力相对于就业岗位严重供过于求的现实情况下，就有一个如何确立一种机制保障就业机会平等的问题。这个问题很少被正面提出来，因为在现阶段劳动力严重过剩的格局下，近乎严酷的就业竞争就在表面，而机会平等问题被深深地掩藏在其下。这样的竞争如果是公平、公正和公开的话，平等问题就容易被把握住。

在城镇就业机会方面，对流动进城农民不许从事特定行业的规定，就是一种资格认定，其基础是依然还在起作用的城乡分离户籍制度。在国有企业改革过程中，为轻装上阵而清退富余人员，或开工不足而要求职工下岗，就引出了谁还有事实上的劳动权利的问题。劳模不准下岗的规定，就形成了一种资格认定，获得过此种荣誉称号者比起其他人来更有资格留在岗位上而不至于跃入下岗失业的深渊。劳动行政部门规定的关于劳动技能等级制度，也是一种资格认定，它将就业竞争“提前”到了受教育受培训机会竞争阶段；从经济背景上阐述了这种“提前”的必然性，可得出如下结论：“在从农业社会转向工业社会、计划经济转向市场经济的过程中，劳动力数量型过剩与质量型短缺的矛盾愈益突出，劳动者技能的不对称现象日益显著，中国经济成长已经到了需要加快发展人力资本的阶段”。还有的学者把对失业半失业人员的转业培训认为既可以缓解目前的就业压力，也可以为其再就业提供条件。这方面的问题集中在：职工职业技能培训的迫切性与以培训来延缓一部分人进入工作岗位时间的迫切性结合起来。如果不能实现这种结合的话，就不能实现上述政策目标。

就业过程的公平，指的是就业岗位需求者有系统的政策保障和制度保障，在求职过程中平等地获得有关信息，获得有关的服务，而不能以任何方式对不同社会经济特性的求职者予以歧视。相反，针对各种社会经济特性的求职者，要根据其特性，采取分门别类的指导或服务方针，克服已经存在的各种不平等局面，保证就业过程的公平性。在现阶段，要保证就业过程的公平性，特别集中的问题是：对流动进城的农民提供就业指导和帮助，而不是采取歧视性政策。1994 年，职业指导办法和企业经济性裁员规定的出台和对人才市场的肯定，均是就业政策出现重大突破的标志。在这前后，失业问题越来越严重，就业政策的更大突破也逐步在实现，这既是严峻的失业形势之压力的结果，也是政府关于失业、就业问题新认识的自然产物。1996 年 10 月，发布了关于企业职工流动若干问题的通知。

下岗失业虽然不可避免、具有不以人的意志为转移的必然性，但并非说是合理的。只要我们认识到位，措施得当，就可以较好地解决这一问题。为此，我们需要做好以下几个方面的工作：

第一，做好舆论宣传工作。市场经济的体制确立，双向选择、优化组合的实行，下岗失业是在所难免的，引导人们转变观念，避免产生悲观情绪和失落感，大力宣传多渠道就业。

第二，对下岗失业工人实行社会化管理。为了减轻企业负担，应该逐步把失业人员从企业推向社会，由社会统一管理。

第三，建立健全失业保障制度，保证失业者能满足最低的基本生活需要，以避免大的社会震荡。

第四，加快经济发展，扩大社会就业容量，使每一个有劳动能力又愿意承担社会责任的人都享有劳动权利，具有就业机会。

第五，加快乡镇企业，特别是加快内陆地区乡镇企业和私有经济的发展。

第六，调整产业结构，扩大就业范围。世界经济发展历程表明，在经济发展和人均 GNP 的特定水平上，都应有与之相适应的产业结构，才能促进经济有效增长，资源合理配置。

第七，提高人的素质，以培训促进就业。由政府拨出专款，建立一批失业者就业培训中心，通过强化职业技术培训，让失业者掌握一技之长，增强他们的工作适应能力，从而为他们提供更多的就业选择机会。

第八，建立健全失业立法。市场经济既应是道德经济，也应是法制经济。失业作为市场经济运行的组成部分，国家对它的调控管理应建立在法制基础上，依法调控，科学管理。

特别重要的是，针对伴随国有企业改革推进所出现的严重的下岗和失业现象，政府在1993年第一次提出了再就业概念，并进行了一系列相关的政策设计、实验和推广，到1995年，再就业计划在全国全面实施，正因为有这一计划为依据，1997年初，政府提出了包括“减员增效”为内容的十二字方针。这说明，对失业问题的治理进入了一个新阶段，下岗与失业问题的处理已经成为一个左右国有企业改革、影响产业结构调整的关键性因素。到1997年底，近300个城市实行再就业工程，实行政策扶持与就业服务相结合的方针。

四、社会风气问题

（一）贩毒吸毒问题

1. 我国的贩毒吸毒问题

毒品泛滥已成为当今世界最严重的公害之一。目前全球大约每年非法毒品交易额高达5000多亿美元，占世界经济贸易总额的10%左右，成为仅次于军火交易的世界第二大贸易。我国的毒品犯罪在全球大气候的影响下也日趋严重。

20世纪70年代末期以来，由于国际社会毒品泛滥，境外毒品对我国的渗透日益严重。国际贩毒集团和贩毒分子极力利用我国云南省毗邻的国际最大的毒品产地“金三角”这一地理特点，将云南作为贩毒以销往国外的重要通道。贩毒分子内外勾结，逐步形成了由黑社会操纵的境外毒品渗透的据点和集散地，并且开始武装贩毒，十分猖獗。境外毒品的渗透使我国吸毒问题死灰复燃。中国境内的毒品几乎全部是由亚洲的“金三角”流入的。调查结果表明，中国的吸毒者们沿通道区域分布，而且呈放射状蔓延。据卫生部、公安部1990年的调查，云南、四川、贵州、陕西、甘肃、内蒙古、广州、深圳、上海、北京等地吸毒人数均有发展，其发展的趋势是从边境地区向内地辐射。有的地方和单位，数年之内吸毒人数几乎是几何级数增长。根据2006年中国的禁毒报告，自1980年以来，中国由于吸毒死亡的人数已经超过49万人，截至2005年年底，中国登记在册的吸毒人员有116万，现有吸毒人员为78万4千7百人。目前吸毒问题有以下特点：

（1）毒品蔓延的突发性。1949年后，我国在短短几年内，使毒害中国人民百余年的烟毒绝迹，这是举世公认的事实。至于我国新的毒品问题最早发端于何时何地，我们没有确切的证据，但是，就较大范围的调查结果看，特别是从烟毒在内地蔓延的情况看，突发性是我国毒品问题死灰复燃的特点之一。

（2）吸毒群体的文化层次低。文化知识是人的思维活动的定向工具，对社会个体行为起着指导和调节的作用。一般来说，具有较高文化知识的人社会意识感和群体意识较强，内在控制能力高，发生反社会性越轨行为的可能性较低；而愚昧无知往往同违法犯罪联系在一起。从不同角度的调查结果表明，在目前的吸毒人员中，大多数文化水平不高、知识层次很低。

（3）吸毒者年龄普遍较低。从许多调查情况看，我国吸毒者中青少年占大多数。

（4）吸毒者职业分布复杂。吸毒现象在社会上刚开始蔓延的时候，不少人认为这种越轨行为只是一些腰缠万贯的个体户所为。其实这仅仅是人们的一种随意性猜测。大量的调查表明，现在的吸毒现象已涉及我国社会的各个层次和多种职业，吸毒者在职业分布上呈现出复杂化和普遍化的特点。吸毒者既有富裕的个体户，也有工人、农民、干部和知识分子。

（5）吸毒的品种和吸毒方式多样化。在吸毒的品种上，主要有鸦片、海洛因及混合毒品（海洛因和咖啡因等混合的毒品），也有少量的咖啡因制品、安纳加等代用品。

（6）吸毒耗费日趋奢侈。

（7）吸毒与犯罪的关联性。

（8）城市与农村的差异性。从目前发现和调查的资料来看，我国毒品问题的各种表现在城市与农村之间存在着明显的差异：一是在总体上城市比农村严重，造成的危害集中表现在城市生活的各个方面；二是城市的吸毒者大大多于农村，一般情况下，城市与农村之比为7:3；三是在吸毒者的年龄结构上，城市以青少年为主，农村以中老年为主；四是在吸毒起因上，城市以“被人诱惑”、“追求享乐”吸食为多，而农村以“治病”、“主动吸食”为多。

毒品问题不是一般的社会治安问题，而是涉及千家万户，关系到社会稳定、国家前途、民族兴衰和现代化建设成败的重大问题。毒品泛滥会造成经济上的巨大损失；直接或间接造成工农业生产的巨大损失；毒品还可摧毁吸食者的精神和肉体并且导致家庭悲剧的发生。

2. 加强对毒品的“三禁”工作

早在1979年，全国人大通过的《中华人民共和国刑法》就明确规定，对制造、贩卖、运输毒品的犯罪行为予以惩罚。1997年10月1日新刑法修订后颁布实施，对毒品犯罪规定了更为详尽的两性惩处标准。在此期间，我国政府不仅向全世界表明了对毒品犯罪实行禁贩、禁种、禁吸“三禁”并举的坚定态度，同时，我国政府还制定“有毒必肃、贩毒必惩、种毒必究”的政策。此外，我国还加强对毒品违法犯罪行为的预防，使人人特别是青少年都懂得“贩毒犯罪，吸毒可耻”。

我国在21世纪初的治理吸毒的具体措施有：①加强立法工作；②加强国家级管制机构；③改善和加强禁毒缉私力量；④积极开展禁毒工作和对药物依赖性的研究监测；⑤积极参与禁毒国际合作；⑥组织全国性的扫毒活动；⑦坚持禁毒的综合治理。

吸毒预防教育的内容应包括：①普及毒品危害性的有关知识；②进行价值观的教育；③重视心理卫生的教育；④职业和技能训练；⑤倡导健康的文体活动。

（二）赌博问题

新中国成立初期我国政府的一系列禁毒措施有效地遏制了赌博狂潮，但赌博在我国从未绝迹过，而近年来它却在我国泛滥。主要表现在以下几个方面：参赌者越来越多，越来越年轻化；赌资越来越大；赌法越来越新奇。

赌博对社会的消极影响包括短期影响和长远影响两个方面，前者主要指源于赌博的各种刑事犯罪案件的发生，及其给社会秩序和人民生命财产造成的直接损失。赌博对社会的长期影响主要是赌博造成的这种无形的、间接的、长远的危害，包括嗜赌的父母无暇管教子女，使下一代的健康成长受阻，导致人才素质下降，包括赌博导致社会上投机取巧、好逸恶劳、贪婪自私等不良风气日益蔓延，同时还会消蚀勤劳、节俭、守法、实干等传统美德，削弱敬业精神和创业热情，从而败坏民风，最终导致我国的经济发展缺乏足够的动力与后劲，使全社会的精神文明和物质文明水平阻滞或下降。

（三）腐败问题

在20世纪80年代初期，随着经济改革的推进和经济发展速度的加快，更随着各种权力下放进程的延伸，腐败问题开始出现，当时被称为“严重的经济犯罪活动”。在司法处理上的定位是“经济案件”，打击和惩治的政策举措也开始不断出台，直到1993年，才开始正式部署反腐败的各项工作，很快就出现了各种规章。现阶段中国腐败现象的描述，更显得五花八门，有一种概括把腐败分成七种类型：拜金、拜物、聚宝、享受、徇私、徇情、贪色。

中国腐败问题的严重性首先体现在总量方面。有资料显示，1993年以来，全国纪检、检察机关查办案件的数量，以年增9%的速度递增，受到党纪政纪处分的官员数量，以年12%左右的速度递增。2005年，检察机关共立案侦查涉嫌贪污贿赂、渎职侵权犯罪的国家工作人员41447人，已侦结提起公诉30205人；立案侦查涉嫌犯罪的县处级以上国家工作人员2799人，其中厅局级196人、省部级8人。最高人民检察院工作报告中的这些数据显示了中国政府治理腐败的力度和决心。

其次，一些腐败案件的严重程度，只有党纪处理是远远不够的，故被移交检察院，成为司法案件的数量呈逐年上升趋势。

再次，各种类型的腐败层出不穷，广泛地涉及社会的政治文化和日常生活领域，买官卖官、浪费、腐化、渎职等行为层出不穷，屡禁不绝。

我国目前腐败现象的状况可以概括为：①从腐败行为的主体来看，中高级干部卷入腐败活动的人数不断攀升；②从行为的严重性上来看，大案要案急剧增多，情节极为严重；③有组织的团伙作案日益增多，贪污贿赂活动广为蔓延，权力的清洁度普遍下降。

腐败问题已成为我国社会主义现代化建设健康发展的最大障碍之一，危害极大。①在政治上，权力腐败破坏国家政治和法制的统一，引发和激化社会矛盾，破坏政治稳定；②在经济上，权力腐败制造分配不公，刺激不正当竞争，催发经济利益的恶性冲突；③在精神文化方面，腐败可以侵蚀人的思想、灵魂、道德，使人日益金钱化和私欲化。

在我国实现现代化、建设有中国特色的社会主义的历史进程中，为了减少和防止权力腐败的发生，我们必须从权力运作的制度环境和经济社会环境寻求对策。应大力推进我国的政治现代化和民主化进程；完善权力体制，强化制约监督；强化对权力的社会监督，充分发挥舆论监督的作用。

【复习思考题】

1. 什么是社会问题？社会问题形成的根源是什么？
2. 简述社会问题的预防与治理。
3. 当前我国存在的主要社会问题是什么？我国政府采取了哪些措施？

实训参考

【讨论】 经济增长与环境保护之间的关系。

【录像】 观看电影《生死抉择》，思考中国当前反腐败问题；观看录像片《美国社会问题透视》，了解美国社会问题概况以及与中国社会问题的差异。

【实践活动】

实践题目：本市目前存在的较为严重的社会问题主要表现及治理和防范措施的调查

实践目的：通过调查显示我市社会问题的状况及治理和防范的结果，透视社会问题对社会发展和社会稳定的作用

实践地点：本市所辖的主要区政府及社区管理部门

实践课时：2 课时

实践内容及过程：①学生根据课堂中教师讲授的社会问题的种类和形成原因拟订一份本市各区的社会问题现状调查提纲；②与实践单位的负责人取得联系后，安排走访地点；③深入各调查单位了解各种社会问题在本市近几年的发展趋势和新的社会问题出现的原因及政府各部门的解决措施；④形成书面调查报告。

第十三章　社会政策

当今各国社会问题越来越多，有的越来越严重，若没有相应的社会政策，则社会问题就不可能得到适当、合理的解决，人民的安全与福利就得不到合法的保障，社会公正与社会进步就不可能实现，经济与社会的协调发展就不可能达成。因此，社会政策在社会发展和社区建设中有着重要的意义。

第一节　社会政策的概念

一、社会政策的内涵

社会政策是为了缓解或解决已经出现的社会问题，改善社会环境、促进社会公正与社会进步而采取的各种原则或方针。社会政策包含了三个方面的内容。

第一，社会政策以追求社会公正和社会融合为目标。社会政策的价值取向不同于经济政策，经济政策的取向是以追求利润和效益为目的，利用市场手段，通过市场竞争获得利益最大化。社会政策的取向是以追求社会公正和社会融合为目标，反对社会排斥促进各个利益群体的协调发展，立足于解决或缓解已经出现的社会问题，保障弱势地位的社会成员的权利。

第二，社会政策以社会成员为受益对象。社会政策的受益对象首先应当是社会弱势群体，因为这些群体的社会权利最容易受到剥夺，他们的教育、就业、收入等的权利最容易受到社会排斥，社会有责任提供必要的援助。其实，每一个社会成员都有权利得到社会的帮助，但是，在全民的社会保障并不能够建立起来的时候，应当特别强调社会弱势群体的权利的保障。

第三，社会政策的内容是不断变化的。早期的社会政策内容往往等同于社会救济，继之扩展到社会福利体系，现在还关注到弱势群体的权利关系。目前的社会政策的内容主要集中在社会福利和弱势群体的权利方面，包括社会保险、社会救助、医疗卫生服务、公共教育、房屋政策、社会关系等。

二、社会政策的产生与演变

20 世纪 90 年代初期，我国开始关注社会政策。20 世纪 90 年代以来，社会矛盾不断加深，其脉络走向已经从分配领域扩展到生产领域，从经济生活扩展到包括意识形态、社会文化、社会行为惯例等社会生活的各个方面，并且集中地通过社会保障、社会福利制度变革体现出来。

社会政策一词为德国人首创，1873 年，德国的一批经济学教授为研究处于市场经济初期的德国的社会矛盾，发起成立了社会政策学会。社会政策产生的目的不在于论述社会思想，而在于讨论如何解决各种实际的社会问题。社会政策一词自诞生之日起，就与社会行政、社会资源分配和社会公平原则有着密不可分的联系。社会政策始于 19 世纪中叶，社会政策的主要针对对象是救济贫困，依靠的主要是慈善组织。

1884 年，英国牛津大学讲师巴纳特在伦敦创设了世界上第一所社区服务中心，称之为汤恩比馆，并由此带动了 19 世纪末到 20 世纪初席卷欧美各国的社区改良运动。通过这场运动，社会政策的发展进入第二个阶段——国家福利政策的孕育阶段。由于社会救济的需要，产生了最初的社会个案工作，这便是最早的社会政策专业化的雏形。这场运动对于现代社团组织及社区工作的创立和发展有着重大推动作用，开创了以民间组织力量直接解决社会问题的行动目标和策略。①

仅仅依靠民间力量，不能充分有效地解决所有的社会贫困问题，社会政策的思路开始转向政府和国家，开始酝酿和形成国家福利政策。“费边社”作为英国的一个社会改良主义派别，曾经提出许多关于建立福利国家的建议，认为政府应该通过各种财政政策、立法渠道实现财富和权利的再分配。“费边社”还提出改善政府的服务质量，缩小与私营部门的差距，使社会服务不因公私差别而出现两种不同的标准，导致社会分化。从“费边社”的实践中，我们看到了现代社会某些社会政策的目标和基本特征。1936 年，凯恩斯提出了国家干预经济理论或称凯恩斯反危机理论。凯恩斯认为资本主义国家的主要社会问题是失业，因此社会的主要目标是创造和保证充分就业。而要达到目的，关键是提高社会的有效需求，通过实行赤字财政政策，实现“乘数效应”。为提高和保证“乘数效应”，需要实行累进税收制以达到收入再分配，并进而提高普通消费者的消费能力和消费需求。同时需要对贫困人口进行救助，这既可扩大社会需求，而且也有利于社会稳定，从而使福利政策的范围得以扩展。

社会政策的第三阶段是国家福利政策的实行时期。1941 年，英国的贝弗里奇受政府委托，在吸收了当时有关“国民社会保障权利”观的基础上，制定了一个战后实行社会保障的计划，即题为《社会保障及相关服务》的贝弗里奇报告。该报告以消除贫困、疾苦、肮脏、无知和懒散五大社会病害为目标，主张建立全社会的公民保障制度，让每个公民都享有医疗保健、养老金，而不仅局限于穷人。② 在第二次世界大战结束以后的一段历史时期内，社会福利在西方主要工业化国家得到了迅速的发展。这一时期的社会政策主要依靠政府力量

① 严智幸：《西方社会政策的历史沿革及其理论基础初探》，载《社会》2001 年第 10 期。

② 梁鸿：《国民社会保障权利论及其发展的探讨》，载《复旦大学学报》2000 年第 4 期。

实施，形成了社会保障体系，从而，使市场经济带来的弊端得到了一定的遏制，贫富差距逐渐缩小。从第二次世界大战结束到整个20世纪60年代期间，经济持续增长支持了西方福利国家的高福利政策。但是自1973年起，高失业和高通货膨胀同时迸发，使政府实施的福利政策的缺陷也渐渐显露出来，在一定的制度框架内，政府固然可以通过资源的再分配追求社会的公平，但是，政府的行政机制也存在不可避免的缺陷，比如缺乏效率，过高的社会福利制约了经济发展的活力。对政府缺陷的认识，是随着社会政策问题的显露而展开的。

社会政策进入20世纪70年代中期开始出现危机。西方工业化国家先后陷入了经济发展速度普遍减缓、失业率居高不下、通货膨胀与人口老龄化等困境，使得西方社会保障制度的弊端凸现出来，导致西方各国面临着程度不同的社会保障制度危机，如西欧的“福利国家危机”和美国的“福利困境”等。于是，西方国家开始对社会政策从三个方面进行反思和调整。第一，调整工资与福利的关系，由贫困救济转向促进就业；第二，弱化政府在社会保障体制中的主导作用，提高政府福利机构的效率；第三，扩大社会福利资金的渠道。

三、社会政策的性质

1. 权威性

社会政策是由特定的主体，即国家或政府、执政党及其他政治社会团体所制定与执行的，体现统治阶级的意志，具有法定的权威性。

2. 价值性

社会政策具有特定的价值取向，要实现特定的目标或目的。作为政策主体的国家或政府总是试图通过制定和执行社会政策来实现一定的社会目标。

3. 政治性

社会政策是国家或政府为解决特定社会问题而采取的政治行动，是与谋略、法令、措施、办法、规定等密切相关的政治行为。社会政策的决策是一种政治过程，按照政治的程序和原则运转。

4. 原则性

社会政策是解决或应对社会问题的基本原则或方针，一般只是确定工作的方向，属于原则性的规定。

5. 强制性

社会政策是一种行为准则或规范，它针对具体的作用对象或客体（一般称为政策的目标群体），规定其应做什么或不应做什么，鼓励或限制这些群体的行为方式。因此，社会政策作为一种规范或准则，带有强制性，必须为目标群体所遵守。

6. 时代性

社会政策务求适应时代需要。社会结构一旦变迁，人们的需要及价值观念等也随之发生改变。因此，社会政策也应配合不同时代的需要而做相应调整，不能一成不变。但政策确定下来后，也必须在一定时期保持相对稳定。

7. 可行性

社会政策的目标应当切实可行。在制定政策时，既要高瞻远瞩，深谋远虑，但也须顾及其实施条件，尽可能避免政策执行时遭遇各种阻力，以确保其顺利实现。

8. 具体性

每一种社会政策都针对特定的社会问题，且都有具体的政策目标。如人口政策针对人口问题；劳动政策针对劳工问题；农民政策针对农民问题等。①

四、社会政策的分类

社会政策可以按照不同的标准加以分类。由于现代社会的问题纷繁复杂，要将社会政策加以清楚地分类，并不是一件轻而易举的事。迄今为止，社会学家对社会政策的分类尚未有统一的见解，这里我们列举出其中的几种。

（一）依范围划分

有的学者将社会政策分为广义与狭义两类。广义的社会政策，是将一国所有的政策都包括进来。如外交政策，可以视为一国社会政策中有关国际关系的部分；财经政策是一国社会政策中涉及经济领域的部分等。这种广义的社会政策，实际上便是通常所说的国策。而狭义的社会政策，仅针对社会病态现象，范围要小得多。有时专指以救助需要社会扶持的特定人群的政策而言，如济贫政策、儿童福利政策、老年政策等。近代西方国家特别关注劳动政策，也是对社会政策的一种狭义理解。

也有学者将广义的社会政策理解为一国之中针对所有社会问题或社会病态现象的政策；而将狭义的社会政策界定为社会福利政策。

（二）依对象划分

由于社会问题的复杂性，以此标准来给社会政策分类将非常困难。这里仅将各国所常用的划分，稍做一列举：①犯罪或刑罚政策。如禁娼、禁烟、禁赌、禁毒等政策。②人口政策。如国民保健政策、移民政策、民族政策、家庭福利政策、生育节制或家庭计划政策、妇女及儿童福利政策。③农民政策。如“耕者有其田”或农村土地制度改革政策。④劳工政策。⑤救济或公共救助政策。⑥就业政策。⑦住宅政策。⑧社会保障政策。以上各种社会政策，以社会保障政策的范围最广，且在各国的社会政策中占有非常重要的位置。

---

① 郑杭生：《社会学概论新修》（第三版），中国人民大学出版社，2006 年 7 月。

（三）依层次划分

可将社会政策划分为总政策、基本政策和具体政策三种类型。

总政策也称元政策，是一个国家的带全局性、根本性、决定社会发展基本方向的政策，包括总路线、总方针、总纲领、总政策、总任务、基本路线等。如“一个中心，两个基本点”，即以经济建设为中心，坚持改革开放、坚持四项基本原则便是我国目前的各项政策包括社会政策的总政策。

基本政策是次于总政策而在社会生活的各个领域、方面起主导作用的实质性政策，如计划生育政策、环境保护政策、社会保障政策等。基本政策之所以处于中心层次，是因为它一方面是根据某一方面社会问题的实际，对总政策的细化；另一方面，它又是具体政策的依据和原则，对后者起指导作用。

具体政策是实现基本政策目标的手段，抑或说是基本政策的具体规定，是为落实基本政策而制定的具体实施细则。它体现基本政策的精神，其条文明确、具体该干什么，不该干什么以及怎样干等，都有明确、清楚的规定。

五、社会政策的功能

社会政策是为了一定的社会目标制定的，在实现这些目标的过程中，社会政策发挥着经济政策不可取代的功能和作用，成为社会发展过程中的支柱之一。

（一）社会政策的正面功能

1. 保障弱势群体权利，促进社会合作

（1）市场的马太效应与弱势群体的出现。社会政策是在市场经济的运行过程中产生发展起来的。几乎任何事情的出现都是双刃剑，市场经济也不例外，一方面市场竞争给经济增长带来了巨大的活力；另一方面市场机制在追求经济合理性的同时，也出现了一些必须面对的问题，比如，社会风险加大。从一定程度上讲，现代社会是高风险社会。市场经济是这种风险社会的存在依据，而现代科学与技术更使得这种风险社会的发展达到了极致。①

此外，市场经济还在制造着社会不平等和导致阶层分化的效应。市场所依赖的竞争和效率机制，使得市场本身就具有资源集中和产生垄断的倾向，导致财富和贫困在社会两端积累的马太效应。只不过这种效应是通过一种形式上平等的市场交易形式实现的。财富越来越集中在少数人手里，多数人陷入贫困。这是市场经济所必然导致的结果，即贫富差距的急剧扩大。

随着贫富差距的扩大，社会弱势群体出现了。2002 年，“弱势群体”一词首次在国务院政府工作报告中出现，随后，有关“弱势群体”的问题受到了学术界前所未有的关注，学者们对“弱势群体”的定位和理解也可谓是仁者见仁、智者见智。有的学者认为社会弱势群体“是一个在社会资源分配上具有经济利

① 王刚义等著：《社会发展与社会政策研究》，中国人民公安大学出版社，2002 年版，第 156 页。

益的贫困性、生活质量的低层次性和承受力的脆弱性的特殊社会群体。”① 另外有的学者把弱势群体界定为那些依靠自身的力量或能力无法保持个人及其家庭成员最基本的生活水准、需要国家和社会给予支持和帮助的社会群体。而按照国际社会学界和社会政策界达成的基本共识，所谓社会弱势群体是指那些由于某些障碍及缺乏经济、政治和社会机会而在社会上处于不利地位的人群。

我国学者认为，在中国弱势群体的数量是庞大的，农民已经成为最大的弱势群体，统计数据表明：农村居民家庭人均纯收入在 1982 年是城镇居民人均可支配收入的 54%，1992 年大约为 43%，2002 年仅为 32%；在金融资产占有上，人口比重超过 6 成的农民储蓄存款仅占全国存款余额的两成。②

（2）社会排斥及其后果。弱势群体的出现，会导致社会对其的排斥，使之处于更加不利的处境。所谓社会排斥，是一个多元的概念，它不但含有经济资源上的长期匮乏，尤为关注的，是人在社会关系上、心理上、文化上和政治参与上被长期隔绝的状况，这种可称之为个人长期无法实现的某种能力和功能的匮乏，不仅可能导致经济贫困，甚至使被排斥者不能享受到公民地位所赋予的公民政治及社会权利。而这种权利不可能依靠提供经济援助和保障救济来赋予。影响社会排斥形成的因素是多方面的，如缺少工作机会、低学历、缺少技能、体弱、缺乏政治和社会参与等因素相互恶性影响，导致社会关系网络丧失而陷入边缘困局。

近年来，欧洲学术界在社会政策的研究中非常重视社会排斥概念，凡有关贫困及社会不平等的研究都把注意力投向反对社会排斥，增加社会融合上。社会融合意味着“社会要避免出现可能威胁社会稳定的巨大收入差距，保障贫困人口享有受教育、医疗和基本服务（如清洁的水、卫生和用电）的机会，意味着人民能够参与影响他们生活的重大决策，这也就是赋权的含义”。

（3）实施社会政策，保障弱势群体的合法权利。在这里实施社会政策，保障弱势群体的合法权利，有三个环节非常重要：第一，政府的角色要进行调整，由传统的镇压者的角色、守夜人角色，转变为对于侵权行为的仲裁者及制裁者，将社会公正作为制定社会政策的基石。在这里，政府角色的转变不是通过自我革命实现的，而是各种社会力量不断推动的结果。第二，在各种社会力量的参与下，制定各种禁止对弱势群体歧视的立法，比如性别、种族、老年等立法，对社会歧视由原先的不作为到作为，由过去的默认到通过法律措施予以制裁和惩处。这些禁止社会歧视的立法，实质上是对不平等的社会关系的调整和纠正，相当于在汹涌的洪水旁边筑起的堤坝，以便减少弱势群体遭受的社会排斥。第三，提供社会福利，建立社会安全网，通过公共教育、公共服务、公共医疗等

① 朱自强：《论农村社会保障制度的构建》，载《农业经济问题》2003 年第 6 期。

② 李福勇：《当代中国最庞大弱势群体的界定、成因及对策》，载《经济学家》2003 年第 6 期。

的完善，使弱势群体的教育、生存、健康获得保障。通过这些社会政策的实施，弱势群体的基本权利正在得到尊重和保障。比如，社会政策通过在劳资双方建立各种有助于改进劳资关系的制度而起到保障社会安全的作用。在劳资关系方面，保证工人就业、保障工人的工资和福利是一项主要内容。例如，按照有关就业立法，雇主在解雇工人时，必须提前三个月发出通知，并就解雇问题与工会、政府部门进行磋商，这时的雇佣劳工问题已经不像自由放任主义时期那样被认为纯粹是资本家自己的事情。工人一旦被解雇，他可以获得一笔可观的解雇费，同时还可以申请失业津贴或救济。这些费用可以维持他在一段时间内的生活。此外，出现了违反立法的歧视性行为，弱势群体可以到有关部门起诉，甚至得到法律援助，维护自身的合法利益。

此外，社会政策还着手建立制度化的阶级合作关系。这种阶级合作关系是在雇主、雇员和政府三方之间进行的制度化合作。

2. 调整利益结构，减少利益冲突

社会是由不同的利益群体组成的，其中强势群体与弱势群体的关系是最为敏感的一对关系。一旦弱势群体总是受到强势群体的剥夺，强势群体依靠敲诈弱势群体的利益来积累财富，就会导致与弱势群体的关系处于尖锐对立之中。社会学理论指出，利益被相对剥夺的群体可能对剥夺他们的群体怀有敌视或仇恨心理。在阶级对立的社会里，社会安全感极差，绑架、凶杀、犯罪、抢劫就会大幅度上升。当弱势群体将自己的不如意境遇归结为获益群体的剥夺时，社会中就潜伏着冲突的危险，甚至他们的敌视和仇视指向也可能扩散。犹如经济学上的“水桶效应”，水流的外溢取决于水桶上最短的一块木板，社会危机最容易在承受力最低的社会群体身上爆发，从而构成危及社会稳定、影响社会发展的一个巨大社会隐患。①

通过社会政策在再分配领域中实行社会资源的重新分配，可以对现存的利益结构进行调整，缩小不同阶级之间的利益冲突，缓和收入财富分配中的不公正现象。

社会政策进行利益调整的手段是税收和收入的转移支付。这种利益调整过程大约分为四个阶段：第一阶段就是在原始收入（主要包括工资收入、投资收入等）中加入通过现金转移支付给予的各种津贴，这些津贴主要包括养老金、儿童津贴、疾病工伤津贴、失业津贴、救济金，调整后的收入就是总收入；第二阶段就是从总收入中减去直接税（个人所得税和职工为自己缴纳的社会保险税），之后形成的收入是可支配收入，这里的税收根据收入的不同，缴纳的比例不同，收入高缴纳的比例就高，高收入的高税收就转移到低收入的津贴中来；第三阶段就是从可支配收入中减去间接税（消费税、关税、烟酒税、牌照税等）

① 郑杭生：《社会分化、弱势群体与政策选择（节选）》，中国网2004年2月。

以及雇主为职工缴纳的社会保险税，由此而形成的收入就是税后收入，在这里个人消费越多，缴纳的税收就越多，个人消费的少，缴纳的税收就少；第四阶段就是税后收入加上实物转移支付（包括医疗服务、公共教育、住房补贴、交通补贴等），最后得到的收入就是最终收入。在这四个过程中对总体的利益分配结构所作的调整都会产生较明显的影响。[①]

（二）社会政策的负面功能

社会政策不仅具有正面功能，也有负面功能。研究社会政策的负面功能，不是为了否定社会政策，而是在制定社会政策时，了解它的边界和局限。

1. 福利支出不断提高，将削弱产品的国际竞争力

当今世界已经进入了经济全球化的时代，任何国家的经济要发展，都要增加在国际市场的竞争力。国际市场的竞争力，不外乎三个因素，一是产品的质量，二是产品的价格，三是市场的需求。劳动力成本的提高自然会提高价格，而削弱市场竞争力。商品的劳动力成本由直接成本（包括基本工资）和间接成本（包括社会保障费、职业培训费等）构成。而间接成本中的福利费用主要包括两大部分：一部分是政府公共福利支出；另一部分则是雇主的福利支出。由于政府公共福利支出的资金的主要来源之一是对个人和雇主征收税收，因此，公共和私营企业福利支出的提高必然提高劳动力成本，劳动力成本高、价格高的商品必然处于不利的地位。在工业化国家内部，公共和私人福利支出较高、劳动力成本增长较快的国家，其商品的竞争力一般地说就不如福利支出较低、劳动力成本增长较缓慢的国家。在经济全球化的条件下，要提高本国商品在世界市场中的份额，降低商品的间接成本是必须考虑到的一个问题。

2. 警惕政府机构的膨胀

工业化国家战后社会政策实践的一个后果就是随着社会福利计划的扩大，政府官僚机构也越来越大。这已经成为西方国家痛下决心进行政府机构改革的重要原因。

官僚机构的扩大主要体现在以下两个方面：第一，政府官僚机构中就业人数增加。为了处理和管理公共福利事务，需要建立一支包括医生、心理学家、社会工作者、经济学家、社会学家等各类专家在内的队伍。这使得在政府部门就业的人数增加。第二，各级政府开支增加。政府开支的情况可以从两个角度来衡量：一是政府开支在国内生产总值（GDP）中所占的比重；二是公共福利支出在整个政府开支中所占的比重。战后工业化国家的历史表明，无论是政府开支占 GDP 的比重，还是公共福利支出占整个政府开支的比重，工业化国家在这两个方面都表现出上升趋势。公共消费的急剧上升增加了政府的财政赤字。德国、法国都出现了政府的财政赤字，特别是社会失业率的提升，使得政府不

① 郑杭生：《社会学概论新修》（第三版），中国人民大学出版社，2006 年 7 月。

堪重负。

3. 高额税收会挫伤劳动者的积极性

高福利政策需要靠高税收来维持。这些税收由直接税（如个人所得税、遗产税、公司税、资本所得税等）和间接税（如食品购买税、烟税等消费税）组成。不同的税收措施所起的再分配效果是不一样的。以英国为例，在1949—1950年，一个由夫妇两人组成的家庭只有当其家庭收入相当于男体力劳动者平均劳动收入的62.8%的时候才开始缴纳收入所得税，但到1979—1980年，当家庭收入相当于男体力劳动者平均收入的38.5%的时候就必须缴纳收入所得税了。也就是说，越来越多的低收入家庭在过去的条件下可以免交收入所得税，但现在不得不缴纳收入所得税了。虽然越来越多的低收入家庭像高收入家庭一样要缴纳收入所得税，但他们缴纳的所得税的数量是不等的，工资级别越高缴纳的所得税也越多，同时，由于工资级别越高，越可能丧失工资级别较低时享有的一些福利。因此，经常存在这样的情况：工资级别提高后，但在纳税和取得福利津贴后净收入并没有增加或增加不多。这种情况大大降低了工人提高劳动技能以争取较高工资级别的积极性。因为现实的税收政策使他们在发挥积极性和创造性之后并不一定使他们的工资有实质性的提高。

综上所述，社会政策同样是一把双刃剑，它对于社会发展来说，几乎可以说是必不可缺的，同时也要非常警惕它的弊端，将社会福利制定在一个合理的限度内。

第二节　社会政策的制定

一、社会政策制定的理念

社会政策关系到某种共同的人类需求，但是，由于不同的人对人类需求和社会问题的界定可能完全不同，所以在实际的社会政策领域存在着很大的差别。因此制定社会政策，需要坚持三个基本理念：社会公正理念、可持续发展理念、稳妥统筹发展理念。

（一）社会公正理念

社会公正是指一种以平等权利为基础的、以经济利益为现实内容的、以公共福利为目标的人与人之间的均衡关系和机制。借此使多样化的人群在确保生存权和发展权的前提下，各依其功能及其发展规律获得自由和全面的发展，并有利于全体社会成员的幸福、自由和全面发展。其外延包括政治公正、经济公正、文化公正、家庭公正、民族公正、国际公正等。社会公正的理念是社会政策制定过程中所要考虑的核心理念，其他所有的理念都可以从这里引申出来。

马克思主义认为，社会是人们交互活动的产物，是人类社会关系的总和。

社会公正作为伦理学上的概念，是对既定社会中人与人之间各种关系的认识和评价；作为社会学上的概念，是对现实和未来的社会目标及其实现手段的憧憬和选择。所以社会公正这一理念本身就是兼具理想性和现实性双重色彩的。在现实生活中，由于社会公正的标准和要求要受到社会经济、文化发展的制约，因而社会公正这一目标本身就是历史的、相对的、具体的，那种抽象绝对的公正永远只能保留在人们的头脑中。所谓历史的，就是指任何经济社会公正都不能超越其特定的历史条件，尤其是现实的经济和文化发展水平及其历史遗留。所谓相对的，就是指从来没有绝对的公正，社会各阶级、各阶层、各界别、各群体以及个人等都各有各的社会公正观念和要求。所谓具体的，就是指社会公正通常要通过宗教、法律、道德、纪律、习俗等规范具体规定来进行保证。

社会公正的实质是人类追求的分配的正义，即权利、财富、荣誉、义务、地位、机会、奖惩上分配的公正。在现实生活中，由于经济是基础，所以对经济关系的评价是社会公正的核心和基础，财富的占有以及分配状况是社会公正的主要价值判断标准。

对于现阶段的我国来说，在制定社会政策时坚持社会公正的理念就显得尤为重要。党中央已经意识到了这一点，关注最广大人民群众的现实利益已经成为了各级政府的首要目标，通过政策控制两极分化和扶助弱势群体的工作也正在展开。2003 年底召开的中央经济工作会议在制定未来政策走向时，就明显突出了公正的社会政策取向，会议宣布：国债和新增财政资金的使用，要重点向“三农”倾斜，向社会发展倾斜，向西部大开发和东北地区等老工业基地倾斜，向生态建设和环境保护倾斜，向扩大就业、完善社会保障体系和改善困难群众生活倾斜。所有这一切，表明社会公正作为首要的价值理念，正在为越来越多的人所接受和认同。

（二）可持续发展理念

1987 年，联合国“世界环境与发展委员会”发表了影响全球的题为《我们共同的未来》的报告，这份报告鲜明地提出了三个观点：①环境危机、能源危机和发展危机不能分割；②地球的资源和能源远不能满足人类发展的需要；③必须为当代人和下代人的利益改变发展模式。“可持续发展”的概念正是在此基础上提出的，其要义是指在“满足当代人需要的同时，不损害人类后代满足其自身能力发展的需要”。

1992 年 6 月 3 日至 14 日，在巴西的里约热内卢召开了联合国环境与发展大会。这次会议通过了《里约环境与发展宣言》和《21 世纪议程》两个纲领性文件。在《里约环境与发展宣言》中，提出了从生态、经济、社会乃至伦理等方面推进全球可持续发展的 27 项基本原则，从而在全球范围内第一次全面而系统地庄严宣告和确立了可持续发展战略和行动的地位。会议文件从政治平等、消除贫困、环境保护、资源管理、生产和消费方式、科学技术、立法、国际贸易、公众参与能力建设等方面详细地论述了实现可持续发展的目标、活动和手段。

从此，可持续发展理念被广泛地运用到经济社会发展实践中去。作为制定社会政策的可持续发展理念，关键就是要坚持以人为中心，注重人与自然、人与人、人与社会的和谐统一。通过社会政策的实行，营造有利的人口环境，即适度的人口数量、优良的人口素质和合理的人口结构。引导居民建立科学的消费方式和生活方式，合理使用土地和各种自然资源，尽快消除贫困，建立防治自然灾害系统等。

思想家哈贝马斯认为，人类进入现代性社会中时，不能把发展生产力作为最终的奋斗目标，因为这样会带来人类和自然的矛盾加剧，带来人类自身的异化。所以要从根本上摧毁把获取最大的效率和产量作为奋斗目标的工业社会意识，要反对过度消费和异化消费，要控制科技发展速度，缩小生产规模。社会发展的方向应该是体现为以人为中心的可持续发展。这也是社会政策制定中应该遵循的一条基本理念。

（三）稳妥统筹发展理念

人们在制定和执行社会政策时，出于改造社会、服务社会的激情，大都迫切地希望能够通过执行某些针对性的政策，毕其功于一役。而实际的社会生活是十分复杂的，各种因素错综复杂，所以在制定社会政策时，坚持稳妥统筹的理念是十分重要的。

所谓稳妥，就是既不要冒进，也不要保守，要充分考虑到政策制定和执行的社会政治、经济、文化环境，在确保社会稳定的前提下，逐步推进社会政策的实施。在科学论证的基础上充分研究社会政策的可行性、社会效果、付出代价以及可能带来的副作用；在全面推行一项新的政策、措施之前，要经过试点和典型示范的工作方法波浪式前进，以便把可能出现的问题和缺陷尽量暴露或解决在试点之中，使全面实施时少出问题、少走弯路。所谓统筹，就是指要兼顾局部与全局、近期与长远的影响和利益，尽量争取以较低的社会政策费用，谋求较高的社会政策效益。社会政策的实施是有成本的，制定和推行社会政策，不能为了一时一地的利益而牺牲国家发展与社会总资本实力。我国还是一个发展中国家，所以我们的社会政策费用在相当长的一段时间里与国际社会的平均水平相比，都会有相当的差距，这是我们运行社会政策的前提和基础。任何时候都不能离开这一基本国情，盲目地走西方“福利国家”的道路。

在上述三项基本理念指导下，联系我国当前的实际，我们觉得，尽快缩小弱势群体的范围、切实改善弱势群体的处境应该是现阶段我们社会政策运行的主要目标。①

① 谢志强：《社会政策概论》，中国水利水电出版社，2005 年 7 月。

二、社会政策制定的主体

在传统模式下，社会政策的决策主体和行为主体均为政府，唯一的区分只在于中央政府决策，地方政府执行。而多元模式则将单一的由政府决策转变为由政府、市场、家庭、非营利组织、社区等多元社会主体参与社会政策的制定和实施。根据福利多元主义的思想，既然社会政策的目标是为了创造更好的社会环境，那么，参与政策制定主体的资格就不在于是否是享有公共管理能力的政府机构，而是应该取决于权利、责任、利益是否统一。只要是在社会政策中享受权利、获得利益，同时也应该担负责任的社会团体，都应该在不同程度上参与社会政策的制定。社会政策制定主体多元化是未来社会政策运行的发展要求。这也符合公共治理的理想境界——善治，因为后者“实际上就是国家权力向社会的回归，善治的过程就是一个还政于民的过程，表示政府与社会之间的友好合作，它有赖于公民自愿的合作和对权威的自觉认同，要求公民的积极参与。”①

社会政策制定的主体大体上可以分为两大类，即政府机构和社会力量。

（一）政府机构

毫无疑问，迄今为止，政府在制定社会政策中的影响力和决断力远非其他的社会主体可比。政府在制定社会政策中的重要作用主要来源于以下三个重要原因：

一是随着现代社会的日益复杂化，社会政策的制定所涉及的领域日益宽广，联系日益复杂，对时间性和可靠性的要求也越来越高，所以一项大规模的决策往往要用到多学科的知识和综合信息，需要大量专业的政策规划人员。政府在这方面有得天独厚的优势，也积累了丰富的经验。

二是第二次世界大战以后，各国纷纷奉行政府积极干预经济和社会生活领域的主张，政府的政策领域不断扩大。“法律有限，人事无穷”的现象与日俱增，政府公共权利实行的唯一例外就是公民权。

三是政府不仅在名义上获得了广泛的授权，在实际上也掌控了大量的公共资源，而且在公民心目中享有很高的社会公信力，这样制定社会政策的合法性就有保障。

但是，政府在进行社会政策的制定时也不是完美无缺的。首先，政府不可能自动代表公共利益。公共选择学派认为，政治家和官员不是政治上的“阉人”，他们在参与公共政策时有自己的动机。人都是复杂的社会复合体人，作为制定与实施政策的政府官员也有经济人的本性，也要追求自身利益。进一步说，

① 俞可平：《引论：治理和善治》，载俞可平主编：《治理与善治》，社会科学文献出版社 2000 年版。

政府机构本身也有自己的部门利益和特殊利益。但由于政府在社会生活和经济生活中所处的特殊地位，使其在制定与实施社会政策时，往往会借社会利益之名行机构个人私利之实，这当然就难以保证社会政策制定的科学性和公正性。其次，由于传统的官僚机构的束缚，政府机构在制定社会政策时，其知识可能是不完备的，所获信息有可能变形或者失真。这样就会造成政府行为的结果和其初衷背道而驰。于是，“越来越多的人热衷于以治理机制对付市场和（或）政府的失败。”①

（二）社会力量

家庭、非营利组织、社区等各种社会力量是社会政策制度的另一主体，它们的优势在于和群众密切联系，很容易造成舆论的压力，对社会政策的制定发挥影响。不足在于利益的分化、冲突、矛盾比较明显，情绪化的建议比较多。

总之，无论是哪种形式，由于独立于政府之外，可以尽量少地受到政治领导人和政府部门利益的干扰，社会力量的参与对于社会政策的制定都是有益的补充。

在我国，由于长期形成的“大政府、小社会”、“强政府、弱社会”的格局，许多人的头脑中还是将社会政策等同于行政管理，看成是政府的职责范围之内的事情，公民参与社会政策制定的总体水平还比较低，这突出体现在以下几个方面。

1. 主动性和自觉性较低

大多数公民抱着“多一事不如少一事”的态度，除非自己的切身利益受到了直接的损害，不愿主动参加到社会政策的讨论中去，即使参加了也只是随大流，看看热闹而已。

2. 理性化程度较低

相当数量的公民参与社会政策不是基于对自己的权利和义务的认识，不是基于强烈的社会责任感，而是出于自己的一己私利，很少深入地思考，只是凭借着心中的激情冲动来参与的，容易采取和政府对立的形式，容易采取对社会产生危害的行为。

3. 规范化、程序化水平较低

尽管我国的宪法为公民参与社会政策的探讨提供了根本保证，但具体的关于规划参与行为，畅通参与渠道，保证参与实施的制度却不够健全，致使许多公民的参与以非制度化的形式出现。

4. 能力不足

由于社会的整体文化水平还不高，公民对资讯的掌握程度和对现行政策的

---

① ［英］鲍勃·杰索普：《治理的兴起及其失败的风险：以经济发展为例的论述》，载《国际社会科学（中文版）》1999 年第 2 期。

理解程度都十分薄弱，对于制定社会政策所应该充分考虑的环境因素、实行可能性及长远影响等重要问题还没有足够清醒的认识，所以很难提出合理化的建议，参与效率低微。①

实际上，能不能积极地参与社会政策的制定，监督其运行，对每个公民的切身利益都是密切相关的。以20世纪80年代的香港为例，那段时间香港的劳动生产力平均增长率为5.3%，但全部行业的实质工资增长率却只有1.6%。究其原因，就是香港的资本家占据了大量的市场资源，而工人的组织性比较差，很难开展有效地集体谈判来向资本家施加压力。我国的孙志刚案件引发了社会公众对收容遣送制度的深入探讨，部分专家学者向全国人大常委会上书，要求对其进行违宪审查，最终导致了强制收容遣送制度转化成为纯粹意义上的民政上的救助制度，这是维护全体公民民主权利的一大胜利。

三、社会政策制定的流程

社会政策的制定涉及从发现问题到政策方案出台的一系列过程，包括确认政策问题、建立政策议程、制定政策方案、政策方案选优、政策方案合法化等各个环节。在社会政策的整个运行过程中，社会政策的制定过程无疑是至关重要的。

（一）确认政策问题

确认政策问题是政策制定过程的第一个环节。问题系指事物的实际状态与期望状态之间的差距。问题的概念极为宽泛，有的属于个人问题，有的属于社会问题。社会问题是由于社会关系或环境失调，导致社会全体或相当一部分成员的正常生活乃至社会进步发生障碍，从而引起了人们的关注，并需要运用社会的力量加以解决的问题。社会政策所关注并加以解决的问题便是社会问题。

社会问题包罗万象。因此，并非所有的社会问题都能成为政策问题。能够成为政策问题的只是社会问题之中的很少的一部分。某一问题能否变成政策问题，既取决于客观情势的性质或严重程度，也取决于社会权力机关确认政策问题的标准和程序。以下几点是确认政策问题的必要条件：

（1）存在一种可以确认的客观情势。某一问题不但业已客观存在，且公众与政府对该问题的存在及其严重程度达成了某种共识。如失业率超过5%的警戒线，社会对此已难以承受，公众及政府对此已形成共识。

（2）出现了强烈的公众诉求。当某一问题日趋严重，导致部分乃至全体社会成员的正常生活发生障碍，社会公众的政策诉求便会出现并日趋强烈。失业率上升不仅直接影响到失业者及其家庭的生活，而且会给社会稳定造成潜在威胁。从而导致公众强烈要求政府出面扩大就业，或健全失业保障制度。

（3）形成了明显的政策需要。就大多数社会政策而言，都是对现实存在的

---

① 谢志强：《社会政策概论》，中国水利水电出版社，2005年7月。

社会问题的直接反应。当问题严重到非解决不可的地步，即如再不采取行动，政府履行政治责任、行政责任的能力与公信力将受到挑战时，从政府的角度看，便是形成了明显的政策需要。但也不排除这样的情况，即某一问题的严重性尚未显现，但基于以往的教训，尽早采取措施，可能将问题消灭于萌芽状态，这也可理解为提出了某种政策需要，只是相对于前者不具明显性而已。

（二）建立政策议程

政策议程是将政策问题纳入政治机构的行动计划的过程。将一个问题提到政府机构的议事日程之上，是解决问题的关键一步。一个社会问题只有以一定的形式、经过一定的渠道被纳入政策议程，成为决策者和政策咨询人员的研究对象，才有可能通过政策途径得到解决或处理。

不少研究者将政策议程划分为公共议程（或公众议程）和政府议程（或正式议程）两种类型。前者是指社会大众共同议论某一问题，并认为有必要提交政府采取措施加以解决的活动；后者是指政府觉察到某一问题引起了社会的广泛注意和讨论，该问题也确有解决的必要与可能，从而将其纳入政府议事日程加以研究和处理的过程。公共议程和政府议程大体可视为政策议程的两个阶段。在前一阶段，人们对问题的界定比较模糊，一般也提不出可行性方案或解决办法。而到了政府议程阶段，对问题已有了明确的界定与陈述。当然对这两个阶段的划分不能做绝对的理解。

现实生活中存在着大量的社会问题，公众关注的问题也多种多样，但在特定时期政府所能解决的问题是有限的。因此，有些问题能够引起政府注意，并为之建立政策议程；有些则不能；有些暂时不被列入政策议程，待时机成熟再加以考虑。

（三）制定政策方案

制定政策方案也称政策方案的设计，是一种决策过程，是对解决问题的各种可能性途径和方法的选择活动，其目的在于提供各种有利于实现政策目标的备选方案。方案是否可行、科学，对政策的实施及其效果关系极大。

确定政策目标是设计政策方案的第一步。政策目标是政策制定者希望通过政策实施所达到的效果，是政策方案设计与择优的基础，也为政策效果的评估提供标准。在制定政策目标时，以下几点应加以注意：①目标必须具体、明确，应尽可能量化，并有特定时限。②目标必须切实可行。应建立在现实条件之上，通过努力可以实现。③不同层次目标应当协调一致，具体目标不能和总目标相冲突。④目标必须体现国家和社会利益，符合国家法律和社会公德。[①]

---

① 郑杭生：《社会学概论新修》（第三版），中国人民大学出版社，2006年7月。

第三节　社会政策的执行

一、社会政策执行的原则

在中国现行的行政体制下，中央政府与各级地方政府之间实行的是金字塔式的等级规则。在这个行政序列中，权力中心位于金字塔的顶端，因而一般由它来制定政策，然后通过纵向隶属的行政系统，自上而下地下达给各级地方政府去执行。各级地方政府在执行社会政策时，必须遵循某些基本的要求，以便更好地实现政策目标，有效地缓解社会病痛，维护社会公正与权利平等。概括起来看，社会政策执行必须遵循以下几个基本原则：原则性、创造性、协调性。

1. 社会政策执行的原则性

所谓社会政策执行的原则性，是指执行政策时必须把握好政策的本质特征，抓住政策的精神实质，严格按照政策规定的要求去做，以维护中央的政令畅通，保证政策的统一性、严肃性和权威性。这是由政策本身所固有的属性决定的。每一项社会政策都是针对某一个特殊的社会问题做出的，其目的是为了促进整个社会的和谐发展，减少社会发展的代价，以建设全面发展的小康社会。因此，在执行社会政策时，必须严格按照政策本身所规定的政策对象（即目标群体）、政策范围、政策条件去实施，而不能随意变通、歪曲或曲解政策，或是选择性地执行政策，或是“上有政策，下有对策”，表面上执行中央政策，背地里搞地方“土政策”。

2. 社会政策执行的创造性原则

所谓政策执行的创造性原则，是指在不违背政策精神、坚持正确的政策方向的前提下，坚持从实际出发，具体情况具体分析，采取灵活多样的方式方法，因时因地制宜地执行政策，使政策目标得到真正实现。

事实上，坚持政策执行的创造性原则，一个主要原因就在于存在着有限理性和信息不完全的问题，加上我国地域辽阔，各地情况千差万别，因此中央政府在制定某一项社会政策时，常常是粗线条的，一般只是对政策的基本目标和“精神”做出原则性规定，而没有规定实现目标的具体手段，导致制定出的政策存在着高度的不完全性和不可操作性。于是，地方政府在具体执行中央政策的过程中，一般首先必须对政策进行操作化界定。也就是说，需要把权力中心制定的政策与本地区、本部门的实际情况结合起来，在政策许可的范围内，将政策的原则性规定转化为更明确的、可以操作的具体措施、办法与步骤，或对政策作出灵活处置，即构筑政策“物化”的桥梁。在这个过程中，既要正确地把握政策的界限，又要创造性地实施政策。

不过，要注意的一点是，创造性地执行政策与对政策的变通又存在着区别，后者既包括正常的、合理的变通，即对政策的灵活处置，也包括对政策的非正常的、不合理的变通。

3. 社会政策执行的协调性原则

在执行政策的过程中，协调性原则主要体现在以下三个方面：一是政策体系中各项社会政策之间的相关性；二是政策体系的层次性；三是政策执行机构之间的互动性。政策体系是各项社会政策有机联系的总和，每一项社会政策都是政策体系的一个有机组成部分，并与其他社会政策相互联系，相互制约。一项社会政策功能的发挥依赖于相关政策功能的发挥。政策体系的层次性是指政策体系和组成它的各项政策之间，存在着明显的层次性，亦即既存在总体性政策，又存在着基本政策和具体性政策。因此，在政策执行过程中，必须注意政策之间的协调与配套，处理好单项政策之间、单项政策与政策体系之间的关系，搞好政策的综合平衡。有时候，一项社会政策由多个执行机构来配套实施、完成，或是由一个执行机构来完成，但这个执行机构由多个政府部门组成，因此，执行政策时必须协调好多个机构、多个部门之间的关系，以确保政策目标的实现。

二、社会政策执行的步骤

一般来说，政策实施活动具有以下三个特点：影响的广泛性、过程的动态性和决策的多层次性。[①] 政策实施涉及方案规划、执行机构、政策评估及其他领域的政策等众多因素，从而具有广泛的影响。在政策执行过程中，各级政策执行机构和人员要依据政策原则、不断变化的时间和条件，决定自己的行动和措施，体现出政策实施中决策的多层次性和过程的动态性。一方面，政策无论怎样具体和细致，也不可能和纷繁复杂的客观实际情况完全一致；另一方面，随着时间的推移、执行活动的进展、环境条件的变化，政策实施还会遇到一些新情况和新问题。根据具体情况和变化了的条件以及反馈信息，不断地修改和调整原定的执行策略、计划和程序是政策执行中不可避免的现象。由于政策执行是一个动态过程，不同层次的政策执行者要根据政策目标的要求和自己所处的地位，选择各自不同的执行措施。因此，政策实施绝不是一个单纯的照章办事的过程，而是由一系列不同层次的执行活动和决策活动组成的统一过程。因此，政策的执行具有复杂性。

政策执行过程主要包括理解与宣传政策、政策再制定、组织与物质准备、全面实施、监督、反馈与调整等几个环节。

1. 理解与宣传政策

这是政策执行过程的首要环节。一项社会政策颁布以后，首先要组织执行

① 孙光：《现代政策科学》，浙江教育出版社 1998 年版，第 148 ~ 151 页。

人员进行学习、宣传，在全面理解的基础上，吃透政策精神，准确、深刻地把握好政策的精神实质，才有可能在执行政策的过程中，既不偏离政策意图，又创造性地实现政策目标。

2. 政策再制定

政策再制定是指各级地方政府和政策执行机构在具体执行政策之前，把权力中心制定的高度不完全性的、不可操作的政策进行分解，制定出一系列具体的实施细则。也就是说，把权力中心制定的大政方针、基本国策转化成可以直接操作的措施、办法与步骤，编制出政策执行活动的“线路图”，明确工作任务指向，使政策内容得到切实有效地执行。

3. 组织与物质准备

政策执行必须借助于一定的组织形式，政策执行前的组织准备工作正是政策得以贯彻落实的基本保障。它包括政策执行机构的设置、权限、职责的划分以及组织、部门之间的沟通与协调。有时候，各级政府部门中有着直接对应的相关职能部门来完成某项社会政策的实施，如各地的劳动与社会保障部门。但也可能存在另一种情况，即政府部门中不存在直接对应的相关职能部门，需要从政府各部门中临时抽调相关职能部门及其人员组建或设置相应的机构来执行某项政策。此时就面临着各部门之间的权限、职责划分以及上下级部门之间、同级部门之间的沟通与协调工作。严格的规章制度、明确的职责分工、良好的沟通与协调，是政策执行得以顺利进行的组织保障。物质准备工作则包括必要的政策资源，如财政支持、基础设备、权威资源等的准备，它是确保政策目标实现的经济基础。

4. 全面实施

这是政策实施过程中操作性最强、涉及面最广的一个环节。全面实施要求严格遵循政策执行的基本原则，在政策许可的范围内，针对政策对象即目标群体存在的问题，创造性地实施政策方案与计划，圆满地完成政策目标。

5. 监督、反馈与调整

政策执行过程也是对社会利益进行再分配并重新调整人们行为的过程，它不仅直接影响到政策对象的利益，也会涉及政策执行者的利益。因此，必须对政策实施过程进行监督，使各级政策执行机构及其执行人员严格按照政策规定办事，以保证政策的全面贯彻与落实。各个监督主体，包括国家权力机关、司法机关、公众和社会舆论等，按照一定的标准和规范，运用适当的监督手段，对政策执行活动进行监督，是防止政策执行者偏离政策目标、政策执行不到位的一个重要环节。根据监督结果，各监督主体把信息反馈给各级政策执行机构和政策制定者，既可以发现政策执行中的漏洞，也可以发现政策的某些缺陷和不足，促使执行机构对其执行行为做出调整，同时决策部门也可以对原有政策进行改进。

在政策实施过程中，需要注意的一点是，有不少地方往往是先进行政策试验，后总结典型经验，然后再进行推广。这种方式实际上存在着一定的风险，一种经验在当地有效，是因为它很好地结合了当地的实际，并不一定适用于各地的情况与条件。因此，必须在全面把握、深入领会社会政策基本精神的基础上，具体情况具体分析，创造性地执行政策。

三、社会政策执行的影响因素

1. 政策本身的特性及其所处的社会经济条件

社会政策是一种复杂、模糊的社会现象，从社会政策出台之日起，矛盾便会持续影响其实施的全过程。也许是政策本身存在缺陷，政策本身的特点必然对实施过程的本质造成影响。有些社会政策的目标和条件非常模糊，在实施过程中，这些因素会变得更加具体。这种复杂性都可能影响到政策的实施过程。如果政策本身缺乏清晰度，有可能导致人们对政策的理解不一致。有的社会政策不仅是妥协的产物，而且在实施的关键点上也含糊不清。这种情况的发生，很有可能是因为政策执行人员之间存在着意见分歧，因此在社会政策实施的实际过程中，会出现许多不同的情况，同时还会伴随实施过程产生种种矛盾。

制约条件不仅存在于新的社会政策本身。事实上，任何一项新的政策都必须在其他许多政策已经实施的背景下才能得到实施。有的政策可能为新政策提供了先例，有的则为新政策创造了条件，还有的则可能与新政策产生冲突。一项社会政策实施后，新的情况会层出不穷，这些新情况反过来又会对实施过程产生进一步的影响。

2. 政策实施结构

政策实施结构即政策制定者、执行机构及其人员、利益群体、政策对象及目标群体、公众在政策制定过程中参与的程度，他们各自对政策的理解以及在政策实施中发挥的作用等。同时，必须关注他们各自所面临的激励机制，尤其要关注社会政策接受者的感受、政策执行人员在与政策对象、公众接触过程中到底发生了什么。

激励机制影响着人们的行为选择。可以把政策执行者所面临的激励概括为两个方面："效用"激励和"名义"激励。有些政策执行者由于既要满足上司的要求，又不能辜负公众的期望，而处于一种"角色张力"之下；或者因个人理想与政策目标格格不入而处于"价值冲突"之中，因此，他们同时受到两种激励的影响。[①] 眼前利益和渴望发展的动机会使他们顺从上级领导的要求，而那些他们认为"值得"去做的工作可能更具有影响力。然而，当他们把更多的精力用在那些"值得"去做的工作上时，就会取代了"非正式"或"正式"的政策

---

① 迈克尔·希尔：《理解社会政策》，商务印书馆2003年版，第134页。

目标。因此，激励基层官员是很重要的，即使在最具凝聚力的组织内部也不例外。很多社会政策正是因为政策本身或其执行机构内部缺乏激励机制，从而导致社会政策运行成本高昂。这一点，我们通过进行社会政策实施的成本－收益比较就可以得到。信息的不完全性或社会科学知识的缺乏等，会使人们认识不到社会政策实施的潜在收益，从而使一项新的社会政策不能实施，甚至导致现有的社会政策在低效率下运行。

3. 社会政策实施的组织安排

组织机构是政策执行过程中的重要因素。政策实施机构的特征，如组织机构的灵活性，组织结构的变化，组织结构中的多重性规范，设立代理机构，政策接受者与政策提供者之间的分离等，都会影响到政策实施。复杂的组织内部会因为“距离”的存在而更加复杂，特别是当政策执行涉及两个或两个以上的独立机构时更是如此。

政策执行机构的官僚化倾向也是一个不可忽视的因素。基层的政策执行官员通常带有“双重面孔”。一方面，他们为了满足公众需求而有效地调整政策；另一方面，地方政府形成了各种政策预期，他们有可能为了部门利益或地方利益而扭曲政策。究竟采用哪一副面孔，不仅取决于政策本身，取决于政策执行人员的价值观和责任心，还取决于组织控制体系所提供的视角。同时，政策实施还受到不同政府部门间合作特点的影响。当某些行为取决于两个或两个以上的政府部门的合作时，对政策实施的研究会变得更加复杂。不同行业间的操作、活动及术语都有可能增加沟通上的困难。显然，在不同的专业领域之间，还存在着界限问题。此外，如果一项社会政策需要由多个政府部门间的合作来实施时，还会碰到以下问题：①一定程度的专业知识给外行监督带来困难；②不同部门的政策执行人员可以找出任何借口来行使其合法的自主权；③不同部门的政策执行人员希望拥有一定的权力和影响，并以此来保障对自己行动的决定权。由于涉及的行业不同、执行人员各自工作的组织结构不同以及具体负责实施的那部分政策不同，不同政府部门之间的合作会导致不同的结果。在很多情况下，各自的政策判断会对政策实施过程产生很大的影响。事实上，这与政策实施管理方法的新视角有关。

4. 政策制定者与政策执行者之间的关系

在我国，政策制定者与政策执行者之间的关系主要指中央政府与政府其他机构之间的关系，尤其是与各级地方政府之间的关系。由于社会政策的执行机构已变成了相当复杂的官僚机构，因此需要努力克服行政体系内部这些机构所造成的问题，并寻找最合理的组织形式。但是，政府合理化的过程并不容易。合理化常常存在不同的标准，它似乎意味着寻求最佳安排，然而现实中不同的安排会同时存在，而每一种安排又各有利弊，很难在它们之间做出评判。例如，由中央集权所产生的统一性与通过权力下放所形成的灵活性最大化之间就存在着矛盾。由于我国实行中央政府与地方政府分离的行政体制，因而政策执行活动的程序比较复杂，一般由权力中心来制定政策，然后通过纵向隶属的行政系统，下达给各级地方政府去执行，从而导致政策执行者的队伍十分庞大。从纵向看，有省、市、县、乡（镇）等不同的执行层次；从横向看，有政府组织和党的组织两个不同的政策执行体系。由于在政府组织间实行决策权的分化，即实行行政性放权和经济性放权，因而导致地方政府拥有的权限越来越大。被授予的权限越大，权威扩散化的可能性就越大。与权威扩散化相联系，行政体制下纵向隶属的等级制也发生了松动。随着等级规则的松动，权力中心对政策实施的方向、速度与形式等的控制能力逐渐弱化，行政代理机构即各级地方政府有可能出现偏离行为。

第一，我们要弄清楚中央政策制定者和地方政策实施者之间关系的特征。“中心”与“周边”之间的“距离”有可能阻碍政策的实施。[①] 在我国，权力中心一般参与政策制定过程，同样，地方政府也会有兴趣对政策制定施加影响，并且可以作为政策调整过程中的反馈机制。权力中心与地方政府之间的关系有几种不同的模式，它们对政策实施过程会产生很大的影响。最简单的关系就是权力中心与地方政府属同一组织。最复杂的关系是政策实施依赖于各个自主的组织之间的相互合作，特别是地方政府承担的责任分别下放到了不同地区内的若干组织，或依赖于两个或两个以上政府部门之间的协调。

第二，当政策实施涉及不同的机构时，不仅要了解不同级别政府之间的关系问题，还要明确有些机构与中央政府或地方政府，甚至与二者之间的关系都很含糊，掌握这些机构之间的关系非常重要。即使政策相关各方都在尽职尽责，仅仅是进行相互协商、达成大量协议就会使政策行动遭到延迟或破坏。因此，有必要关注权力中心与地方政府之间的关系问题。其主要原因在于[②]：①这种关系可能会牵连到“中心”或“周边”或者二者兼有的一个或两个以上的组织机构。有效的政策实施取决于相互合作，但这不仅是不同层级的政府之间的合作，还有可能是同级的不同组织之间的合作；②中心－周边关系可能会由一个或一个以上的中间机构或地区机构进行协调；③不同机构之间的关系实际上会与许多问题有关。

事实上，任何组织机构都处在一张关系网中，区别只是问题不同，特点和密度也有所不同而已。因此，地方政府必须与不同的中央政府部门打交道。当然，政策问题不同，彼此之间的交涉程度也会有所区别。在有些情况下，解决政策问题需要周边机构的通力合作，而另外一些情况则不需要合作。一种关系的结果会反映在另外一种关系中，所有关系都在变化发展之中，每一种关系的

---

① 迈克尔·希尔：《理解社会政策》，商务印书馆2003年版，第123页。
② 迈克尔·希尔：《理解社会政策》，商务印书馆2003年版，第124页。

历史会制约机构对新问题的反应。同样，对于所承担的责任、任务及作用，每个机构又都有自己的理解。

第三，地方政府在政策实施中发挥着非常重要的作用，但在某些方面，它们本身就是政策制定者。地方政府常常努力保护自己的独立性，但对于地方政府作为“政策制定者”所享有的自治权一直存在很大的争议。由于中央政府制定的社会政策具有不完全性的特征，要求也比较笼统，因而真正决定社会福利服务质量的决策还是在地方上做出的。在某些情形下，地方政府可以根据中央授权自行决定是否采取行动。但是，资源稀缺性和对公共资金的控制将会对社会政策的发展与实施造成一定的限制，这是带有普遍性但却容易被忽视的因素。在某些情况下，这些制约条件是中央政府明确规定的。也许中央政府在制定政策时，并没有意识到新的社会政策将要耗费多少成本，或者在实施某项政策时，遇到了来自中央政府机构内部的阻力，从而使政策不能得到有效实施。

还存在另外一种情况，即中央政府是政策的制定者，而地方政府是政策的实施者，两者之间的分离会导致中央的政策意图因地方财力匮乏而受阻。不少地方政府认为，在中央与地方“分灶吃饭”的情况下，它们手中的资源远远比不上它们所承担的社会责任。中央一级的工作重点是解决部门之间存在的问题，而在地方一级，政府关心的是政策实施中的协调，特别是在贫困地区。因此，应提高政策创新和机构之间的协调。

5. 政策制定过程

政策实施过程在许多方面都与政策制定过程密不可分。由于政策制定过程本身就存在着矛盾，中央政府在制定政策目标时，通常使用一些概括性比较强或是语义比较含混不清的词语，导致许多社会政策都非常复杂，也非常模糊。例如在政府部门公布的政策性文件中，政策制定者所使用的一套话语体系十分艺术化，很多字眼都是模棱两可、含混不清的，容易给政策执行人员留下自由想象与发挥的余地和空间。同时，我们也应看到，制定出使实施过程既清楚又明确的政策目标本来就是一件很困难的事情。

当一项社会政策缺乏清晰度，相关政策主体对政策的理解不一致时，也容易导致政策实施人员之间出现意见分歧。因此在政策实施的实际过程中，会出现许多不同情况，同时还会伴随实施过程出现种种矛盾。此外，还存在一种情况，即当政策制定者对某项社会政策存在矛盾心理时，有可能利用手中的权力，采取一些限制政策实施的措施，如拒绝提供政策正常实施的手段，比如财力和人员的支持，或者是采用影响政策实施效果的管理程序等。

6. 社会政治与经济环境

社会政策研究中，必须特别关注政策本身所导致的政策实施问题，对这些问题与组织内部和组织之间要素的复杂关系也要有一个清醒的认识。并且，所有这些因素都与复杂的环境相互影响。事实上，社会政策的实施过程，就是执行部门与其所处的环境不断地相互作用的过程。

无论国家与社会之间的关系如何，社会政策都是对公众的社会需求作出的反应，即政府对公众“施加、提供或获取某些东西”。执行政策时，政策部门自然要与其所处的环境发生相互作用，如市场行为及关系、国家的角色、非营利部门的作用等。当然，执行人员本身就是社会环境的一部分。此外，在社会政策的执行中，我们还要考虑政策体系是否容易与其环境区分开。因为政策体系及其环境之间的相互作用非常活跃，界限也相当模糊，而且不断地发生变化。在政策执行过程中，经常需要协调与其他政策因素之间的关系。

四、社会政策执行的实施机制

（一）社会政策实施机制的建立

在政策运行过程中，政策制定与政策实施脱节的情况是经常发生的。现实生活中，更多的是另外一种情形，政策虽然得到实施，但在实施过程中受到阻碍、歪曲，使政策失真、变形、走样、扭曲，或是降低了政策效能，或是偏离了政策目标。因此，政策制定与政策目标的实现之间存在着较大差距。由此可见，政策实施是社会政策运行过程中至关重要的环节，其重要性足以和政策制定本身相比。从某种意义上讲，它甚至比政策制定更为重要。刘少奇同志曾经说过：“重要的问题在于执行。”因此，有必要对政策实施机制展开研究，掌握其规律。

政策实施机制，是指政策在实际贯彻执行的过程中，一系列具有功能结构的相关要素之间的内在作用方式和相互联系。在这些要素中，有的发挥着正面的、积极的功能，有的发挥着负面的、消极的功能。只有深入了解这些动态关系之间的作用联系，才能把握住政策在实施过程中发生“异化”的规律。

一般来说，政策实施机制的建立根源于以下几个方面的原因：①政策执行过程的复杂性。一项政策越复杂，涉及的部门越多，那么，就越有必要建立实施机制。②人的有限理性以及机会主义行为动机的存在也促使政策实施机制的建立。③中央政府与各级地方政府的信息不对称，容易导致政策在实施过程中发生偏离。强有力的政策实施机制是任何一项政策能够得到比较完全的实施的基本前提。

在我国现行的行政体制下，政策实施机制的主体一般是各级地方政府。或者说，中央政府委托各级地方政府来执行实施职能。既然这样，那么，在中央政府与各级地方政府之间就会形成多层委托－代理关系。地方政府能否有效行使代理职能（或实施职能）至少受两大因素的影响：一是地方政府有自己的效用函数，它们对政策问题的认识和处理受到自身利益的影响。

（二）政策方案选优

政策方案的选优即是指对已设计出来的各种政策方案进行评选，从中找出一个最佳方案的过程。

在政策设计阶段提出的各种政策方案，并不一定都能实现预期的政策目标；况且在解决某一政策问题时也不可能同时采用几种方案。因此，对各种不同的政策方案加以评估，对其做出优化选择，便十分重要。在进行政策方案的评估时，应当坚持以下标准：①应能最大限度地实现政策目标；②消耗的资源应尽可能的少；③实现政策目标的风险应尽可能的小；④实施中产生的副作用应尽可能的小。一般而言，既能以最小的投入最大限度地实现政策目标，同时又不至于产生什么风险或负面影响的方案便是最好的政策方案。但对此只能做相对意义上的理解，就现实而言，这样的方案是不存在的。

选出最优方案后，还应对其进行可行性论证，以确保政策的顺利实施。政策方案的可行性包括政治可行性、经济可行性及技术可行性等内容。政治可行性指该政策获得政治资源支持程度、现有的行政资源执行政策的行动力度和效能高低等；经济可行性指执行政策方案所需各种人、财、物及信息资源的获取程度；技术可行性指在现有的技术水平下能够实现目标的程度。三者之间相互联系、相互制约，影响政策执行的效果。

（三）政策合法化

政策方案要得到社会的认同和遵循，还需经过一定的程序获得合法性。政策方案通过一定程序获得合法地位的过程称为政策合法化。

不同的政策主体制定的政策，其合法化程序往往有所不同。一般而言，社会政策的主体为政府及立法机关等。在我国，除此而外，还包括中国共产党的领导机构及一些带官方性质的社会团体（如共青团、妇联、总工会等）。它们制定的政策方案都有一个合法化的过程。其中立法机关作为最高权力机关是使政策合法化的主要部门，但一般仅限于对一些比较重大（基本）的、带全局性的、相对成熟与需要在较长时期保持相对稳定的社会政策加以合法化，这样的政策包括人口政策、环境保护政策、社会保障政策、分配政策、教育政策等。

相对较低层次的、不太成熟、也不具有长期性的政策，一般由各级行政机关实施合法化过程即可。如我国政府对实施细则、条例、命令、通知、暂行规定、试行方案等形成发布的政策，便也具备合法性。

目前，中国共产党致力于“法治国家”的建设，一般不直接介入政策合法化过程，而是提出政策建议或政策方案，通过适当程序由立法机关或行政机关加以合法化。

我国的一些社会团体也制定一些社会政策，如中国共青团中央首倡的“希望工程”即救助贫困失学儿童计划，一般由其领导机构加以合法化。

（四）社会政策评估

社会政策评估是对政策执行效果的分析研究。政策评估的主要目的在于鉴定一项政策的实际推行在达成其预定目标上的效果，确认政策对问题的解决程度和影响程度。通过对政策效果成因的透视和分析，揭示某种效果是政策本身的作用还是其他因素所致，可以为后续政策的制定提供依据。政策评估当然也会涉及政策方案的制定与执行等诸方面，但侧重点应是政策效果。

在进行政策效果的评估时，以下几点应加以注意：

（1）政策效果的评估当然应以政策的预期目标作为主要依据，但不能仅限于此。一项政策执行后产生的效果、影响往往是多方面的，有些在政策制定者的预期之内，有些则超出了制定者的预料，不能因为它们未被列入预定目标而就不加考虑。

（2）政策评估不应仅限于对政策执行者行为的评估，还应将政策环境方面的因素考虑进来。政策问题的解决，往往是执行者与环境等各种因素共同造成的。将环境因素加以考虑，有利于确认产生政策效果的实际情形。

（3）在进行政策效果评估时，应做投入产出分析。鉴于政策资源的有限性，我们所追求的政策效果，是在一定的成本基础上的效果；一般而言，不能为达到某种政策目标而不惜一切代价。

【复习思考题】

1. 什么是社会政策？社会政策的性质是什么？
2. 简述社会政策执行的流程。
3. 社会政策执行的原则有哪些？我国社会政策的执行受哪些因素的影响？
4. 试述社会政策实施的机制。

实训参考

【讨论】 社区建设与社区政策的关系。

【资料】 阅读下面资料，思考中国社区建设与社区政策的关系。

20 世纪 90 年代兴起的社区建设运动改变了社区政策的模式，社区服务政策逐步转为社区建设政策。社区建设政策的基本特征是社区政治发展、社区环境与生活质量相结合的综合建构取向。90 年代以来，伴随社会主义市场经济的发展，社会成员单位属性逐渐减弱，大量“单位人”转变为“社会人”，企业下岗待业人员增加与城市贫困问题形成，人民群众生活水平提高和就业、养老、医疗、住房和社会参与的需要越来越强烈，城市基层政权建设与群众自治组织发展已不适应市场经济发展，社会不稳定因素增加，社区管理体制与手段严重滞后，单纯、局部的社区服务政策向综合、全面的社区建设政策转移理所应当，势所难免。1991 年民政部提出社区建设的思路并在部分地区开展实验，1996 年全国各地开始形成不同社区建设模式，2000 年 11 月国办、中办转发《民政部关于在全国推进城市社区建设的意见》，标志社区建设政策模式正式诞生。社区建设是指在党和政府的领导下，依靠社区力量，利用社区资源，强化社区功能，解决社区问题，促进社区政治、经济、文化、环境和健康发展，不断提高社区成员生活水平和生活质量的过程。社区建设政策是社区服务政策的发展与延续，是中国政府第二个系统、明确和全面的社区社会政策声明，在中国社区政策体系中占据重要位置。

总体来说，社区建设政策的基本特征是社区政治发展、社区环境与生活质量相结合的综合建构取向。社区政治发展主要表现在社区建设政策出现的动因、任务目标、工作组织和工作方法都与基层民主政治发展密切相关，与社会稳定、安定团结与扩大统治的社会基础密切相关，社区建设成为政治发展与国家动员的重要手段，而非已往的社区服务与社区福利。优化社区环境主要反映在社区建设重点是建立良好社会经济秩序与优美和谐的社区生活环境，加强社区治安与综合治理，以创立环境优美、治安良好、人际关系和谐的现代社区。改善生活质量与提高福利水平主要反映在社区建设基本内容是拓展社区服务、发展社区卫生、繁荣社区文化、美化社区环境，以人为本，服务居民，大力发展社区福利与服务事业。简言之，社区建设政策的综合性建构色彩浓厚，其核心目标是建立新型的、现代化的社区。

【实践活动】

实践题目：本市《城市居民最低生活保障条例》实施情况调查

实践目的：通过调查了解本市《城市居民最低生活保障条例》实施过程和实施机制，透视这一社会政策执行情况，了解本市《城市居民最低生活保障条例》实施过程

实践地点：本市所辖的主要区政府及社区管理部门

实践课时：2 课时

实践内容及过程：①学生根据课堂中教师讲授的社会政策的基本原理，拟订一份本市社区政策调查提纲；②与实践单位的负责人取得联系后，安排实地调查；③深入各调查单位了解本市《城市居民最低生活保障条例》实施情况；④形成书面调查报告。

参考文献

1. ［美］戴维·波普诺. 社会学. 李强等译. 北京：中国人民大学出版社，2007
2. 郑杭生主编. 社会学概论新修（第三版）. 北京：中国人民大学出版社，2006
3. ［美］刘易斯·A. 科塞. 社会学思想家. 石人译. 北京：中国社会科学出版社，1990
4. 刘豪兴主编. 社会学概论. 北京：高等教育出版社，1992
5. 迈克尔·希尔. 理解社会政策. 北京：商务印书馆，2003
6. 谢志强. 社会政策概论. 北京：中国水利水电出版社，2005
7. 袁方主编. 社会调查原理与方法. 北京：高等教育出版社，1990
8. 孙光. 现代政策科学. 杭州：浙江教育出版社，1998
9. ［美］S. 南达著. 文化人类学. 刘燕鸣，韩养民编译. 西安：陕西人民教育出版社，1987
10. 张克荣. 当代社会学. 北京：群众出版社，1988
11. 庞德. 通过法律的社会控制（中文版）. 北京：商务印书馆，1984
12. 罗斯. 社会控制（中文版）. 北京：华夏出版社，1989
13. 北京大学社会学系社会学理论教研室社会学教程编写组. 社会学教程. 北京：北京大学出版社，1987
14. 马克思恩格斯选集（第二卷）. 北京：人民出版社，1995
15. 王刚义. 社会发展与社会政策研究. 北京：中国人民公安大学出版社，2002
16. 陆建华. 中国社会问题报告. 北京：石油工业出版社，2002
17. 西里尔·E. 布莱克编. 比较现代化. 杨豫，陈祖洲译. 上海：上海译文出版社，1996
18. 周运清主编. 社会学概论. 武汉：武汉大学出版社，1993
19. 吴增基，吴鹏森，苏振芳主编. 现代社会学. 上海：上海人民出版社，1997
20. 风笑天主编. 社会学导论. 武汉：华中理工大学出版社，1997
21. 韩明谟主编. 社会学概论. 北京：中央广播电视大学出版社，1997
22. 郑杭生，贾春增，沙莲香. 社会学概论新编. 北京：中国人民大学出版社，1987
23. 宋琳飞. 现代社会学. 上海：上海人民出版社，1987
24. 陆学艺，苏国勋，李培林. 社会学. 北京：知识出版社，1991
25. 王保畲，马正齐. 中国城市化的道路及其发展趋势. 北京：学苑出版社，1993
26. 曾钊新，孙仲文，陆元德. 社会学教程. 长春：吉林教育出版社，1987
27. 董傅年. 社区环境建设与管理. 北京：机械工业出版社，2001
28. 陶铁胜. 社区管理概论. 上海：上海三联书店，2000
29. 刘祖云. 从传统到现代. 武汉：湖北人民出版社，2001
30. 杨心恒. 社会学概论. 北京：知识出版社，1997
31. 俞可平. 引论：治理和善治. 北京：社会科学文献出版社，2000
32. ［英］鲍勃·杰索普. 治理的兴起及其失败的风险：以经济发展为例的论述. 国际社会科学（中文版），1999（2）
33. 李福勇. 当代中国最庞大弱势群体的界定、成因及对策. 经济学家，2003（6）
34. 郑杭生. 社会分化、弱势群体与政策选择（节选）. 中国网，2004（2）

35. 朱自强. 论农村社会保障制度的构建. 农业经济问题，2003（6）
36. 严智幸. 西方社会政策的历史沿革及其理论基础初探. 社会，2001（10）
37. 梁鸿. 国民社会保障权利论及其发展的探讨. 复旦大学学报，2000（4）
38. 中国人口统计年鉴 2006. 北京：中国统计出版社，2006